中国学校教育探索丛书
甬派教育管理名家系列

教育即充实

学术高中创建探寻

邵迎春　著

北京师范大学出版集团
BEIJING NORMAL UNIVERSITY PUBLISHING GROUP
北京师范大学出版社

图书在版编目(CIP)数据

教育即充实：学术高中创建探寻/邵迎春著. —北京：北
京师范大学出版社，2021.3(2021.11 重印)
ISBN 978-7-303-26795-8

Ⅰ. ①教… Ⅱ. ①邵… Ⅲ. ①高中—教学管理—研究
Ⅳ. ①G637

中国版本图书馆 CIP 数据核字(2021)第 017524 号

营 销 中 心 电 话　010-58802135　010-58802786
北师大出版社教师教育分社微信公众号　京师教师教育

JIAOYU JI CHONGSHI XUESHU GAOZHONG CHUANGJIAN
TANXUN

出版发行：北京师范大学出版社　www.bnup.com
　　　　　北京市西城区新街口外大街 12-3 号
　　　　　邮政编码：100088
印　　刷：三河市兴达印务有限公司
经　　销：全国新华书店
开　　本：710 mm×1000 mm　1/16
印　　张：20.25
字　　数：300 千字
版　　次：2021 年 3 月第 1 版
印　　次：2021 年 11 月第 2 次印刷
定　　价：68.00 元

策划编辑：冯谦益　　　　　责任编辑：孟　浩
美术编辑：李向昕　　　　　装帧设计：李向昕
责任校对：康　悦　　　　　责任印制：马　洁

丛书编委会

主　任：苏泽庭

副主任：徐文姬　陈如平　柳国梁

委　员：（按姓氏笔画排名）

马　兰　王晶晶　石伟平　朱永祥

刘占兰　李　丽　沙培宁　张新平

林小云　赵建华　袁玲俊　耿　申

戚业国　彭　钢　蓝　维

序 一

"教育兴则国兴，教育强则国强。"实现中华民族伟大复兴的中国梦，归根到底是靠人才、靠教育，必须把教育事业放在优先位置。党的十九大报告提出的"建设教育强国"，主要方向是走中国特色社会主义教育发展道路。习近平总书记在 2018 年全国教育大会上明确提出"坚持扎根中国大地办教育"。中国的教育应根植于中华文明，守住中华优秀传统文化的根与魂，讲好中国教育故事，创生中国特色理论，为人类贡献中国智慧和中国方案。

宁波简称"甬"，位于长江三角洲南翼，是我国东南沿海重要港口城市和历史文化名城。宁波教育源远流长，长盛不衰。唐建州学，宋设县学，人文荟萃，贤才辈出。在河姆渡文化的孕育下，宁波先后出现了一批又一批有影响力的教育思想家，如宋元时期的高闶、王应麟等，明清时期的王阳明、钱德洪、徐爱、方孝孺、朱之瑜、黄宗羲等，民国时期的陈训正、张雪门、杨贤江等。这些先贤都为宁波的教育做出了不朽贡献，在中国的教育发展史上发挥了重要作用，是甬派教育家的典型代表。

改革开放以来，宁波市的基础教育实现了跨越式发展。宁波教育本着"以人民为中心"的宗旨，全力"办人民满意的教育"。人民满意的教育是优质公平的教育，是"办好每一所学校""教好每一个孩子"的教育。谁来办好每一所学校呢？除了政府提供必要的条件外，"教师是立教之本、兴教之源"。那么，靠谁把广大教师组织起来呢？靠校长。有一位好校长，才有一所好学校。宁波基础教育高水平优质发展的伟大实践，亟需一批"教育家型"的优秀校长。正是基于这种思路，从 2009 年开始，宁波市就启动了"甬派教育管理名家培养工程"，2017 年 3 月启动了第二期工程。

一项人才培养工程能够持续开展十余年，并持续发挥重要作用，这本身就值得研究。长期以来，宁波市一直重视中小学校长和幼儿园园长队伍的建设，注重校(园)长成长规律和培训规律的研究，凭借宁波人"敢为人先"的创新精神，开创性地提出了教育干部培训的宁波模式和宁波经验，形成了"新任校长—合格校长—骨干校长—名校长—教育管理名家"的"五段三分双导"校长培养的完整体系。"甬派教育管理名家培养工程"位于宁波市教育干部培训"金字塔型"培养体系的塔尖，代表了宁波市教育干部培训工作的新高度，已经成为宁波市教育干部培训的新品牌。第二期"甬派教育管理名家培养工程"采用"双导师制"，聘请国内著名教育专家为理论导师，聘请全国有影响力的著名校长为实践导师，采用课题研究与经验提炼相结合的方式，来进行三年学习、两年展示的为期五年的培训，进而培养出教育管理的领军人物。这次出版的"甬派教育管理名家系列"丛书就是第二期培养对象经过三年学习，在名家的指导下，对自我教育实践进行提炼和提升的成果。

丛书的出版，虽然有种"立此存照"的意思，但更重要的是为了提供一种"本土经验""本土智慧"和"本土创造"。本系列丛书，有的是对办学实践的经验反思，有的是对办学主张的提炼梳理，有的是对办学理想的叙说表达……这些教育经验、教育主张、教育信念和教育理论，共同组成了新时代"甬派教育管理名家"的教育思想。细细品味丛书，我们可以清晰地感受到这批"甬派教育管理名家"办学思想背后的文化底蕴。

"知行合一，就是要行必务实。"本系列丛书的每一位作者都是宁波校长队伍中的优秀代表，他们的成长都建立在成功办学的基础上。每一本专著背后，都有一所或几所优质学校做后盾。从每一位校长的成长历程中，我们可以清晰地看到，"知行合一"已经成为他们共同遵循的基本观念。他们强调做实事、务实功、求实效，确保定下的每一件事能做到、能做好。他们强调"经世致用"学风，"务当务之务"，勇于任事，致力创新。本系列丛书记录了他们从理论到实践的行进方式，促进了宁波教育的率先发展，体现了"实践、认识、再实践、再认识"的实践论观点。

"知难而进，就是要行不懈怠。"本系列丛书在编写和出版过程中遇到的困难是显而易见的。从出版的数量上看，一项工程要出版 20 本专著，这在宁波市教育干部培训历史上是前所未有的。本系列丛书出版的组织者——宁波教育学院，坚持志不求易、事不避难，这种担当精神令人敬佩。从出版的质量上看，作为专著的作者，各位校长要从忙碌的日常管理工作中抽出时间是一件十分不易的事，而且在写作过程中还会遇到各种问题，这些对他们来说都是很大的挑战。但是，他们敢于直面挑战，勇于解决问题，把不可能变成了可能。因此，本系列丛书的成功出版，是各方知难而进、共同奋斗的结果。

"知书达礼，就是要行而优雅。"有着 400 多年历史的天一阁，是中国现存较早的私家藏书楼，也是亚洲现有较为古老的图书馆和世界最早的三大家庭图书馆之一。它使人们真切地感受到了书香宁波的特有气质。本系列丛书的出版既是对这种城市魅力的共建，又是对流淌在宁波教育人身上"书卷气"的共识。从工程一期的《我的教育思想》到这次二期的系列丛书的出版，反映了宁波教育人注重内涵发展、崇尚理性思想、爱好著书立说的优雅旨趣。翻开丛书，我们从字里行间都能感受到各位校长在办学过程中体现出来的崇文重教、崇德向善的教育思想和知书达理、彬彬有礼的人格魅力。

"知恩图报，就是要行路思源。"宁波人懂感恩、会感恩，本系列丛书的出版也是一种感恩回报。在工程的实施过程中，他们有幸得到了全国著名教育专家的指导；他们感恩各位导师的辛勤付出，珍惜与导师的深厚情谊。本系列丛书的出版是他们对导师最好的回报。他们有幸遇到了北京师范大学出版社，敬业勤勉的编辑老师的专业指导助推了丛书的顺利出版。他们感恩党和政府，正是在党的正确领导下，才实现了他们的个人价值。他们感恩教育本身，蓬勃发展的教育事业为他们提供了研究教育、施展才华和专业成长的沃土。本系列丛书的出版，必将对宁波教育的发展发挥重要作用。他们感恩所有关心、支持和帮助过他们的人，本系列丛书正是他们抒发这种感恩之情的载体。书中提到的每件事、每个人，其背后都是浓浓的感恩之情。

总之，"甬派教育管理名家系列"丛书的出版是宁波教育史上的一件大事，是宁波教育向中国共产党成立 100 周年的献礼之作，必将对宁波教育努力率先高水平实现教育现代化的新时代总目标发挥重要作用。

苏泽庭

2020 年 8 月

序 二

    2017 年 3 月，宁波市第二批"甬派教育管理名家培养工程"启动，29 位宁波市知名校长入围受训。此工程是宁波市加强校长队伍建设的创新之举，也是宁波市校长培训工作的顶端品牌，旨在落实"教育家办学"理念，通过培养一批"更加专业""更加卓越"的"本土教育家"校长，来领导宁波教育的创新发展。我受宁波市教育局、宁波教育学院、宁波市教育行政干部培训中心的委托，全权代邀 10 位国内著名的专家学者组成了一个专业的导师组；又因是宁波人的关系，被任命为组长。三年多来，经过面试面授、外出游学、著书立说、登台报告等环环相扣的程序，"甬派教育管理名家培养工程"已完成大部分的目标和任务，进入了最后的收官阶段。

    回首当初，宁波市教育局、宁波教育学院、宁波市教育行政干部培训中心和导师组曾就此工程提出了"五个一"的目标，即申报立项一个课题，核心期刊上发表一篇学术论文，每年外出短期游学拜师一次，撰写一部教育管理专著、举办一次办学思想研讨会。其中，最为重头也是最硬气的，就是要求第二批教育管理名家培养对象人人完成一部专著，即基于办学实际和对教育内涵、教育教学管理具体工作、办学育人规律的认识，对教育问题进行思考并总结行之有效的经验做法，通过思考、梳理、总结、提炼，集结成册，最后形成一本专著。令人欣慰的是，在宁波市教育局、宁波教育学院、宁波市教育行政干部培训中心的领导下，在导师组的精心指导下，29 位培养对象中，除却 3 人因工作调动不再担任校长外，共有 19 位校长最终提交了书稿，编写成"甬派教育管理名家系列"丛书。由北京师范大学出版社正式出版，成为"甬派教育管理名家培养工程"的标志性成果。

    30 多年来，我始终关注学校的发展问题，特别是校长这个学校发展的关键性和决定性因素。俗话说得好，"火车跑得快，全凭车头带"。从某种意义上说，校长的素质决定学校的发展，没有高素质的校长，就不可能有学校的可持续发展。近年来，大量的学校实践案例和校长实践经验，让我对"一位好校长就是一所好学校"这一信条深信不疑。这一点已在第二批"甬派教育管理名家培养工程"的培养对象办学以及他们各自的专著中体现出来。2020 年 9 月 15 日，《教育部等八部门关于进一步激发中小学办学活力的若干意见》(以下简称《意见》)发布，明确提出注重选优配强校长，努力造就一支政治过硬、品德高尚、业务精湛、治校有方的高素质专业化校长队伍。这是激发办学活力的关键性因素。《意见》不仅增强了实施"甬派教育管理名家培养工程"的信心和决心，也给未来中小学校长的选拔、培养与使用提出了新的目标和要求。

关于校长的素质特征、能力表现等，我结合近年来自己的研究，认为现在衡量和评判校长水平高低的重要标准或指标有了变化，除了显性的办学成就和管理水平外，还要看他教育思想的整体性、系统性和集成性，看他办学思路的完整性、清晰性和流畅性，看他育人成果的全面性、发展性和创新性。这些标准或指标，以往可以体现在学校章程、发展规划、年终总结或述职报告等载体中，如今必须通过系统思考、全面梳理和总结提炼，形成办学育人的规律性认识以及体系化建构，最终集合成综合性论文或学术专著来展示。这也是我们在第二批"甬派教育管理名家培养工程"中如此重视和强调著书立说的原因。

鼓励和引领校长去著书立说，在实际操作时容易走向功利化境地，对此社会上和教育界内出现了不少反对的声音。尽管我也特别反对教育中各种功利化的做法，如校长为出书而出书，但我还是会建议校长随时对自己的办学思路、行为及其结果进行思考、总结、梳理和提炼。这既是校长的基本功和校长专业发展的必修课，也是加强校长队伍建设的重要任务。那么，如何做好这一项工作？在此，我用教育管理名家的"名"字做些发挥，谈谈自己的三点体会，同时也表明我对"甬派教育管理名家培养工程"的认识、态度和立场。

第一，要弄清楚因何而"名"。所谓"名"，是指知名、著名。校长有名，实指校长声望高、有影响力。在现实中，名校长包括两层含义：一是名校的校长；二是知名或著名的校长。二者往往又是可以转化的。校长先担任名校的校长，再在办学上有所动作和贡献，使自己成为知名或著名的校长；也可以是知名或著名的校长执掌一所学校，把学校办成名校，使自己成为名校的校长。学术界给出了很多关于名校长的定义和主要特征，但从总体上看不外乎三个方面：一是办学成功，二是思想定型，三是影响力大。"甬派教育管理名家培养工程"的培养对象都或多或少地具备这三个方面的特征。

我一直认为，名校长是一个发展性的概念。任何事物的发展都是由量变到质变的过程。一位校长的成功与成名也是一个积累和发展的过程，不可能一夜成名。任何一位名校长，都是其办学思想和办学业绩得到广泛认可后才逐渐成名的。教育行政部门对名校长的认定只是一种形式。从根本上讲，名校长不是自封的，也不是任命的，而是社会公认的。名校长在被教育行政部门认定之前就已经在教育界和社会上具有一定的名望。名校长的"名"应是一种社会影响和社会认可。引导和鼓励校长成为名校长，可以使校长有更高的追求和境界，从而把学校办得更好。

第二，名校长要擅长"明"。一位优秀的校长必须有独具特色的教育思想并身体力行。苏霍姆林斯基根据自己多年从事校长工作的实践经验，提出领导学校，首先是教育思想的领导，其次才是行政上的领导。这是一个十分重要的观点，也是校长管理学校的客观规律。教育家是实践家，衡量教育家的首要标准就是他们在教育实践工作中的成绩：或育才有方，或治校有方、成绩突出。名校长都是成功的校长，是治校有方、办学成绩突出的校长，理应被称为教育家。教育家要有自己的办学思想，甚至有的教育家还创立了新的教育理论。他们都必须亲身从事教育实践，把办学思想和新的教育理论用于教育实践并且取得显著的成效，否则就不能被称为教育家。这是所有想成为名家的校长们必须懂得的道理。

"明"就是要明理。明理是读书人要达到一种通达慧明、明晓事理的境界。名校长要明以下三方面的理。一是教育之理，说的是教育的本质特征。《说文解字》对"教育"之理讲解得非常精辟："教，上所施下所效也""育，养子使作善也"。这两句话表明育人是教育的本质。二是办学之理。办学是有规律可循的。办学规律及其衍生出来的运行体系、体制和机制等，都是办学之理。三是育人之理。弄清楚"培养什么人"的问题，这是教育的首要问题，同时还要弄清楚"怎样培养人""为谁培养人"等问题。这三个问题构成育人的有机整体，不可分割，只有如此才能培育和造就全面发展的人。名校长还要善于捕捉代表时代发展和前进方向的新思想、新观念，善于用批判的眼光、理性的思维去分析教育的问题，对自我教育行为进行反思，不断深化对教育的规律性认识。

第三，名校长要善于"鸣"。鸣，就是发出声音。意思就是，名校长要善于表达，善于发表自己的意见和主张，引导舆论，营造氛围。"千线万线，只有一个针眼穿。"千线万线指的是各种各样的政策、理论、理念和方法；这个针眼是指学校实践，任何政策、理论、理念和方法都要通过学校实践来落地实现。当下，名校长必须把以下问题的落实和解决作为己任，下足功夫，写好文章。一是全面贯彻党的教育方针，建立健全立德树人教育机制，大力发展素质教育，着力培养学生的社会责任感、创新精神和实践能力。二是深化教育教学改革，不断推进课程改革，优化教学方式，探索因材施教的路径、机制和策略，创建适合学生发展的教育体系。三是注重理论与实践的结合。校长要用科学的理论指导教育教学实践，要通过实践总结创造出新的科学理论，从而再用新的理论去指导新的实践，提高办学育人水平；同时，还要结合时代和教育的发展，不断融入新的元素，寻找新的增长点，实现发展目标。四是善于传播先进的教育思想理念，既能用自己先进的教育思想和教育价值去影响教师和改造教师，促进教师教育观念和教学行为自觉地转变，又能科学引导家长和社会树立正确的教育观、育人观，努力营造良好的教育生态环境。

陈如平
2020 年 9 月

"与时俱进"方显学术高中本色

宁波中学(简称宁中)是一所百年老校。它创建于 1898 年，初定名为储才学堂，意为国家培养革新图强人才，1904 年才改名为宁波府中学堂。120 多年来，宁波中学经历了世事沧桑与时代变化，始终美名在兹、薪火不断，是名副其实的百年名校。其奥秘就蕴于经亨颐老校长于 1923 年提出并被后人传承的"与时俱进"的学校精神之中。

时，《说文解字》的本义解释是"四时"，指春、夏、秋、冬四个季节。《康熙字典》又引申出"伺也""善也""中也"等意。总的来说，"时"乃自然之物，是客观的，不因人的意志而转移；并且它是"善的""好的"。对于"时"，人只能去等待它、追随它、适应它、利用它。现代汉语由此有了"时段""时机""时势""时运""时尚"等词语。"与时俱进"也被赋予更为深远的蕴意。首先，宁波中学"因时"而生，是时代和时势的积极产物。其次，办学要长于"择时"，要有自觉的"时"意识，应符合时代的主旋律、教育的主旋律。最后，学校要善于"辨时"，不能"定"而要"变"，如何变则要由"时"而定。回望宁波中学的 120 多年的校史，更能看得到学校因"与时俱进"而存在、光大。

知"时"、适"时"、用"时"，是学校发展的思想基础和基本前提。今日是何时？这是宁波中学今天必须回答的问题。2010 年，《国家中长期教育改革和发展规划纲要(2010—2020 年)》明确提出，"树立以提高质量为核心的教育发展观，注重教育内涵发展，鼓励学校办出特色、办出水平"。2019 年，《中国教育现代化 2035》进一步确立了高中阶段教育发展的三大政策之一，鼓励普通高中多样化、特色化发展。由此说来，推进多样化、特色化发展，应是宁波中学面临的最大"时势"，这也体现了"与时俱进"的价值意义和生命所在。

我国普通高中教育体系内，一直以来存在着有"层次"无"类别"、以"层次"代"类别"现象。一谈及"层次"，便把普通高中分为重点高中与一般高中、示范高中与普通高中以及薄弱高中，示范校里面又分为省级、市级及区级。这里面，"重点""非重点""示范"与"非示范"反映的是层次概念，而不是类别概念。"类别"恰恰是普通高中多样化的核心词。所谓普通高中多样化，实质是普通高中类别的多样化，具体类别有综合高中、学术高中、科技高中、艺术高中、外语高中等。每一类别都是一条多样化的路径，具体到某所学校，无论选择哪一条路径，都需要从课程建设、课堂教学、学校管理、制度文化等各方面整体把握，在此基础上显现相应的风格、色彩、个性与优势。这是宁波中学所身临其中的"时"。

2018 年，宁波中学迎来了她的 120 年华诞。学校庄严而坚定地提出"建学术高中，育创新人才"的新时期办学理念。该理念继承并发展了学校创立之初的"冀陶成英俊子弟，以开风气"；兴起时期的"经国以自强为本，自强以储才为先"；发展时期的"菁英继起，德艺兼优，学海任遨游"的精神。经百廿的积淀，凝百廿的精神，宁波中学确立了学术高中目标，可谓众望所归，是必然结果。

目前，学校围绕着学术型人才这一培养目标，已经初步搭建起育人模式的主体框架，课程、教学、管理、文化、教师等"要素"均针对"学术"展开，其向学术高中转型的第一步已经完成。下一步，学校要做的是继续探索、不断深化和丰富自己对现代社会学术高中的本质及其对人才素质要求的理解，并汇集校内外各种力量探索学术型人才培养的育人模式。这种学理层面的思考越深刻、越广泛、越明确，学校的学术转型才能越彻底、越稳定、越长久。

学术高中是新生之物，当前的政策、师资、生源、课程等方面的规定，对学术高中的建设与发展有支持但更有限制，需要志趣相投的研究者和实践者共同为之努力。宁波中学敢于与时俱进，先行踏上学术高中之路，勇气可嘉。本书仅仅是宁波中学对学术高中的初步认识和初步实践，还需要国内外同行的一起探索。

我与邵迎春校长结缘于浙江省宁波市教育局组织的"甬派教育管理名家培养工程"，有幸担任她的指导老师。宁波中学将其办学方向定位于学术高中，邵校长亦同我多次探讨。因这份师生情谊，又因对学术高中的期盼，是为序。

陈如平

2020 年 4 月于北京西单大木仓胡同

目　录
CONTENTS

第一章
宁波中学的学术抉择

    与我国古代带有学术气质的书院教育和国外学术高中相比，我国学术高中的现代形态应该是怎样的？通过在时间和空间中加以把握，从可能与不可能、存在与不存在、必然与偶然三组逻辑判断出发加以判断和描述，我们可以较为准确地刻画出我国学术高中的现代形态。

    宁波中学有着120多年的办学历史，在这漫长的发展历程中，始终倡导"学术自由、兼容并蓄、民主治校、与时俱进"的办学精神，形成了"严谨、求实、创新、全面发展"的校风，前行道路上印刻着数以百计的伟人、大师的足迹：蔡元培、马寅初、沈雁冰、杨敏曾、经亨颐、夏丏尊、朱自清、丰子恺……培养了以诺贝尔生理学或医学奖获得者屠呦呦和严恺、童第周、冯定等12位院士为代表的杰出人才。这些都为宁波中学注入了良好的学术基因，并以此引领着当下的宁波中学做出学术抉择，并坚定地走在现代学术高中的道路上。

我国普通高中的学术基因

一、宁波中学的学术理解 >>>>>>>

学术是一个在科学研究与日常言谈中被高频率使用的词语，但人们对其内涵却有着不同的解读。

在中文语境中，学术有多种含义。第一，学术为学习治国之术，如《史记·张仪列传》言：始尝与苏秦俱事鬼谷先生，学术，苏秦自以不及张仪。清刘献廷《广阳杂记》言：诸葛孔明为千古一人，其学术全从此书出。第二，泛指教化，如《后汉书·盖勋传》言：凉州寡于学术，故屡致反暴。今欲多写《孝经》，令家家习之，庶或使人知义。第三，多指学问、学识，如明李东阳的《求退录》言：加以志虑日短，学术愈荒。宋苏轼的《到惠州谢表》有言：臣性资褊浅，学术荒唐。可以看到，学术在中文中一般是指学问、知识，这种释义在商务印书馆出版的《现代汉语词典（第7版）》中得到了继续，它对学术的解释为：有系统的、较专门的学问。

一般而言，学术对应的英文是"Academic"，其词源可追溯到柏拉图。柏拉图于公元前387年建立讲学授徒的学园，与同伴和学生们一起探讨治国之术，对正义、善、勇敢等人类永恒的问题进行了讨论。它成为欧洲历史上第一所集高等教育与学术研究为一体的学院。自此以后，西方各国的学术研究机构就以"Academy"为其名称，在这种机构里进行的活动就被称为学术。

在欧内斯特·L.博耶（Ernest L. Boyer）看来，学术包括发现知识、寻求不同学科知识的联系、将科学研究的成果应用到实践中、向学生传递知识。① 当代人类学家张荣寰将学术的概念界定为对存在物及其规律的学科化论证。学者对学术的界定有两种：一种更具有动词属性，但都把学术当作知识范畴来看待，将之解释为系统、专门的科学知识；另一种把学术当作活动范畴来处理，把知识生产、应用和传播的活动视为学术。

维特根斯坦认为，一个词语的意义要在其语境中考察。因此，关于学术，以往研究中对其内涵的界定是理解学术概念的基础，但这还不够。我们还需要考察其使用者、主体、场域，那么我们就会发现，学术一般是和各种社会人才联系起来的，其占有者为学者、政治家、文学家；学术一般发生在专门的机构中，是付出努力的过程；学术这个概念本身的价值很大，是崇高社会使命的表征。

综而述之，我们认为学术不仅仅是静态的系统化、专门化的知识，还是动态的活动范畴，是知识生产、应用和传播的活动。更重要的是，学术具有精神价值。学术从业者，是被学生和其他人看作以某种方式对提高下一代人的能力和潜力负责的人。② 所以，学术也是执着的、勤奋的、严谨的、自主的、科学的等美好品质的代名词。因此，我们认为学术是系统而专门的知识、探究的过程与方法、科学精神的三位一体的复合性命题，如图 1-1 所示。

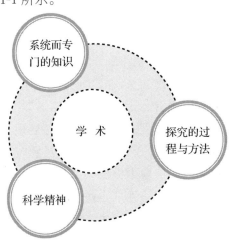

图 1-1　宁波中学对学术的解读

---

① 杜作润、高烽煜：《大学论》，303～304 页，成都，四川教育出版社，2000。
② ［美］唐纳德·肯尼迪：《学术责任》，阎凤桥等译，26 页，北京，新华出版社，2002。

以上是宁波中学基于 120 多年的教育实践对学术的理解和践行，也是本书的立论基础。

(一)知识

知识是学术的核心，更是教育的核心。但当前的教育理论研究中却存在着"一股轻视知识"的观念，在言说层面上存在着一种"对知识的恐惧"，仿佛一谈知识就会被扣上传统教育、死记硬背、灌输教育的帽子。究其原因，同对知识所持有的"客观知识论"有密切关系，即知识是外在于人的客观存在，是对客观世界的反映。然而，知识论的研究及其进展都表明从客观中立的立场去理解知识，是一种片面乃至错误的认识。

我国知识论学者金岳霖先生对知识有系统的阐述。他认为，一方面，谈知识总有知识者的性能问题，有知识的个体能够知，能够识；另一方面，知识有对象，有知识的个体有所知，有所识。[①] 知识是关系事实，而且是属于外在关系的事实。知识是一种极复杂的关系事实，内中所包含的关系不止一种。但是我们可以把一种复杂关系事实简单地名曰知，把另一种复杂关系事实简单地名曰外物，这两种关系事实的关系是我们所要论的知识关系。[②] 由此可知，知识不是知识者的"能知"，也不是感觉器官与外物接触形成的"现象"，更不是"外物"，而是"知"与"外物"之间的关系事实。也就是说，知识是人与外物之间的关系，没有与人发生联系、发生关系的知识算不得是知识，更精确地说，算不得是特定的人的知识。

事实上，20 世纪 70 年代以来，以知识社会学、新经验主义、科学技术哲学等为代表的知识研究，正是在"发现情境"与"辩护情境"相互联系的意义上转向对知识生产过程的分析的，进而展现了知识的境域性特征。知识不是对客观存在的"镜式反映"，也不具有"放之四海而皆准"的普遍性，而是需要在具体的情境中完成知识的发现与价值辩护。即只有当知识被还原到具体的情境中，并从实践的角度对其重新考察时，学生才有可能获得关于知识的全面理解，才能把知识从外在的公共知识转化为内在的个人知识[③]，这样的知识对学生而言有着丰富的教育意义。

---

① 金岳霖：《论道》，182 页，北京，中国人民大学出版社，2010。

② 金岳霖学术基金会学术委员会：《金岳霖文集：第三卷》，105～106 页，兰州，甘肃人民出版社，1995。

③ 牛楠森：《迈向个人知识的教学论》，载《全球教育展望》，2007(11)。

因此，学生的知识学习并不是对作为知识外在表征的符号体系的简单掌握，而是有必要在知识产生情境的模拟或复原中，获得关于知识的全部理解，完成知识的价值辩护。一方面，它意味着学生的知识学习是以对问题及问题所处情境的全面把握而展开的。知识产生于理论或实践问题解决的需要，但问题之所以能够获得解决并成为最终的认识成果，依赖于问题解决者对解决问题的方法、工具与资源的综合判断。那么能力的增加在这个过程中自然地产生了。另一方面，在对知识发现情境的再现与价值辩护活动中，无论是问题困境带来的挑战，还是对知识价值及其用途的评判与选择，都需要学生以坚强的意志、高级的社会性情感和批判性的精神态度、正确的价值观为支撑。[1] 那么，从这样一个过程中我们可以看到，知识与能力，知识与情感、态度、价值观之间有着天然的联系。

(二)科学精神

日本京都大学特别教授、2018年诺贝尔生理学或医学奖得主本庶佑认为，"关于研究，我自己总保持着好奇心，总想多知道点什么。还有一点，不轻信。……不要相信论文里写的东西。对于研究，要一直钻研到眼见为实、让自己确信为止。"[2]这是他对科学所采取的基本态度。纵观科学发现的历史，任何科学观点都是在不断证伪的过程中向前推进的。可以说，科学本身不是一个静态的结论，而是不断地试错、不断地推翻权威，科学本身即过程。而在这个过程中最重要的就是有不轻信、要亲证的精神。这种精神包含了科学最重要的精神之一——敢于质疑。也就是说，用自己的大脑思考，一直做到自己完全想通、完全认可为止。

不轻信、要亲证，是对科学精神的形象概括。转换为学术性话语，可以将科学精神分解为理性批评的态度、兼容并包的胸怀、探索未知的热情、社会责任感和正义感。其主旨乃是学术态度上的彻底诚实。理性批评，意味着不盲从于既有的权威，是在弄懂吃透知识的基础上的信服。对于学生来说，就是对书本知识和教师传授的知识保持警惕的质疑态度。兼容并包，意味着对问题的认识角度、对问题的解答持有开放的态度，

---

① 叶波：《是"知识放逐"还是"知识回归"》，载《课程·教材·教法》，2018(2)。

② 沙森：《真正的科学精神：不轻信，要亲证》，载《中国科学报》，2018-12-17。

摒弃一元论。探索未知，是指始终保持好奇心。学校教育要对师生的好奇心、不寻常的观点建立保护机制，对师生在探究中的错误有容错机制。社会责任感，是科学的价值立场。科学研究的最终目的是造福人类，并非个人的利害得失。正如武向平院士所言："钱学森先生从大洋彼岸回到祖国怀抱的时候，是否给曾经一穷二白的祖国提出过待遇的要求？赵忠尧先生历时八个月冲破重重阻挠回到祖国时，是否考虑过个人的得失？郭永怀先生烧毁所有论文手稿，回到祖国投身两弹一星事业直至献出宝贵生命的时候，是否谋求过回报？诸多前辈的身践力行向我们诠释了什么叫科学精神、什么是祖国情怀。"[1]

所以，科学精神并非专属科学工作者，而是普遍的精神，任何人都需要。它是一个人顶天立地地生活于人世间的必备品质。对于那些致力于造福人类的各种人才，它甚至是底线要求。

（三）探究

杜威在《逻辑：探究的理论》中，对于探究一词给出了较为明确的定义："探究是一种受控的或定向的转变，是从不确定情境，到一种其成分的差异和关系都是确定的情境，后者将初始情境之各要素转换为统一的整体。"

首先，探究是一种转变。这类转变不是随意的，而是受到某种程度的控制，或者具有某种目的的指向的。所以，探究是一种目的性行为，有着特定的目标。

其次，探究活动涉及两种情境。[2] 一个是不确定情境，另一个是确定的情境，两个情境在时间上是前后相继的关系。不确定情境的含义是双重的，既指情境本身的不确定，也指人在面对该情境时不确定的态度或认知状态。探究在某种意义上来说就是一种提问或者发问。

最后，探究实现的是某种整合。确定的情境将之前不确定情境中的各个要素转换为统一的一体。因此，探究过程必然频繁地涉及推理，推理论证的活动是探究过程的重要组成部分。

① 武向平：《人才教育的科学精神与情怀》，载《创新人才教育》，2018(4)。
② 叶子：《探究的逻辑——杜威探究理论研究》，博士学位论文，复旦大学，2013。

二、清末民国中等教育的学术特征 >>>>>>>

中国传统教育中很早就有"小学""大学"的观念，但没有中学的说法，中学教育观念的引入是西学东渐的结果。而且，维新志士效法西方，勾勒出近代意义上的三级学制。康有为在其《大同书》中就提出了三级学校模式的主张，他说："中学不通，则无由上达于上学及为专门之学，而终身受其害矣。"他指出，中学阶段处于人生至关重要的时期，并指出中学教师应身系"全世界人类才能德性"，应当选择"贤达之士"，还必须"行谊方正，德性仁明，文学广博，思悟通妙"，并"诲人不倦，慈幼有恒"。①严复借鉴西方国家的教育制度，提出了一套完整的近代学制系统。在这一学制系统中，他将教育划分为三个不同的阶段，即小学堂阶段、中学堂阶段和高等学堂阶段，各个阶段有各自不同的教学内容。严复认为中学堂的入学年龄应当限在"十六至二十为率"，取"文理既通，学有根柢"者为宜。同时，严复还重视科学教育，强调体育和德育的重要性。他主张在学校课程的设置中，要重视自然学科的开设。对普通中学课程设置，他也有自己的看法，认为在中学堂当"中西学教习并有之"。②

《钦定学堂章程》对各级各类学校制度都做了明确规定。其中就有专门为中等教育所定的《钦定中学堂章程》，规定："中学堂之设，使诸生于高等小学卒业后而加深其程度、增添其科目，俾肄力于普通学之高深者，为高等专门之始基"。③

但是对于中等教育的设立旨趣，彼时是有争论的。时任教育总长汤化龙认为中等学校的设立旨趣有二：其一为高等专门学校之预备；其二以养成各级社会之中坚。二者虽处于并列位置，但就社会的本体而言，"尤以养成社会之中坚，为中学校教育之要旨。吾国之中学校教育，往往适得其反，而汲汲以预备高等专门学校之选为重。此种观念，殆由科举时代胚胎而来，而此种教育之结果，将使全国之中等社会，无复独立之生活能力。进言之，将使全国各种社会，无一中坚之人物"。他认为，

---

① 谢长法：《中国中学教育史》，12 页，太原，山西教育出版社，2009。
② 陈学恂：《中国近代教育文选》，218 页，北京，人民教育出版社，1983。
③ 璩鑫圭、唐良炎：《中国近代教育史资料汇编：学制演变》，272 页，上海，上海教育出版社，2007。

"中学校教育为普通学术之发展时期，其教程度应注重科学，而科学应注重实用，自不待言。……凡现时所云实用科学者，全无系统故也。吾人将欲举全国之中学校生徒，造成为一种有系统之学术社会，在法首当认定中学校设立之要旨，实为养成社会之中坚人物起见，凡关于生徒之品性智识能力，当在促起其注意，令其陶冶变化，日趋于中坚之地位。复次则在刷新生徒之脑部，令其常有世界学术上之兴味，然后容纳科学教育之际，绰有条理部署之地。复次则凡关于世界社会之趋势，与吾国社会之现状，均为之斟其所以然之故，因以促进生徒对于社会上之责任心，而养其充实不可以已之觉悟力，然后现时教育上之所容纳者，投之未来社会，若政治事业、经济事业均无格格不入之虞。审此数者，而中学教育之系统，秩然具亦。"蔡元培在考究各国学制以后，指出中学制度有两种意义："一以高小毕业程度，究嫌未足，未能应社会之用，故入中学而加深之，完全之；一为有志大成者，俾在中学时，所授与之科学智识，得以巩固其基础。"在蔡元培看来，中学所学的知识很浅，并不能足以应对做特殊的事业，即便是可以做一部分，那也不过是很平常的。因此，中学要培养中坚人物是很难的，中学的目的"只是唯一的预备升学"。

1933 年，国民政府教育部颁布《中学规程》，规定了 7 条教育目标：锻炼强健体格；陶融公民道德；培育民族文化；充实生活知能；培植科学基础；养成劳动习惯；启发艺术兴趣。于课程上以文理并重为原则，同时增加语文、史地等科的比重，增加教学时数，以致中学生有不胜负荷之苦。1936 年 2 月，教育部又对中学课程标准予以修正，在第一条上强调注重养成学生自我研习的能力，减轻其课业负担。在 20 世纪二三十年代，社会各界人士批评中学课程过于偏重书本知识的传授，教学时数过多，教材分量过于偏重，学生缺乏自动研习的能力和兴趣，并批评此种状况有碍于学生身心的发展。有鉴于此，教育部对中学教学科目及时数做了修正，注意减轻学生的课业负担，发展学生自动研习的能力。

三、新中国成立后普通高中的学术特征 >>>>>>>

基于对学术的理解，我们把促进学生在探究过程中掌握和运用知识，培养以批判和质疑、社会责任感为核心的科学精神作为衡量维度，来判断普通高中是否具有学术性特征。对新中国成立以后的普通高中的学术性特征，我们可以通过对教育政策中关于普通高中的培养目标和教育教学方法的梳理来考察。

1954 年，《中央人民政府政务院关于改进和发展中学教育的指示》发布，提出要积极稳步地提高中学教育的质量，特别是要办好高级中学、完全中学和工农速成中学，着重发展高级中学教育。该指示提出了改进教学的要求，以先进的科学知识武装学生，相应地就要求教师努力学习，提高自己的思想水平，逐步学会运用辩证唯物论和历史唯物论的观点以及理论与实际相联系的方法来讲课，要求教师适当地收集、采用国家建设的实际材料来充实教学内容，并创造条件，制造教具，进行直观教学，使学生能做实验和参观，以练习、运用和巩固所学知识。

据统计，20 世纪 80 年代以前的高考入学率最高才达到 6%。[1] 在这样的情况下，大多数高中毕业生不可能获得接受高等教育的机会，并且能够接受高等教育的也只能是凤毛麟角。这种高等教育的发展形态所造成的直接影响是，具有高等教育文化程度与水平的劳动力在整个劳动力的素质和结构中的比例是非常低的。在 20 世纪 80 年代初期，具有高等教育文化水平的劳动力在中国整个劳动力中的比例还不足 1%。由此可见，在 20 世纪末之前的一个相当长的历史时期里，极其重视中国普通高中作为高等教育的预备学校或者具备输送生源的功能。普通高中的办学质量、教师的教学质量，都是以考试分数、升学率为唯一的评价指标。普通高中教育面向的是少数升学有希望的学生，教育内容重视知识的传授，忽视学生能力的培养。学生缺乏创新精神及实践动手操作能力，学生的片面发展、被动发展成为高中生的基本样态，至于个性的发展更是无从谈起。

2000 年，《全日制普通高级中学课程计划(试验修订稿)》指出，普通高中教育要进一步提高学生的思想道德、文化科学、劳动技能、审美情趣和身体心理素质，培养学生的创新精神、实践能力、终身学习的能力和适应社会生活的能力，促进学生个性的健康发展，为高等学校和社会各行各业输送素质良好的普通高中毕业生。2003 年，作为高中新课程改革指导纲要的《普通高中课程方案(实验)》出台，其中对普通高中任务的

---

① 谢维和：《从基础教育到大学预科——新时期高中教育的定位及其选择》，载《中国教育报》，2011-09-29。

表述变成了"为学生终身发展奠定基础"。

2010年颁布的《国家中长期教育改革和发展规划纲要(2010—2020年)》将"育人为本"作为一项重要工作方针,提出"为每个学生提供适合的教育"。具体到高中教育阶段,又进一步指出,"注重培养学生自主学习、自强自立和适应社会的能力,克服应试教育倾向"。

2014年,《教育部关于全面深化课程改革 落实立德树人根本任务的意见》发布,提出先行启动普通高中课程修订工作。合理确定必修、选修课时比例,打牢学生终身发展的基础,增加学生选择学习的机会,满足持续发展、个性发展需要。坚持知行统一原则,加强职业体验、社会实践等方面的课程。进一步精选课程内容,科学确定课程容量和难度。

2016年,教育部发布《中国学生发展核心素养》,核心素养以培养全面发展的人为核心,分为文化基础、自主发展、社会参与3个方面,综合表现为人文底蕴、科学精神、学会学习、健康生活、责任担当、实践创新六大素养;2017年颁布以此为基础的普通高中课程方案和各学科课程标准;2020年对普通高中课程方案和各学科课程标准进行了修订。

2019年,《国务院办公厅关于新时代推进普通高中育人方式改革的指导意见》明确提出,到2022年,德智体美劳全面培养体系进一步完善,立德树人落实机制进一步健全。普通高中新课程新教材全面实施,适应学生全面而有个性发展的教育教学改革深入推进,选课走班教学管理机制基本完善,科学的教育评价和考试招生制度基本建立,师资和办学条件得到有效保障,普通高中多样化、有特色发展的格局基本形成。

通过梳理,我们可以发现,新中国成立以来的普通高中与学术性特征的关系呈现出"保持距离—背离—亲近"的过程性特点。其中,2000年,普通高中课程计划的实施具有转折意义。在基础教育课程改革的整体背景下,也更由于普通高中、高等教育在规模和质量上的大发展,就培养目标和培养方式而言,我国普通高中的学术性特征越来越显著。但也必须要指出的是,普通高中教育内部日益多样化、特色化,其结果便是不同类型的普通高中会承担高中阶段教育的不同功能,其学术性特征会在某些类型的普通高中身上得到全部呈现,也会在其他类型的普通高中身上逐渐消逝。

第二节

学术高中的现代形态

　　《国家中长期教育改革和发展规划纲要(2010—2020 年)》对普通高中教育改革与发展提出新要求，如普及高中阶段教育、全面提高普通高中学生的综合素质、推动普通高中的多样化发展、鼓励普通高中办出特色、推进培养模式多样化、满足不同潜质学生的发展需要、探索发现和培养创新人才的途径等。学术高中在这样的政策背景下应运而生。此外，随着高等教育质量意识的增强和全面提升，必然会对高中阶段教育包括普通高中阶段教育的质量提出新要求，尤其是高等学校招生已经不再满足于完成计划任务，而是致力于通过多种渠道招收到优质的、有浓厚专业兴趣和终身发展志向的新生。[1] 可见，建设学术高中，为学术型人才奠定基础，既是普通高中发展的需要，也是高等教育发展的要求。

一、学术高中的样态：一个探究的场所　>>>>>>>

　　样态的德语为"modi"，英语为"state"，又译"样式""模态"，最早出自德国哲学家康德的《自然科学的形而上学基础》一书，是他在推动逻辑学从传统形式逻辑走向现代辩证逻辑的过程中所提出的全新的哲学范畴。在康德看来，样态是对事物存在状态的"断定"，用它来描述事物的本质属性。[2] 也可以说，样态是事物本质属性的外在显现。本质属性是一个事物本身就必须具有的应有之义，它既表明一个事物为了成为这个事物就必

---

① 石中英：《关于当前我国普通高中教育任务的再认识》，载《清华大学教育研究》，2015(1)。
② 陈如平：《关于新样态学校的理性思考》，载《中国教育学刊》，2017(3)。

须具有的特点，也是其自身区别于另一事物的内在特点。由此决定了"你是你，他是他"。那么，学术高中(也可称学术性高中)的本质属性是什么呢？

学术性高中是以学术探究为主要教学方式，以增强学术素养和培养创新人才为目标的一种培养模式。[①] 学术性高中是一种正在探索中的育人模式，这种育人模式的目标直接指向创新型人才的培养，培养过程关注学生的探究与知识获得的开放性，预示着一种新的高中类型。[②] 许芹认为学术性高中的整体认识框架还需要探索，但可以先行界定几个基本方向，即有鲜明的学校教育哲学和独立精神；学校规模和班级规模适度；有完善的以追求学术素养与高尚人格为两大目标的丰富的课程体系，有一定量的具有学术前沿性的课程；学生常态学习有较高的选择性、自主性；教师的师德修养与专业学术水平较高，有一批研究型、学者型教师，有一批具备跨学科开设选修课、指导社团活动的能力型教师；学校有广泛的国际、国内交流，拥有丰富的教育资源；有丰硕的课题成果和可推广的实验性项目。[③] 学术性高中是适应教育内涵式发展需要、提高普通高中教育质量的探索模式之一。它的培养目标是提高学生的学术素养，前提是教师具备教育学术能力，特点是注重教育教学过程的设计和有效实施。[④] 学术性高中应当具有现代化与信息化的文明形态、开放性和国际化的教育要素、学者型的教师队伍和重视学术的优良传统。教师和学生、家长、社会合作开发大量学术性、前沿性的课程，高度重视教育教学的效能，使学生获得高水平学术研究所需的知识基础、研究能力与思维方式。[⑤]

从学术高中的理论研究者与践行者的已有研究来看，大家对学术高中到底是一种育人模式还是学校类型并没有定论，但同时将学术高中的核心或者说灵魂定位于"学术性"，强调培养目标上的学术素养、培养过程上的学术探究。其中，培养目标上的学术素养要通过培养过程上的学术探究来实现。因此，我们认为学术高中的样态或者说本质属性就在于培养过程上的学术探究，学术高中应是一个探究的场所。

① 殷桂金：《示范性高中的价值重建与路径选择》，载《当代教育科学》，2018(8)。
② 王占宝、段会冬等：《国际视角下的学术性高中建设》，13页，北京，教育科学出版社，2016。
③ 许芹：《"学术性高中"的自我认知与要素构架》，载《江苏教育》，2017(4)。
④ 果淑兰：《学术性高中：优质高中内涵式发展的探索》，载《北京教育(普教)》，2013(1)。
⑤ 王占宝：《培养创新型人才呼唤建设学术性高中》，载《人民教育》，2011(12)。

在这里，探究超越了方法层面上升为一种思维习惯和教育哲学，弥漫于学校的现在设计与未来规划。校长以探究思维审视学校的当下、规划学校的未来；教师以探究思维研究教育教学，学生以探究思维进行学习。全部主体都在抛弃思维上的被动、惯性和经验化、常识性，而是选择进行主动的、专业的、严谨的思考。美国高等教育研究专家克拉克关于大学的研究对于学术高中的建设有启发作用。他认为，以科研为首要的成分，教授的作用在于把科研和教学结合起来——科研活动十分恰当地成为一种教学的模式。学生的作用就是把科研和学习结合起来——科研活动转变为一种学习的模式。① 当探究与教和学整合起来，那将是多方共赢的图景，即"科研本身能够是一个效率很高和非常有力的教学形式。如果科研也成为一种学习的模式，它就能成为密切融合教学和学习的整合工具。"②这样最大的受益者就是学生了。让学生参与科研可以是一个很适合的教学和学习形式。一个科研项目，不管它的具体性质，包含一个确定问题并展开寻找答案的可靠方法和衡量答案的适切性以及问题的重要性的过程。学生的科研活动不仅是一个确定问题和寻找答案的学术研究的过程，而且也是一个引起批判思维和开发探究智能的方法。值得注意的是，科研活动可以是一个主动的学习模式。在这种模式中，教师提供一个构架和一种态度，但是并不提供要学生写下来、记住、再归还给教师的答案。③

二、他国的学术高中形态 >>>>>>>

（一）美国学术高中的课程与教学④

1. 注重研究的课程设置

以印第安纳州学术高中（简称印州学术高中）为例，印州学术高中鲜

① ［美］伯顿·克拉克：《探究的场所——现代大学的科研和研究生教育》，王承绪译，1页，杭州，浙江教育出版社，2001。

② ［美］伯顿·克拉克：《探究的场所——现代大学的科研和研究生教育》，王承绪译，288页，杭州，浙江教育出版社，2001。

③ ［美］伯顿·克拉克：《探究的场所——现代大学的科研和研究生教育》，王承绪译，290~291页，杭州，浙江教育出版社，2001。

④ 张丰：《"鲶鱼"的意义：印州学术高中课程与教学管理的启示》，载《中国教师》，2013(9)。

明地突出了它们在引导学生学术研究方面的课程，削减了职业技术教育课程、家政教育课程以及体育课程。该校的课程设置有五个特点：第一，学校非常重视英语与社会科学领域的课程，并按"文史不分家"的思路开设专题选修课程。不包括外国语课程，学校提供的人文类课程(英语与社会科学)有36门，比理科课程(包括数、理、化、生、地，共35门)还多，令人诧异。从课程主题上看，英语与社会科学的课程呈辐射状组织，围绕重点课程展开丰富的专题学习。其中历史方面课程的地位，很像我国的政治课程。它们的英语课程中包含着历史线索，而历史课程中又体现了文学视野，特别是兼跨两个领域的"人类奋斗史"，既是语言学习的素材，又是社会科学的学习内容。第二，数学课程是学校的重点发展方向。学校开设了14门选修课。学校假定学生在9～10年级中已修习了州里规定必修的"代数1"与"代数2"，所以学校只开设选修系列的课程。不过，该校的数学选修课程又分两个台阶：一是其他高中也可能开设的数学选修课，二是该校独有的高级选修课程——"AP统计""线性代数""多元微积分"和"微分方程"。第三，在科学领域中，它们挖掘最深的、专题分化最细的是生物学。在印第安纳州，"生物Ⅰ"(估计重点在生物学基础与植物学)是必修的，学生在9～10年级中已经修习，所以学校开设了"生物Ⅱ"(微生物学)"人体解剖与生理学""动物学"3门生物领域的一级子学科，还提供了"人类遗传学""分子遗传学""AP生物学"和"AP环境科学"等7门课程。可以看出，在生物学领域中，学生可以有不同的发展可能。第四，"跨学科研究"是这所学校课程体系的重要特色。除了"个人理财""生涯探索"外，"研究课程""研究/创新项目"与"学术报告会"是紧密联系的课程群组。它们紧紧围绕学术研究的中心，引导学生探索自己感兴趣的主题，制造有创意的作品，在运用相关课程的知识的同时，进一步拓展自己的知识，体会与掌握研究的方法。"研究课程"主要是帮助学生了解研究的通用方法与专门领域的特定方法；"研究/创新项目"是项目化的研究性学习活动；"学术报告会"其实是催生成果的环节，学生的成果交流是另一类型的重要学习活动。

2."还教于学"的教学方式

在印州学术高中，教师坚持让学生自己去学习，自己去掌握方法，当然主要围绕着核心的知识与方法。教师的功夫并不在课堂上，而在于课前的构思与准备上，包括资源提供。以"学校历史课"为例，教师带着

12 名学生为学校写历史。让学生们去采访过去与现在的教师、学生和管理者，然后写下来，并通过网络将成果展现出来。在学期中间，学生一般每人都要做 5 个访谈，期末将进行交流讨论与成果化。至于具体的访谈问题，都是学生们自己设计的。一名学生提供了以前采访同学的调查问题：你当年如何得知这所学校的信息？你有无怀疑过这所学校？自从来校后，你有哪些变化？在学校中，哪一部分的生活对你影响最大？与原来学校比较，这所学校的最大不同是什么？这所学校是凭什么吸引你的？这里的学习生活对你的将来有什么影响？……

由于是寄宿制学校，学生全天都在学校，所以他们像在大学一样，从上午 8 时到晚上 8 时全排着课。学生根据自己的选课表分别去上课，无课时在其他学习场所或寝室中自习。在 11 年级第一学期，学生须修习英语、数学、科学、社会科学、外语 5 门课，并要取得"计算机应用课程"和"研究课程"C 等以上的成绩。第二学期开始后，学生有了课程选择权，有的学生会选到 10 门课。有些课程甚至就是大学课程，在上课期间他们就租住在大学校园里。每门课每周的学习时间为 3～4 小时，周一、三、五的每节课为 45 分钟，周二、四的每节课为 70 分钟。

学校的春季学期比别的学校短两个星期，用来组织一门"特殊课程"——May Term(五月项目)。每年计 0.5 学分，两年共 1 学分。约 300 名学生全部自由选择教师和课程，集中学习与研究一个方向或专题。"特别课程"的学习时间在每天不完全相同，一般为 3～5 小时，由师生自主把握。

(二)英国公学的学术模式[1]

1. 严格的入学考试

公学一般具有自己特有的学制，学生入学必须参加公学组织的选拔性考试：必考科目为英语、数学、自然科学、拉丁语、历史、地理、宗教和法语等学科；选考科目为西班牙语、德语、希腊语和高一级的数学等学科。考试完毕后，各学校根据自己的实际情况自主划定录取分数线。公学的高中部招生除了规定本校的初中毕业生在 16 岁毕业后可自然升入第六学级(高中部)之外，还要保留一定的名额来招收那些学习成绩突出

---

[1] 孔凡琴、邓涛：《英国学术型高中探析》，载《教育理论与实践》，2013(26)。

的、来自其他学校的学生。但是公学要求这些学生的普通教育证书科目的考试成绩达到 A＋级、A 级或 B 级的至少为 5 门。可见，要想成为一名公学学生，必须在严格的选拔性考试中展现出对学习学术性课程的热衷、宽广的知识面和精深的学业水平。

2. 学术型绅士的课程目标与设置

第二次世界大战以后，英国公学实现了由培养"基督教绅士"到培养"学术型绅士"的目标转向。首先，很多学校至今仍然保留着基督教绅士教育时代的"有用"课程，包括体能训练课程、礼仪风度养成课程、性格陶冶课程。除了常规的体育课之外，学校还利用联合军训、攀岩和探险等活动来磨练学生的意志品质。公学把能够塑造"绅士风度"的课程，如文法、宗教和道德等提高到应有的高度。充分发挥宿舍文化的隐性课程功能，利用各宿舍之间经常举行的激烈竞赛、各种文娱活动、学术辩论和学习竞赛等活动，来促进学生的合作、正义、公平竞争、荣誉感、责任心和社会交际能力等的养成，这也是很多公学热衷于寄宿制的一个原因。其次，随着培养目标的变化，公学开始重视开设自然科学课程，提高自然科学在课程中所占的比例，逐渐降低古典学科(如希腊语)教学的地位。高中学生在 2 年的学习期间一般要选修 3 门高级课程和 1 门辅助课程；可供学生选择的高级课程通常有美术、生物、商业研究、化学、计算机、英国文学、法语和高等数学等，可供学生选择的辅助课程有古代史、商业研究与经济、设计活动和戏剧等。

3. 资格证书和考试制度

普通教育高级水平证书(A-levels 证书)以及普通教育补充级水平证书(AS 证书)一直是英国学术高中资格证书的主体，被视为学术资格证书的"黄金"标准。英国《2000 年课程》对原先的普通教育高级水平资格证书进行了改革，把 A-levels 课程分为普通教育补充级水平课程(AS 课程)和普通教育高级水平课程第二阶段(A2 课程)两个部分。每一门完整的 A-levels 课程都由 6 个模块组成，学习年限为 2 年。学生通常在第 1 年内学习前 3 个模块并参加考试，考试合格者可以获得相应学科的 AS 证书；第 2 年继续学习剩下的 3 个模块的课程并参加 A2 课程考试，但是此类模块不授予单独的资格证书，考试合格者的成绩将与前 3 个模块的考试成绩进行合并，获得一个完整的普通教育高级水平证书。

2002 年，英国的课程与资格局增设了一项资格证书——高级拓展证书(Advanced Extension Awards，AEAs)。增设此项证书主要是基于以下考虑：一是给那些优秀的已经获得 A-levels 证书的学生提供证实自己拥有超过 A-levels 的机会；二是把证书测试的标准定为与其他国家的最高标准一致，以求与国际标准接轨；三是不管就读于什么样学校的学生，只要能力具备，均可参加此项考试；四是拉开了获得 A-levels 证书的学生之间的距离，为选拔高素质的人才提供了依据，同时也避免了一些大学在入学时再次组织考试的麻烦。

（三）日本学术高中建设①

日本东京都教育委员会于 1997 年制订了"都立高中推进计划"，该计划旨在推进日本高中的教育改革。经过 3 次修订和多年的实施之后，学术性课程在日本高中的地位得到了加强和巩固，并使得日本的一部分学校向学术高中转型。

1. 学术研究的基石：基础知识和基本能力

"都立高中推进计划"十分强调培养学生的"扎实学力"，包括基础知识和基本能力。基础知识和基本能力是开出创新思维之花、结出创新能力之果的肥沃土壤，是学生进行学术研究的最基本要求。让学生拥有基础知识与基本能力被视作学术高中建设和发展的前提。另外，基础知识和基本能力的积累也被视作学术高中进行学术交流的基础。在这个交流场域中，知识信息的互通有无和思维的碰撞激荡对于激发研究者的潜力具有意想不到的效果。而大量的知识储备和深厚的知识底蕴，在学术交流中亦不可或缺。因此，只有不断拓展基础知识和基本能力的深度和广度，才有可能与他人进行有效的学术交流，在交流的过程中不断发展自己。

2. 学术高中的引领者：学者型教师

为了进一步提高教师队伍的质量，"都立高中推进计划"对教师培养提出了以下几个方面的改革意见：充实教师研修内容，让教师在修习专业知识的基础上，广泛学习人文科学及基础科学知识；通过开展各种活动、竞赛及讲座，加强教师的交流，促进教学及科研技能的提高；在教

---

① 杜菲菲、陈馨：《日本都立高中推进计划及其对中国学术型高中的启示》，载《世界教育信息》，2013(2)。

师资源紧缺时期，开辟多种渠道，从企业中吸收有经验的人士和退休教师加入教师队伍；加强高中与大学的协作等。

2005 年，日本中央教育审议会的咨询报告对该计划做了进一步的补充，将优秀教师的重要条件归纳为对教师职业的热爱、教师的专业能力、综合的人格魅力 3 个方面。学术高中亟须具备专业资质和重视学术的学者型教师。只有具备专业技能的教师，才能够帮助学生打好专业基础，为今后的学术发展做好铺垫；只有积极钻研的教师，才能够激发学生的学习热情，提升其创造力；只有对学生充满关爱的教师，才能够为学生的学业进步及学术发展扫清心理和生活的障碍。

3. 学术高中发展的外部助推力：良好的学校环境

在"都立高中推进计划"中，学校建设主要围绕以下几方面展开：学校规模适当，保证教职人员配置、学校设施设备以及实施教育所必需的资金等教育条件达到国际先进水平；开展丰富多彩的社团活动、竞赛、讲座和学术沙龙，为实现学生个性和创造性的发展营造一种学术性的校园文化氛围；成为受人信赖的学校。

（四）芬兰罗素高中的学术之路①

罗素高中成立于 1891 年，它和世界上许多国家的中学和大学都有着密切的交流，各类参观、访问和学习活动非常活跃，被誉为"世界上最好的中学"。

1. 办学理念：努力营造自由的学术氛围

学校大力推崇"理解宽容、互助合作、自由选择和勇担责任"的价值观念，为学生进行科学研究营造了一种宽松自由的学术环境。罗素高中尊重学生的独立进取精神，鼓励学生积极参与学校的各项科研活动。罗素高中尊重每一名学生的兴趣和天赋，学生本人的兴趣和选择被视作学术的基础。

2. 课程：以发掘学生的学术潜能为宗旨

一是重视科学思维的养成。罗素高中将提高学生的科学思维作为学校办学的重要理念，并贯穿于日常的教育教学活动中。在课内，教师鼓

---

① 王卉：《芬兰罗素高中的"学术之路"》，载《世界教育信息》，2012(12)。

励学生多思考、多发问、多联系周围生活实际。在他们看来，课堂气氛应该是活跃的、积极的、丰富多变的，与其教会学生知识，不如让学生自己去发现和探索。死记硬背的知识只会成为负担，知识只有被学生消化了才能变得有价值，所谓"授之以鱼，不如授之以渔"。除了课内学习外，罗素高中也非常注重学生课外活动和课外学习，学生参加课外活动的时间要比中国的学生多。罗素高中积极支持学生参与各种科技项目和科技竞赛，提倡学生踊跃参与，忽略竞赛的结果和名次，以培养学生从事数学和自然科学的研究兴趣，开发他们的创造性思维。

二是学术无年级。罗素高中的学制为有伸缩空间的二至四年学制，采用"无班级授课制"。罗素高中不为学生分班级或分配固定教室，让学生根据自己的兴趣、爱好和志向制订自己的学习计划，包括学习的内容、学习进度和科目学习的先后顺序，选择自己感兴趣的课程进行学习，跟大学的课程模式类似。

三是细化的课程。首先，罗素高中课程的"细化"表现在两类高中课程项目的实行：芬兰语项目和英语项目，分别遵循芬兰国家课程标准和IB学位标准。这两类项目的结业考试成绩都可以作为升入普通高等学校的依据。其次，罗素高中还对学科进行"细化"。比如，数学分为几何、代数、三角、微积分等；语文被分为阅读、文法、文学和写作等；外语按照语种的难易程度被划分为不同级别的课程。学生可以根据自身的情况自由选择，修满规定的学分即可毕业。

3. 教师：不断上进的学术人才

芬兰的教师资格审定非常严格。在芬兰，必须拥有硕士以上学历，具备5年的教育经验，并通过教师资格考试，才能申请高中教师职位。罗素高中的教师具有很强的创造性，对真理的求索和对批判精神的孕育是罗素高中教师所遵循的共同理念。在他们看来，教学是一个寻找真理和发现个性的过程，死记硬背会埋没学生的创造力，扼杀他们的求知欲。教师们常常会在备课环节上煞费苦心，思考如何去设置课堂环节、如何通过发问来激发学生思考，引导学生发现和探索新知识。罗素高中确立了教师终身教育的观念，鼓励教师之间相互学习，相互批评，共同进步。罗素高中的教师非常热爱学习，很多教师通过课余时间坚持大量阅读，内容除涉及自己教授的学科外，还延伸至其他的学科领域。教师们深信，只懂得自己教授的学科是远远不够的，必须吸收其他领域的营养，才能成就富有创造力的教学和学生。在每年大学暑期班开课之时，该校的教师纷纷前去听课。此外，他们还踊跃参与国家的重要培训项目，积极更新自己的知识结构和理念。通过不断的学习和充电，教师们的知识素养和文化素养得到了不断的提升。同时，教师们通过身体力行，将这种良好的风气潜移默化地带到了学生的中间，成为学生学习的优秀榜样。

三、我国的学术高中探索 >>>>>>>

（一）北京市第十一中学的学术性高中建设①

1. 学校建设的背景

北京市第十一中学从 2001 年开始创建学习型学校，经过 10 余年的耕耘，在教师专业发展和学校品质提升方面打下了良好的基础。学校秉承学习型学校的理念，提出了建设学术性高中的战略构想，将培养目标定位为"造就富有学术素养和学习力并能够实现个人美好人生的现代公民"。

2. 学校建设的顶层设计

一是培养学生的学术素养，培养学生根据某一任务的要求，获取、收集、分析和处理信息的能力，反思、批判、综合、建构的能力，以及持续不断地根据外部世界的需要进行自我组织学习的能力。学生的这些能力及其对周围世界的理解、好奇，以及运用合适的工具和概念去探索并解释周围世界的能力，不仅是终身学习的需要，也是现代社会对人的要求。学校希望学生在中学毕业后，仍然能够用他们获得的分析能力、高成就动机和良好的学习策略来面对和理解周围的世界。

二是提高教师的学术能力，将教育教学过程的探索建立在学术研究结果和调查分析的基础上，提高教师课程建设和评价方式改革的能力。学校要使教师以学生的成长为根本，探索人才培养模式的新途径，逐步引领教师朝着教育专家的方向发展。学生的学术素养是目标，教师的学术能力是途径，这两方面的工作通过学术性高中建设联系在一起。

① 果淑兰：《运用学术力量完善学校治理体系》，载《中国教育学刊》，2016(4)。

3. 学校建设的实践路径

一是教育教学的学术化管理。北京市第十一中学建立了校学术委员会，校学术委员会的主要职责是与各学科组就学科发展性工作计划进行沟通。学科组的全体教师和各学科组组长在说明自己的发展性工作计划后，学术委员会委员就该计划的意义、可行性、持续性和成果进行询问和交流。在对学科发展性计划进行沟通后，校学术委员会还按照学术研究的规律进行了过程性沟通，首先向各学科组了解计划的实施情况，然后为解决实施过程中存在的问题提供专业指导。学年结束时，学术委员会又对发展性工作计划的落实情况进行了评价，并撰写了学校的年度学术发展报告。校行政部门按照学术委员会的意见，奖优但不罚懒，体现了学术研究本身的逻辑。

二是跨学科改革国家课程。北京市第十一中学将加强学生所学知识与周围世界的联结作为改革国家课程的课程观，并开展了人文综合、艺术总论等课程改革探索。这两门课程均强调以问题为单位组织学习过程，重在培养学生获得知识的方法，课上向学生提出问题，然后鼓励学生尽可能地发现解决问题的方法，如分组寻求帮助、提供分析问题的支架图、提示分析问题的方向和思考的方法。再如，为学生设置辩论题，让学生在正反辩论中去寻求自己的答案等。学生开始成为一个真正的学习者，慢慢学会用已有的知识不断地学习充实自己，慢慢意识到需要他们学习的不只是书本，更应是他们生活的一切。

三是系统构建校本课程。到目前为止，北京市第十一中学已开设7大类70多门的校本课程，涉及语言、文化、科学、艺术、体育等众多领域，已经形成科学素养类、文化素养类、学科拓展类、综合实践类、身心健康类、国际视野类、艺术素养类课程菜单，并逐渐形成了一系列特色课程。

四是友善课堂丰富学生的学习方式。学校集中以学术委员会为主的学校智库力量，成立课堂教学改革推进小组，增强教学领导合力，深入课堂教学，与全体教师共同进行友善课堂的实践探索。学校制定了《"友善课堂"课堂教学常规》，各学科组根据学科特点及已有经验制定本学科组"友善课堂"的具体实施方案，以团队学习、多感官教学、多样化教学形式、思维导图、导学案等为抓手，以备课组为单位进行友善课堂的探索与实践，转变学习方式，开展自主学习、合作学习、理科情境教学等。

学术委员会对各学科组友善课堂建设进行课堂评估，给予诊断和评价。

在以"发现"整合学校活动课程的过程中，北京市第十一中学使用"发现之旅"的总体称号，将各类学生活动囊括其中。一方面，拉长学生课堂学习的链条，鼓励学生将某些学习和研究活动继续延伸，不仅要理解、掌握，还要学会展示、交流和辩论，使学校活动起到支撑学生学习行为的作用，发挥学校活动隐性课程的作用；另一方面，将学校活动与学生的课程学习相结合，加深学生对概念的理解，提高课程学习的效率。学校从"发现"的视角出发，整合各种主题活动，设计了"发现之旅"四大主题。第一，科技主题——用技术和工具表达周围世界。第二，社会主题——用研究聚集对社会的思考。第三，艺术主题——用知识深化对情感的理解。第四，哲学主题——我与这个时代的精神世界。

五是立足校本研究培养教师的学术能力。第一，鼓励学科组、年级组承担一项研究任务。大多数教师认为科研工作高不可及，普通教师难以承担。于是，学校将承担的课题在内部分解为若干部分，并由教科研室统一管理，提供课题研究培训，制订科研计划，让每个学科组、年级组承担小部分的任务，进行小部分的研究，这样就可以整合成整体的研究成果。第二，帮助学科组、年级组深入讨论，形成开展研究的学期方案。尽管教师承担学校课题能够让教师初步体会科研工作的过程，并建立对教学进行研究的意识。但是，这种参与毕竟不是自主性科研活动。因此，帮助学科组规划自己的研究计划，系统地进行学科研究，是科研助力教师学术能力的必然。第三，督促学科组、年级组按照方案进行探索，并利用知识管理手段实现有效分享和传递。对于学校来说，取得研究成果并不是进行教学研究的目的，学校的真正目的是将研究成果转化为教师现实的专业能力。因此，学校建立了自己的知识管理流程，督促年级组和学科组进行知识分享和传递。

(二)深圳中学建设学术性高中的初步实践①

1. 学校建设的背景

2010年，深圳中学提出了"建设学术性高中"的全新办学目标，其要义就是通过构建学术性高中人才培养模式，着力培养学生的学术素养、

---

① 王占宝：《培养创新型人才呼唤建设学术性高中》，载《人民教育》，2011(12)。

专业精神与审美情趣，从而奠定其成为拔尖创新人才的坚实基础。

2. 学校建设的顶层设计

这个设计简明地表达为一个出发点、两个支撑点、三个着眼点和六个工作重点。一个出发点即"培养拔尖创新人才"。两个支撑点即着眼于发展思维能力与审美情趣的思维研究和美育研究。三个着眼点即提升师生的学术素养、专业精神与审美情趣。六个工作重点包括：以提升思维的科学性与审美的自觉性为目的的思维研究与美育研究；以多元化、可选择性为原则的学术性高中的课程建设；以研究性教和研究性学为核心的学术性高中的教学建设；以学术文化为核心的学术性高中的学校环境建设；以效能化为目标的学术性高中的组织建设；以专业化为核心的学术性高中的教师队伍建设。

3. 学校建设的实施路径

实施路径为以提升思维的科学性与审美的自觉性为目的的思维研究与美育研究。创造性思维和丰富的审美情趣是创新人才的两个重要特质，也是学术性高中培养拔尖创新人才的两个支撑点。为此，学校成立了深圳思维研究所和深圳美育研究所，紧密结合各学科的教学和各种教育活动，开展思维与美育的研究与实验。

一是以多元化、可选择性为原则的学术性高中的课程建设。深圳中学根据学生现在与未来发展的需要，创建了八大课程体系供全体学生选择：严格落实国家课程标准的标准课程体系、先行先试的实验课程体系、高于国家课程标准的荣誉课程体系、适应国际教育需要的国际课程体系、自主学习的"好学"课程体系、中学整体教育实验课程体系、中学先修课程体系以及社会学习课程体系。同时通过对国家课程与校本课程的改造与整合，形成本校的课程系统：覆盖 8 个学习领域和 18 个科目的全部国家必修课程、上百个模块的国家选修课程、自主开发的学科拓展课程、跨学科主题性课程、自我效能课程、全球实验室课程、荣誉课程、学校环境课程、基础素养提升课程、社会学习"力行"课程、国际课程、人文与科学讲座课程、学生活动课程、升学备考课程等。这样的课程较好地适应了学生在禀赋、志趣和需求等方面的差异。

二是以研究性教和研究性学为核心的学术性高中的教学建设。在课堂教学中，学校以学科周、教学研讨会以及教学评价等方式强调研究性教与学的落实。在研究性学习课程中，学校组建专业化的研究性学习科组以落实该课程。我们还大力利用校外资源，建设比亚迪实验室、华为实验室、华大基因实验室、腾讯实验室，参与国际学术交流平台活动如 IYPT 国际青年物理学家锦标赛、麻省理工—深圳中学发明团队研究项目活动，将学科前沿观察、国际学习合作与研究性学习有机结合起来。

三是以学术文化为核心的学术性高中的学校环境建设。学校建设了覆盖全部学科以及思维、美育研究领域的学术园地，兴办《学术性高中探索与实践》《荐思》《师道——教师教育文摘》《成长——学生、家长教育指引》等刊物，举办"走近大师""乐山乐水""校友讲坛"等学术讲座和学术沙龙，把对学术的崇尚逐步熔铸为学校文化的内核。

四是以效能化为目标的学术性高中的组织建设。学校着眼于提高教师开发和实施学术性课程的能力，把体系、科组建设成学术性管理机构，并大力推动学术性学生社团的活动。为了提高教学处、学生处作为教学和教育管理组织的专业化水平和效能，保障教师更好地履行专业技术责任，学校成立"学生事务中心""社会教育服务中心"以及"教师服务中心"等机构，剥离业务部门与教师的非专业事务。

五是以专业化为核心的学术性高中的教师队伍建设。学校以"教师专业发展积分制"与"校内职级制"为基本制度，结合海内外培训制度，利用"比亚迪奖教基金项目""青蓝工程""名师工作室""青年教师领导力培训项目""教师教学风格研究"以及各级各类科研课题等多种方式和途径，助力教师的专业发展。

（三）江苏省天一中学学术性高中的实践探索[①]

1. 学校建设的背景

2011 年，学校成为江苏省"普通高中创新人才培养试点学校"，进入了以模式创新、丰富课程、合作探索为特征的研究阶段。

2. 学校建设的顶层设计

学校通过创设自由生长氛围，构建更加丰富的课程体系，探索更具个性化的指导方式，力图通过以"丰富阅读、丰富活动、丰富经历"为特征的培养模式，让每一个学子的个性和特长得到最大程度的发展，让每一个学子在天一校园里享受成功的喜悦，让每一个学子在具备公民素养

---

① 许芹：《"学术性高中"的自我认知与要素构架》，载《江苏教育》，2017(4)。

的基础上，凸显四大核心素养(宏观视野、卓越思维、积极人格、济世情怀)和三大能力(学术能力、领导能力、创新能力)，使学校课程成为具有胸怀抱负、文理兼备、个性卓越的优秀学生成批涌现的沃土。

3. 学校建设的实施路径

一是确立教育理念。坚信每个孩子具有极大的潜能，从而自觉地、千方百计地帮助孩子树立自信，让无处不在的关爱激发孩子学习的热情。坚信无限的期盼与足够的耐心是一种强大的引导力量，让期盼的力量和无所不在的引导陪伴孩子成长。坚信每一个孩子都具有完全不同的个性，让他们的个性得到张扬。创造适合孩子的教育。每个孩子是如此的不同，承认孩子的差异应该是教育的基本原则。适合孩子的教育必须适性和适时。拔尖创新人才早期培养应该给每一棵幼苗以合适的生长方式，帮助每一朵花在该开放的时节绽放。教育的实施和学生发展的实现必须以个体的差异性为基础。尊重学生的个体差异性，强调每名学生的学习都应是自己的选择、自己的经历。

二是培养积极的生活者。"培养积极的生活者"是天一中学的核心价值观。一个积极的生活者乐观、自信、友善，能够自觉奉献社会，能用一颗激情的心去感受生活中平淡的美，能用感恩的心接受社会现实和回馈社会。拔尖创新人才早期培养最基础的工作应该是唤醒学生对美好生活追求的欲望，激起自我发展的动力，培养学生的社会责任感。

三是构建多层次、多选择的丰富课程体系。天一中学努力开发多元课程、多元活动，让每个孩子有个性、有自己的舞台。超越学科中心，推进跨学科学习(项目研究)。精心探索教学内容与方法，让每个孩子享受成功的喜悦。倡导广泛阅读与丰富经历，让每个孩子有人文的翅膀。培养运用英语与信息处理的能力，让每个孩子都能适应国际化环境。探索以"丰富阅读、丰富活动、丰富经历"为特征的"丰富学习模式"，以"德高学富、专兼结合"的师资队伍和以"国内协作、国际合作"的方式多方位整合社会教育资源。近几年的实践探索表明，新的学习模型正在初步形成："天一科学院、天一人文社团、天一艺术团、天一体育社"四大板块的学生社团成为新型的学习型组织；"天一书院""STS综合创新课程基地"等八大课程基地成为新型学习平台；以"丰富多元"为着力点和"丰富阅读、丰富活动、丰富经历"为特征的新型育人模式，激发了学生的学习兴趣和促进了学生个性的卓越发展。

多元共促学术抉择

一、学术抉择的促成因素 >>>>>>>

（一）学术型道路的文化基因

1. 储才的创校初心

清朝末年，外侮日逼，朝政日非，有识之士痛感欲振兴民族，首当发展教育、培养人才，一时间神州大地遍兴办学之风。

1895年（清光绪二十一年），张之洞向清廷上奏《创设储才学堂折》，提出开办新式学堂的主张。1897年（清光绪二十三年），宁波知府程云俶与地方人士严小舫等人筹建宁波中西学堂。以湖西崇教寺（今偃月街小学）为校舍，以李鸿章在上海开设的广方言馆为模式，注重泰西语言文字及自然科学教学，"冀陶冶英俊子弟，以开风气"。1898年，中西学堂正式创立，定名为储才学堂，意为国家培养革新图强人才。延聘慈溪（今宁波市江北区慈城镇）名儒光绪举人杨敏曾为监堂，并改订办学章程。开设译学、算学、经学、史学、词章、舆地等科。陈绎如教西文译学，吴成之教授数学，其余均由杨先生一身兼任。1904年（清光绪三十年），储才学堂改名为宁波府中学，规定学习期限为五年，分文、实两科。

1905年（清光绪三十一年），郡绅张美翊、陈训正等人"鉴于义务教育刻不容缓，造就师资尤为先务"的认识，征得宁波汤今泰知府喻兆蕃的同意，将湖西月湖书院（今月湖饭店）改为宁波府师范学堂。

1921年，两校规模渐具，社会声望日增，在课堂上和在实践中，培育了一批出类拔萃的人才，尤其如我国物理学的拓荒者和奠基人何育杰，我国现代幼儿教育的奠基人张雪门，著名生物学家、浙江省立博物馆原馆长的董聿茂，书法泰斗沙孟海等。

2. 革命中的学术坚守

1923 年，我国教育革新先驱者著名教育家经亨颐被委任为第四中学校长。9 月 11 日，省立第四中学与第四师范学校合并，校名仍为第四中学。经亨颐早年留学日本，毕业于东京高等师范学校。五四运动期间历任浙江第一师范学堂校长，同时被推举为浙江教育会会长。经先生是我国教育革新的先驱者，主张"动的教育"，认为教育应"由维持而加以改造，由传达日益以增进"。五四运动期间，经先生又提出"与时俱进"的口号，大力提倡文学革命，主张改革新制，实行民主治校。他还主张德、智、体、美全面发展。课程开设以有利于陶冶学生的身心，目标在于培养正直、坚强、学识兼备的人才。他认为教师是人格造就者，必须有高尚之品性，而不应是庸碌之辈；提倡学术自由，倡导"自律、自立、自强"。

1924 年，改革学制，开设高中选修课。学校经常邀请革命家和文化名人，如恽代英、陈望道、沈雁冰（茅盾）、杨贤江、吴稚晖等相继来校做讲演和讲学。学校允许学生读新文化运动的书刊，兼容各种思潮流派，科学民主的气氛浓郁。学校荟萃一流名师，并时有名家讲学，极大地调动了学生的学习主动性，思想也分外活跃。学校编印校刊《四中之半月》，每两周出版一期。校内学习气氛浓厚，学术团体多达 30 余个，如"雪花社""飞蛾社""卫社""火曜社""社会科学研究会"等，他们编印《大风》《飞蛾》《惺惺》《宁波评论》等刊物。

1931 年 7 月，沈其达校长到任。是年 8 月，学校高中普通科三年级学生 21 人和师范科三年级学生 8 人，奉省厅令并入省立高级中学。该年秋季起，本省师范单设，学校停招师范科学生。沈校长效法经亨颐办学，每周邀请一位名人来校讲演，不仅有国内的名师、学者，如马寅初、蔡元培、陈布雷、李权时等，还请外国专家，如艾迪博士等。学校开设商业常识、商业簿记、银行簿记、商业应用文、教育概论等职业选修课使学生拓宽学习领域，扩大学习天地，具有毕业后从事商业、金融或充任小学教师的初步知识。当时学校教学设施较好，物理、化学、生物实验设备相当齐全，而且有钢琴 7 架、风琴 30 多架。1933 年 8 月，奉令更改校名为浙江省立宁波中学。

1937 年，学校的声望早已越出宁波市的范围，名家、名师云集。主要有夏丏尊、朱自清、方光焘、刘延陵、钱南扬、许杰、刘质平、丰子恺、夏承焘、孙百刚、许文玉、江翼时、王任叔等外，还有尤韵泉、张孟闻、郑衍芬、裘颂兰、赵伯顾、冯度、金海观、金兆钧等。学生的学习根基扎实，群星璀璨。他们中的杰出代表有：中国科学院、工程院两院院士水利专家严恺，中国科学院院士、大地海洋学专家任美锷，工程院院士、农学家余松烈，著名昆虫学家周尧。

3. 流亡不忘治学

战火肆虐，为拯救学校、抢救青年，宁波中学踏上了迁校办学之路。在战火中，尽管生活艰苦，然学习空气浓厚，校风严谨，管理严格。学生白天上课，晚上集中在饭厅的煤气灯下自修。1944 年，生活相对安定，各方面更从严要求，除数理化及生物有教科书外，国文、英文都由教师自编教材，印成讲义。史地课没有教材，要求学生做听课笔记。学生自治会编印《宁中青年》刊物，又拓印《宁中木刻画集》，学习生活丰富多彩。

从宁波到胡家坟，又迁嵊县(今嵊州市)太平、雅安、玠溪，再到磐安县大皿村，学校一迁再迁，有时几濒绝境。然而宁波中学师生始终怀着高昂的民族气节凝聚在学校周围，艰苦卓绝，团结奋斗。其中有个重要因素是追随名师求得真知识，学得真本领，拯救苦难的民族。当时一大批爱国名师来宁波中学前都已学有专长，名噪教育界，如黄云眉老师的《尚书辨伪考》和吕漠野老师的多种童话作品和译作早已面世。黄先生以后历任金陵大学、沪江大学、山东大学教授和历史系主任等职。吕先生以后任杭州大学(今浙江大学)教授、中文系副主任。又如郦肩时的数学课，不仅逻辑严密、语言精练，而且板书一丝不苟，都给人留下深刻的印象。名师们的悉心教学，严格要求，激起学生强烈的求知欲，从而形成学业竞赛与切磋砥砺相结合的学风，因此成绩斐然者比比皆是。

在 20 世纪三四十年代，尤其是 1937 年至 1945 年，在中华民族受尽磨难的同时，宁波中学受到洗礼。正如陈省身所言"生活简单困苦，但学术研究十分活跃，为常人所难以想象。理由很简单，所有的人，都怀着满腔的爱国热情。"[1]前辈师长、学长含辛茹苦才使宁波中学大旗永远飘

---

① 张奠宙、王善平：《陈省身传》，85 页，天津，南开大学出版社，2004。

扬，令人可敬可佩，其中又有多少热血学长身坐教室，心系中华。在面临"走向延安还是走向西安"的两条道路选择中，毅然选择走向延安的道路，他们更是可敬佩一代的佼佼者。还有一大批学有专长的国家栋梁之材，其中突出的有中国软组织外科学创始人宣哲人、中国澳大利亚研究会副主席魏嵩寿、中国科学院金属研究所原副所长斯重遥、中国生物物理著名专家林克椿、全国高校音乐教育学会原理事长方堃、中国人民解放军防化研究院原副院长商燮尔、中国科学院考古研究所原所长王仲殊、北京工业大学名誉校长樊恭烋、宁波大学首任校长朱兆祥，等等。

新中国成立后，党和国家高度重视教育，为学校的发展提供了良好的政策、制度、硬件和人才基础。我们也不敢懈怠，不敢忘记先辈的初心和血肉的代价，牢记使命，砥砺前行，创造出一个又一个辉煌时代，培养出一代又一代人才。贺麟从争取抗战胜利的角度说："我们抗战的真正最后胜利，必是文化学术的胜利……学术不忘抗战，庶不致是死气沉沉的学术，而是担负民族使命，建立自由国家，洋溢着精神力量的学术……"①确实，通过梳理学校的历史，我们发现了学校的学术基因，以学术的态度办学、以研究的精神办学、以独立的意志办学贯彻始终，始终致力于将学生培养成掌握知识与生产和运用知识，以及专业卓著和大爱报国的各类人才。

(二)学术型道路的时代背景

1. 以创新为核心的国际竞争的要求

全球战略家康纳认为：那些有能力提供优良产品和服务的国家比较容易在全球性市场中赚取巨大利益，产品的附加值越高，赚取的也越多。而产品的附加值很大程度上依赖于科技和创新水平。科技和创新水平高的国家赚取的利润可能是那些处于产业链下游和依靠原材料供应或者初级生产加工国家的几十倍甚至百倍。② 对于任何一个国家来说，科技与创新水平的保持或提高虽然由大学、科研机构和企业中的成年人来承担，但成年人的创新素质和能力却是从高中阶段就会展露和萌发的，因而当

---

① 贺麟：《文化与人生》，22～24 页，北京，商务印书馆，2017。
② ［美］帕拉格·康纳：《超级版图》，崔传刚、周大昕译，55 页，北京，中信出版社，2016。

今国际的教育竞争已经下移到高中阶段了。这就需要高中阶段教育在普及的同时保持多样化发展，各学校根据自己的实际情况进行定位，以便更好地发展。

2. 体量与质量日渐强大的教育基础

新中国成立以来，我国教育砥砺前行，在制度优势与人民努力的共同作用下，取得了巨大的成就。在基础教育阶段，我国小学净入学率、初中毛入学率，以及高中阶段教育毛入学率、高等教育毛入学率均超过中高收入国家的平均水平，教育总体发展水平进入世界中上行列。因为上海在两次 PISA 测试中的优异表现，英国先后分两批各派 70 余位数学教育专家和教师来华学习，并邀请 130 余位上海数学教师赴英国开展示范教学活动，引进中国的数学教材；美国麦迪逊市投入 200 万美元建立全美第一所中国"安吉游戏"试点幼儿园。在高等教育阶段，我国大学在几个世界大学排行榜上的位次整体前移。在全球领先的高等教育评价机构软科 2020 年发布的"软科世界大学学术排名"(ShanghaiRanking's Academic Ranking of World Universities，ARWU)中，中国内地共有 144 所大学上榜，较 2019 年增加 12 所，其中 71 所高校入围全球 500 强，较去年增加 13 所。这些都见证了我国高等教育质量的显著提升。[①] 在理论上，我国创造性地提出素质教育理论，以培养学生的创新精神和实践能力为重点，坚持学习书本知识与投身社会实践的统一，为学生的全面发展创造条件，受到了国际社会的普遍关注。"Suzhi Education"已经成为一个独有的学术概念，得到一大批国外教育同行的认可。基础教育阶段的发展为普通高中学术型道路的选择提供了人才基础，高等教育阶段的发展为普通高中学术型道路的选择提供了吸引力和多个出口，教育理论的发展为普通高中学术型道路的选择提供了学历支撑。

3. 高中多样化发展的政策背景

《国家中长期教育改革和发展规划纲要(2010—2020 年)》在普通高中教育中的两个规定与学术高中发展密切相关。一个是关于普通高中多样化发展的规定，这一政策不仅放宽了对普通高中类型的规定，而且鼓励地方和普通高中依据自身优势和条件，探索服务于不同学生需要和国家发展需要的学校类型，从而为学术高中的发展赢得了一个相对宽松的政

---

① 黄海军、邓友超：《教育强国 强在内涵》，载《光明日报》，2018-06-12。

策环境。二是将高中教育作为培养拔尖创新人才的起点，这一点从某种程度上为学术高中的发展提供了政策支持。创新型人才的成长是个系统工程，需要通过不同阶段的教育为具有学术发展潜质的学生提供适合他们的教育。而这些资优与专才儿童，则有可能成为未来学术创新的主力。作为创新型人才培养的起始阶段，学术性高中的使命在于发现、奠基，而非成就。[1]

二、致力学术的学校系统规划 >>>>>>>

(一)学术取向的理念系统

办学初衷：冀陶成英俊子弟，以开风气。

办学方向：经国以自强为本，自强以储才为先。

培养目标：菁英学子和学术人才。

办学宗旨：爱国、进步、科学、文明。

办学精神：学术自由、兼容并蓄、民主治校、与时俱进。

办学目标：建设区域一流的特色高中的整体发展目标，高质量、高水平地实现教育教学水平的全面提升。

具体目标：建设学术高中，为区域教育发展引路；浸润学术课程，为学生学术人生奠基；营造学术文化，为教师学术发展助力。

未来期望：冀宁中之校园是学术之场所，冀宁中之教师是学术之名师，冀宁中之学生是学术之菁英。

(二)学术取向的具体筹划[2]

1. 智、意、趣：构建三位一体的学术课程体系

课程是学校教育的核心内容，要建设一所真正意义上的学术高中，首先要构建与之相适应的学校课程体系。有研究对美国排名前 100 位公立学术高中的使命陈述进行分析，认为学术高中的一个重要特点是具有

---

① 王占宝、段会冬等：《国际视角下的学术性高中建设》，52 页，北京，教育科学出版社，2016。

② 邵迎春：《建设学术性普通高中的实践路径》，载《人民教育》，2018(10)。

鲜明的课程特色。大部分学校都在使命陈述中提到了为学生提供整合的或者具有挑战性的课程，如地处纽约市的汤森德·哈里斯高中强调，学校提供一套严格的课程体系，着重强调古典文化与人文学，同时也重视数学、科学与当代技术的整合；生物技术高中整合了一套严格的生命科学、技术和工程的课程，注重学生参与学术研究和原创性调查；拥有13个专业的科学实验室和学生制造的火箭曾被送上太空的托马斯·杰弗逊高中在其办学使命中特别突出了通过课程学习鼓励学生体验探索发现的快乐，营造一种遵循伦理道德和人类共同利益的创新文化。

这就需要学校在构建课程体系的过程中，在课程目标和内容、实施和管理等方面与学术高中的特质保持一致，构建学术课程体系。以此为出发点，宁波中学以"品学共融、个性发展"这一课程理念为核心，尝试构建全新的学术课程体系，在横向层面将学校课程结构分为智能基础、意志品行和志趣专长三大领域，并使之与学术高中的内在要求进行深度转化和融合，形成三位一体的课程体系。

其中，智能基础领域课程主要为学生的学术发展打基础，旨在培养学生的科学和人文素养。具体内容主要包括语文、数学、英语等各学科国家必修课程及校本化课程，语文、数学、英语等各学科IB的校本必修课程，以及必修拓展、学科实验、研究性学习等各类型选修课程。

意志品行领域课程主要以主题活动为课程实施形式，旨在锻炼学生的意志品质，形成良好的学术素养和人格品行。具体内容包括体育与健康等国家必修课程，远足活动、学校哲学、成人礼、社会实践等校本必修课程，以及业余党校、体育节、寝室文化周和领导力课程等各类型选修课程。

志趣专长领域课程旨在发展学生的个性，让学生学会自主学习，形成长远的职业生涯规划，为个人的健康生活和形成专业兴趣奠定良好的基础。具体内容主要包括信息技术等国家必修课程及校本化课程，产业活动实践、职业生涯规划等校本必修课程，以及科技节、艺术节、读书节、生活技能课程和学术社团活动等各类型选修课程。

在构建学术课程体系的实践中，缺乏相应的课程资源和对各类课程资源的有效整合，是大部分学校面对的难题之一。为此，我们鼓励教师开发来源多元、内容丰富、形式多样的课程资源，从而激发学生的学习兴趣，实现深度学习、自主探索，发展学生的创新素养。

2. 聚焦教学：学术推进教与学方式的变革

高中教育的学术是围绕教学而展开的教学学术。学术高中将学术研究活动和研究性教学贯穿于学校教育的过程中，使学生通过这样的学习能够发现自我，促进学生的自我认知。这就要求学校变革教与学方式，使教学所提供的学习方式为学生成长为各行各业的创新型人才和专业型人才提供最大的可能性。通过各种形式的学习活动，学生能获得良好的创新思维、主动探究和合作学习等学术基础能力。宁波中学倡导的课堂教学的三个特征，实现了教与学方式的变革。

一是增加课堂的开放程度。学术素养所需要的广度和深度决定了课堂的开放性。学校通过关注个人和社会的现实、学科历史与发展前沿，为学生开展创新和探究思维活动提供足够的内容素材，以达成课堂的开放。

二是注重学生的学习过程。学校变革教与学方式，通过呈现、突出和描绘学生完整的学习过程，改变学生简单记忆知识、理解知识和巩固知识的学习方式，鼓励学生在课堂开展探究与合作的学习活动，为每名学生提供思维和行为参与的机会，引领学生对各种问题敢于质疑和批判，乐于反思和探究，以达成学生思维的开放。

三是倡导在课堂中留白。在学术高中的课堂中，学生应有充足的思考时间。这就需要教师在课堂中有意识地留白，将有限的课堂时间尽可能多地留给学生去从容开展分析、推演、讨论、探究和行为决策，而不是一味地追求教学效率，以教师的思考代替学生的思考。

3. 学者型教师：学术引领师资队伍建设

具备专业资质和重视学术的学者型教师，是建设学术高中的基础。只有具备专业技能的教师才能够帮助学生打好专业基础，为今后的学术发展做好铺垫；只有积极钻研的教师才能够激发学生的学习热情，提升其创造力；只有对学生充满关爱的教师，才能够为学生的学业进步及学术发展扫清心理和生活的障碍。

在学术高中，教师不仅承担着一般意义上的教学任务，更肩负着担任学生的学术导师、引导学生开展各种形式学术研究活动的重要职责。只有教师群体对学术产生了浓厚的文化认同，以学术为荣、以学术为业，这所学校才能被称为真正意义上的学术高中。为此，宁波中学设计和实施了"三阶段、整体化教师学术研修"项目，以学术为新视野深化校本研修模式，以学术思考、学术研究、学术分享等多种方式促进教师专业成长，涌现学术名家。

"三阶段、整体化教师学术研修"项目具体包括"0～3年"教师养成性学术研修、"3～10年"教师提升性学术研修和"高级后"教师引领性学术研修，以及相配套的基于学术视野的教师培训、教师学术发展激励、学术委员会、以学术为起点的教师成长历程研究等内容。比如，学校面向已获得高级职称且具有较好学术功底的教师实施"高级后"教师访问学者研修计划，聘请国内知名专家为学术导师。在导师的指导下，这些教师结合自身的教育教学实践，主持开展学术研究课题，跟随导师参加各类学术活动并撰写学术论文，集中开展学术交流活动并负责青年教师的学术引领项目。通过这一系列举措，学校为已具备较高发展水平的高级教师提供进一步发展的学术平台，从而打造一支具有较强学术素养的学者型教师队伍，进一步发挥学校骨干教师在学术高中建设中的引领作用。

4. 学术导师制：探索新型育人制度

要建设学术高中，除了注重学校课程建设、教学方式转型和师资队伍建设外，还需要从贯穿学生完整学校生活的育人管理机制上加以研究与探索，提供与之相适应的育人方式。

基于这一认识，宁波中学在实行班主任负责制的行政班管理的同时，将学术导师制引入学校育人范畴，根据学生的学习能力与专业兴趣、认知结构差异、心理发展情况和个性成长需求，由导师面向学生个体，通过有计划、有针对性的生涯规划引导、学业指导、心理辅导、综合素质评价等导师与学生之间的互动活动，引导学生发展对某一专业领域的兴趣，让每名学生有某一领域的学术专长，让每名学生有符合自身发展的学术人生规划。

学术导师制不仅把以往相互分离的学生学习、生活、心理和发展整合于一体，其活动时间和内容贯穿了学生的整个学校生活，而且可拓展到学生的校外时空，同时也将育人功能聚焦于学生个体的学术素养发展，从而真正营造全员育人、学术育人的学校育人文化。

5. 学术文化：营造有助于学术发展的文化氛围

一所学术高中应该具有鲜明的学术味，让进入学校的每一个人都能感受到它的学术氛围，感慨于它的学术文化。梁漱溟先生说，文化就是一个族群生活的样式。而生活的样式既有可看得见的器物层面的制度、机构、设施等，也有可感受到的道的层面的追求、思想、思维方式等。

宁波中学积多年的办学经验，已经将学术精神内化到全体师生的心中，进而外显为师生学术化的学校生活样式，即教师的教与学生的学都表现出较为强烈的研究性。所谓研究性，就是不局限于标准答案的获得，还要对问题的来龙去脉、在整个知识体系中的位置、能够解决何种现实问题等进行系统的探究和把握。

学术素养的培养需要多种路径的支持，宁波中学构建了健全的学术机构、科学的学术制度、完善的学术设施等。从一图、一室、一园、一会、一平台、一基地出发，开展数字化学术图书馆建设，推进教师发展工作室的学术化应用，建设学术文化校园环境，最大限度地发挥学校学术指导委员会的功能，拓展教师学术发展的资源平台，建立学生学术发展的创新基地。在实力雄厚的科研环境中的学生，能够接近一批专门的知识，包括缄默的和有形的成分；远离科研环境，他们不仅不能接近一批有权威的知识，而且不能接近那些作为有价值的解决问题的工具的思想风格和探究实践。① 同时，制定相关的学术管理制度，加强各个系统之间的资源共享和融合，将学术校园与智慧校园相结合，实现学术资源的信息化共享。

---

① ［美］伯顿·克拉克：《探究的场所——现代大学的科研和研究生教育》，王承绪译，282页，杭州，浙江教育出版社，2001。

第二章
促进学生置身学术发展的课程体系

　　课程是学校教育的核心内容，是学校实现育人目标的关键载体，是学校特色的重要支撑。要建设一所真正意义上的学术高中，首先要构建与之相适应的学校课程体系。

　　学校课程体系建设是一项复杂而系统的活动，是关涉过去、立足现在和服务未来的工程。从纵向上看，学校课程体系建设是靠国家保障、地方深化和学校具体落实的，因此应该有其规定性和创造性；从横向上看，学校课程体系建设关涉个体的发展、社会的进步以及人类共同体的繁荣与和谐，因此应该有其技能性和人文性。

　　"学术"正是宁波中学在实践中所探寻到的一条极具活力的"基因"，它是学术高中课程体系一体化建设的应有之义，也是学校课程理念的内在价值。

第一节

学术高中课程建设的动力源

　　宁波中学课程体系的建设是与国家和地方课程改革的政策相适应的，是与学术理论发展的方向相适应的。同时，也符合学校独特的文化发展方向。

一、国家课程改革的政策驱动 >>>>>>>

　　2001 年，教育部印发《基础教育课程改革纲要(试行)》，开启我国基础教育发展史上意义重大、影响深远的课程改革序幕。十几年来，教育部多次颁布相关文件规定教育改革的方向和目标。2003 年，教育部颁布的《普通高中课程方案(实验)》将课程改革的目标具体定位为：第一，精选终身学习必备的基础内容，增强与社会进步、科技发展、学生经验的联系，拓宽视野，引导创新和实践；第二，适应社会需求的多样化和学生全面而有个性的发展，构建重基础、多样化、有层次、综合性的课程结构；第三，创设有利于引导学生主动学习的课程实施环境，提高学生自主学习、合作交流以及分析和解决问题的能力等。经过 2010 年 4 月《教育部关于深化基础教育课程改革进一步推进素质教育的意见》、2010年 7 月《国家中长期教育改革和发展规划纲要(2010—2020 年)》、2014 年《教育部关于全面深化课程改革 落实立德树人根本任务的意见》以及 2016年《中国学生发展核心素养》，在系列政策的铺垫下，2018 年年初，高中新课程标准"出世"。

　　新修订的课程标准针对长期以来存在的片面追求升学率的倾向，强调普通高中教育是在义务教育基础上进一步提高国民素质、面向大众的基础教育，不只是为升大学做准备，还要为学生适应社会生活和职业发展做准备，为学生的终身发展奠定基础。其中明显的变化主要表现在两个方面：从课程目标上看，在《中国学生发展核心素养》的框架下，根据每个学科的性质和育人功能整体建构了学科核心素养，从而使学科课程的目标更加系统和明确；从课程内容上看，更加关注学科的内在联系及学科间的相互配合，避免了学科内容碎片化及不同学科间相互脱节等现象。

我国基础教育领域的课程改革一直处于进行时。随着社会的变迁，基础教育课程改革目标也一直在嬗变中不断发展与完善，从原先的"双基"，即基础知识与基本技能，到提出"知识与技能、过程与方法、情感态度与价值观"的三维教学目标，再到"核心素养"，这是我国基础教育从教书走向育人的重大变革。如果将落实"双基"比作课程目标的 1.0 版，三维目标是 2.0 版，那么核心素养就是 3.0 版，学科核心素养的凝练和落地则意味着课程目标的具化与升级。[①]从改革的政策目标和落实情况来看，我国基础教育更加关注学生个性化、多样化的学习需求和发展要求，给予学生自主、自由选修选考的空间，将有利于促进学生的个性特长发展。

总的来说，国家全面启动 21 世纪基础教育课程改革，开始了由"应试教育"向"素质教育"的过渡。在这个大前提下，引起了对两个问题的探讨：其一是"知识的性质"；其二是"教育的方式"。有学者认为，从知识观的角度来看，这场变革是一个由传统客观主义知识观到建构主义与解构主义知识观的过渡；只有基于知识的性质才能讨论教育的方式，教育的方式也从"灌输式"发展到"建构式"。由客观主义知识观向建构主义、解构主义知识观的"接轨"，淡化或否定了知识的客观性、普遍性、中立性，转而强调知识的主观性、情境性与价值性。这在一定程度上弘扬人的主观能动性、激发学生的想象力与创造力、提高学生的自主学习与团队学习能力。然而在处理知识的客观性与主观性的关系，学科知识体系与学科逻辑的掌握，情感、态度、价值观目标的落实等问题上却有些力不从心，改革期间更是争议不断。

---

① 李萍、汪瑞林：《迈向公平而有质量的教育》，载《中国教育报》，2018-09-05。

二、浙江省课程改革的背景条件 >>>>>>>

地方的课程改革是与国家的课程改革相适应的，是对国家课程改革的总目标、核心要义的延续和发展，同时也应该具有地方特色，符合地方和学校的实际。作为基础教育整体水平处于全国领先地位的教育强省，作为首批考试招生制度改革的全国试点单位，自国家课程改革的序幕拉开以来，浙江省就成立了省级基础教育改革的实验区。

浙江省于 2006 年启动普通高中新课程实验，2009 年开始着手研究深化普通高中课程改革问题。2010 年 4 月，浙江省明确提出"调结构、减总量、优方法、改评价、创条件"的课程改革思路。2010 年 10 月，浙江省深化普通高中课程改革项目列入国家教育体制改革试点项目。2012 年 6 月，浙江省教育厅正式发布《浙江省深化普通高中课程改革方案》，标志着浙江省高中课程改革进入了深化的阶段。浙江省普通高中课程改革经过 2006 年的启动和 2012 年的深化，到 2014 年进入高考综合改革试点，走过了一条从被动选拔到主动选择的发展之路。

整体来看，浙江省普通高中课程改革有三大抓手，首先是课程结构的优化调整。一是将必修学分从 116 学分减到 96 学分，将选修学分从 28 学分提高到 48 学分；二是开发富有特色的知识拓展、职业技能、兴趣特长、社会实践四类选修课程，其中知识拓展类课程不超过 60%，职业技能类课程不低于 15%。选修课程占每周总课时的 20%。增强课程的选择性，尝试打破文理分科的传统格局，有利于拓展高中生对课程的选择空间。其次是改革选课制度、学分制度和考试评价制度。学生可以根据兴趣特长和人生规划，自主选择选修模块及修习年级，允许学生跨班、跨年级、跨校选课，允许学生到高校、中等职业学校、社会机构修习选修课程。最后是试点改革高考招生考试制度，给予学生考试选择权。浙江省高考科目执行"7 选 3"方式，形成 35 种组合，突破原有的文综、理综二选一的格局，扩大了学生选考科目的范围。

以课程改革为切入点和实施载体，浙江省普通高中通过自主选择实现了分层次、分类别的差异化个性发展，不再以分数为唯一竞争指标。各学校通过特色的定位来实现对办学质量的提升。正如顾明远先生指出：进行课改，怎么改是具体问题，要根据具体的模式、各种情况去改；根据自身条件进行改革，不要盲目跟风；依据不同学校的传统，采用不同的模式，但目标只有一个，培养有创新能力的人和能自主学习的人。

三、学术中心课程的理论支撑 >>>>>>>

近一百年以来，在课程发展的历史长河中，产生了许多理论，如同银河一样璀璨。而耀眼的流派如人文主义课程论、泛智主义课程论、感觉主义课程论、自然主义课程论、主知主义课程论、功利主义课程论、实用主义课程论、要素主义课程论、结构主义课程论、发展主义课程论等，分别在不同的历史时期影响课程发展的进程。

从课程研究的角度来看，一般认为博比特(Bobbitt)在1918年出版的《课程》一书让课程成为一个独立研究领域的标志。到20世纪20年代，通过博比特和查特斯(Charters)等人的共同努力，课程研究领域在美国最先被完整地确立，也因此启动了"课程开发的科学化运动"。科学化课程开发理论的里程碑人物是美国著名的教育学家、课程理论专家、理论评价专家拉尔夫·泰勒(Ralph Tyler)，他是科学化课程开发理论的集大成者，被誉为"现代课程理论之父"。泰勒1949年出版的被誉为"现代课程理论的圣经"的《课程与教学的基本原理》一书和1934年出版的《成绩测验的编制》一书分别确立了"课程基本原理"和"评价原理"，共同构成了"泰勒原理"——被认为是课程开发最完美、最简洁、最清楚的阐述，达到了科学化课程开发理论发展的新的历史阶段。[1]

1957年10月4日，苏联发射了人类历史上第一颗人造卫星，震动了美国朝野，举国上下都处在"落后"的"危机"之中，一种不知名的"恐惧"笼罩着美国。美国认为他们在军事、科技等方面的发展成果落后于苏联，归根到底是美国的教育落后于苏联的教育。要想在军事竞争中拔得头筹，就不得不在教育领域做出改革。鉴于此，美国于1958年颁布《国防教育法》，由美国政府斥巨资推动全国范围的课程改革。于是强调学科结构的"新课程"纷纷出台，这些课程被统称为"学术中心课程"，至此"学术"正式和"课程"相遇。学术中心课程的开发是以专门的学术研究领域为核心

教育即充实——学术高中创建探寻

---

① 张华：《课程与教学论》，10页，上海，上海教育出版社，2000。

的，因此学术中心课程的第一特征就是学术性。学术中心课程主张的是课程的专门化，并不赞同课程的渗透化、广域化，因为课程的专门化更有利于体现各学科的内在逻辑。因此学术中心课程的第二特征是专门性。学科的内在逻辑就是指学科的结构，包括两个方面的内容：其一是学科的概念和原理，其二是学科的研究方法和研究态度。施瓦布(Schwab)等人把学科的概念和原理称为"学科的实质性结构"，把学科的研究方法和研究态度称为"学科的规则结构"。故此，学术中心课程的第三个特征就是结构性。宁波中学基于课程的学术性、专门性、结构性特征，构建学术高中的特色化的学术课程体系，满足学术高中学生的学习需要。

学校课程建设的指导思想与原则

一、课程建设的目标 >>>>>>>>

在党的教育方针和国家教育目标之下，每一所学校都会基于自身的历史与现状、学生的现况与未来发展构建自己的培养目标，即解决"培养什么样的人"的问题。它对校外是一面彰显办学特色的旗帜，对校内是一个统一思想、引领行动的纲领。在教育过程中，科学、合理、适切的培养目标是学校一切工作的出发点和落脚点。宁波中学积 120 多年的经验、结合时代精神，坚守学校的培养目标，为培养自强立国、开新风气、引领社会的优秀人才奠定基础。但培养目标只是一种假设和期望，其实现需要学校的课程、管理、师生交往、学校布局等显性和隐性要素的合力实施。其中课程是最为直接且有效的路径。

为此，宁波中学在"品学共融、个性发展"课程理念的指导下，构建了"智能、意志、志趣"三位一体的课程体系，以落实培养目标。即学校通过开发和建设与学术高中相适应的系列课程，凸显学校课程的系统性、规范性和学术性，让每一名学生都能接受学术课程的熏陶，让每一名学生都有良好的学术功底，让每一名学生都有对某一专业领域的兴趣，让每一名学生都有某一领域的学术专长，让每一名学生都有符合自身发展的学术人生规划。

二、课程建设的原则 >>>>>>>

基于此课程目标，学校确立了课程建设的指导思想，坚持提升理念、创造可能、产生实效，加快必修课程的校本化改造和选修课程建设，打实必修模块的全面基础，构建以学科教学为基础和体现学术化、体验性学习的选修课程体系，通过扩张课程空间来帮助学生实现"全目标"学习，实现共同基础上的个性发展。

学校课程建设是一项复杂而长远的系统工程，也是关系到学校的长远发展和教育质量提高的核心内容。为保证学校课程建设的科学性和合理性，宁波中学在学校课程实施的过程中，谨遵以下几条基本原则。

(一)学生发展原则

就思想渊源而言，"以学生为本"的教育观源于古希腊的自由教育，其核心是充分尊重学生在个性、兴趣、爱好、能力、特长等方面的差异，因人施教。"以学生为本"的教育理念是指教育要从学生的实际出发，注重发挥教师的主导作用，重视教育的社会功能，着眼于学生的发展，使学生获得全面、主动、有个性的可持续发展。

宁波中学的课程建设充分把学生的主动学习和主动发展置于课程建设的中心，尊重和发挥学生的主观能动性，让学生按照自己的兴趣与需要进行学习，成为学习的真正主人，并通过学习获得最大程度的发展。

(二)动态发展原则

学校课程建设过程应该体现学校管理者对学校未来发展的新思考与新探索，课程的建设应该具有全局性与前瞻性特点。因此，作为学校未来发展的蓝图，课程建设应当充分体现出学校自身发展的理念，应当是引领学校发展的行动纲领。特别是对于学校主要管理者来说，应当是进一步厘清办学思路，不断解放思想和大胆创新。只有贴合学校实际的课程，才能更好地适应学校的发展。学校课程建设应随着学生特点的变化、社会需要的调整、学科动态的发展和培养目标的重新定位，对课程的目标、内容、实施和评价等各方面进行调整，使其始终处于一个长久持续、不断完善的动态发展过程。

（三）因校制宜原则

"因校制宜"——因，依据；校，学校的地理、人文环境，原有的学校文化积淀，学校现有的人为因素；宜，适当的措施。"因校制宜"就是要求学校要根据自身的实际情况，制定或采取适当的措施来积极推进校园的文化建设。学生是学校的主体，"因校制宜"在某种程度上说其实就是"因生制宜""因人制宜"。学校课程建设应考虑本地区、本学校的实际条件，根据本学校、所在社区和师生特点等的实际情况，合理开发校本课程资源，优化课程开发程序，并对时间、人力和物力进行合理优化配置。

（四）民主开放原则

学校课程建设并不只是学校的事情，而是需要社会各界给予帮助，家长、学生都要积极参与到课程建设中。学校应体现出民主性与开放性，应基于校内、挖掘校外，积极扩大社会力量和促进家长、学生的参与，吸取多方关于课程建设的意见，调动各方力量参与学校课程建设。

为此，学校需要构建以学校教师为主体，包括高等院校、中职院校、科研院所、学生、家长和其他社会资源在内的"1＋6"学术课程资源群。这样一种课程资源平台的建设，不仅可以保证课程资源的多元和开放，为学术高中的课程体系提供相应的资源保障，更重要的是使由校长、教师、学生、家长等人员组成的学校教育共同体正确地理解学术高中及其课程体系。

第三节

课程体系的整体建构

宁波中学在传承学校 120 多年的课程文化和反思学校已有课程结构的基础上，结合《浙江省深化普通高中课程改革方案》中的规定性要求，整体设计课程框架，形成"品学共融、个性发展"理念指导的课程体系。

宁波中学自创建以来，即主张"欲成才先成人""菁英继起，德艺兼优"，从人格品行和学识基础两个层面提出学校的课程目标；20 世纪 20 年代倡导"求学何为，求为人而已"；20 世纪 50 年代提倡"德智体全面发展"；20 世纪 90 年代确立"有文化素养，有强健体魄，有竞争能力"的育人目标。"品学共融"是对学校课程文化积淀的传承的拓展，要求学生通过课程学习完善人格，通达学识。人格完善和学识通达缺一不可，前者为后者的基础，后者为前者的延展，两者相辅相成，互为依托。在"品学共融"这一共同成长的基础上，学校课程更进一步地致力于学生的个性发展，激发学生的学习兴趣，发展他们的人生志趣，挖掘他们的成长潜能，尽可能做到课程结构丰富化、课程内容差异化、课程修习可选化、课程实施多样化和课程评价多元化，以满足不同学生的不同发展需求，实现共同基础上的差异发展。

一、整体构想与顶层设计 >>>>>>>>

在宁波中学基于新时代的社会背景与学生的发展需求确立的课程理念中，品学共融是学生发展的基石，良好的品德与扎实的科学人文知识，是进行学术性研究必不可少的基础；个性发展是学生发现自己的特长并使之发展的过程，是学术性发展的必由之路。基于以上的育人目标与育人理念，宁波中学积极创新，构建促进学生全面而有个性发展的"品学共融、个性发展"课程体系，并在体系之下对现有和计划开设的各类课程进行梳理和整合。

在横向层面将学校课程结构分为智能基础、意志品行和志趣专长三大领域，并使之与学术高中的内在要求进行深度转化和融合，形成三位一体的课程体系。以"品学共融、个性发展"这一课程理念为核心，学校课程分为智能基础课程、意志品行课程和志趣专长课程三大课程领域，如图 2-1 所示。每个领域之下，又根据课程内容对学生发展的作用取向，注重基础还是强调发展，分为基础性课程和发展性课程两个类型。每一类型又根据修习要求，分为必修课程(包括国家必修和校本必修)和选修课程(包括知识拓展类、职业技能类、兴趣特长类和社会实践类四类课程形态)。

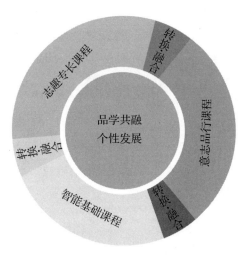

图 2-1　宁波中学"品学共融、个性发展"课程体系示意图

二、四大类选修课程的建设与实施 >>>>>>>

在"品学共融、个性发展"理念指导的课程体系之下，学校对各个课程领域的发展性课程按《浙江省深化普通高中课程改革方案》进行分类，确立了知识拓展类、职业技能类、兴趣特长类和社会实践类四类课程形态，并按照四大类选修课程的特性对学校已有课程进行整合优化，对所需课程进行新开发，详见图2-2。

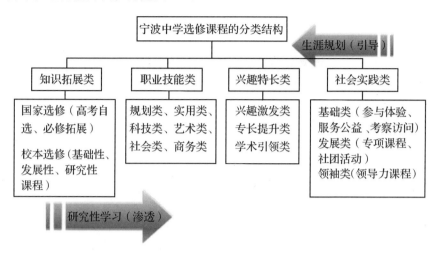

图 2-2　宁波中学选修课程体系示意图

(一)知识拓展类选修课程

开设知识拓展类选修课程，旨在提供适合学生个性发展的课程，让学生认识学科的价值与研究方法，获得更为全面的知识与能力，培养创新精神，全面提升学科素养，为进一步学习打下扎实的基础。具体结构详见图2-3。

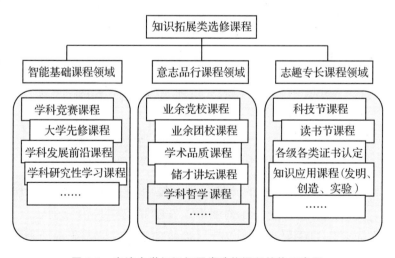

图 2-3　宁波中学知识拓展类选修课程结构示意图

学校根据学生的需要及学校的实际，每周安排 4 个课时为学生提供各学科知识拓展类选修课程，满足学生的选课需要。知识拓展类选修课程以本校开设为主，学校在教师自主开设选修课程的同时，或者聘请高校、中等职业学校以及社会专业人士开设选修课程，也可以依托现代网络技术，由学生自主选择选修课程。学生也可到学校课程评审委员会委托或认可的其他普通高中、高校、社会机构包括行业、企业，或利用网络修习知识拓展类选修课程。

(二)职业技能类选修课程

高中阶段是学生认识自我、形成专业兴趣与职业倾向的关键时期。在普通高中开设职业技能类选修课程，旨在通过"做中学"，转换育人模式，增强学生的动手实践能力，丰富学生对今后所学专业或从事职业的认识与体验，为形成专业兴趣与职业性向奠定基础；通过生活技能学习，结合劳动教育，增强生活情趣与生活能力，提升生活品质。具体结构详见图 2-4。

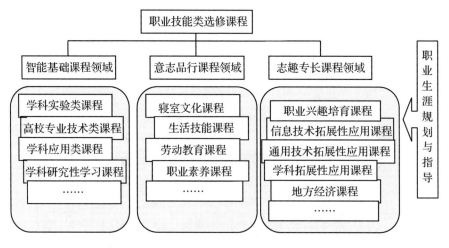

图 2-4 宁波中学职业技能类选修课程结构示意图

职业技能类选修课程的开发形式有校内独立开发和校际合作开发两种。凡具备独立开发条件的课程，鼓励和支持校内教师独立开发；校际合作开发的课程要求本校教师和具有相应专业基础的中高职院校及优秀大学教师进行合作开发。每一门选修课程开发需要经过调研、申报、论证、审核等程序，申请教师须填写《宁波中学职业技能类选修课程开课申报表》，并通过学校论证、审核后，才允许进入每学年的学生选课目录。

(三)兴趣特长类选修课程

兴趣特长类选修课程是普通高中课程体系的重要组成部分，旨在体现课程的多样性，根据学校自身的办学特点、文化积淀和已有的课程基础，充分满足学生的兴趣爱好，培养和发展学生的个性，提升学生的人文修养和生活情趣，促使学生终身体育习惯的形成。学校兴趣特长类选修课程的设置分为三个层次，从普及、提升走向引领，力求建立并不断完善丰富多样、具有特色的兴趣特长类选修课程体系。具体结构详见图 2-5。

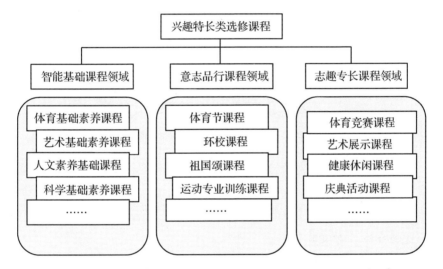

图 2-5　宁波中学兴趣特长类选修课程结构示意图

兴趣特长类选修课程的申报、审核、选课、课程安排、上课地点和考核均由教学服务中心负责管理和协调。兴趣特长类选修课程主要包括文化活动和特长认定两类，其中文化活动类由教学服务中心、学生发展中心、语文学科组、体育学科组、艺术中心等相关处室负责管理；特长认定类由学校学术委员会负责管理。

(四)社会实践类选修课程

社会实践类选修课程是学生在教师的指导下参与社会、服务社会、了解社会的活动性、实践性课程。该类课程旨在通过密切学生与生活的联系、学校与社会的联系，帮助学生获得亲身参与实践的积极体验和丰富经验；提高学生对自然、社会和自我之间内在联系的整体认识，发展学生的创新精神、实践能力、社会责任感以及良好的个性品质。具体结构详见图 2-6。

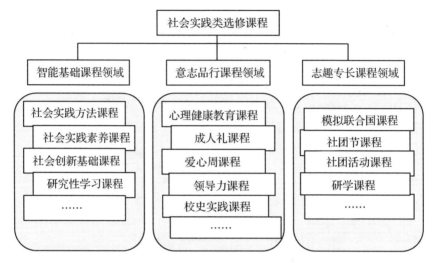

图 2-6　宁波中学社会实践类选修课程结构示意图

社会实践类选修课程的教学方式主要以活动为主，具体包括参与体验、社团活动、校园文化、考察访问、服务公益、调查研究等。

学校依据不同学生的志趣与个性，确定社会实践类选修课程的三级培养目标，从而确定课程的三个模块。

基础模块：本模块是每名学生必修的实践类模块。本模块的科类设置注重基础，主要以参与体验类、服务公益类、考察访问类为主。本模块的修习，可以使学生掌握基本的社会实践技能，具备关注社会的意识，树立与人合作、面向社会的态度，培养学生一定的社会责任感与使命感。

发展模块：本模块为学生分方向、可选择模块，学生可以根据自己的兴趣选择其中一种或几种科类进行修习。本模块的科类设置关注学生的志趣，主要以校园文化类为主。学生根据自己的兴趣与特长，可以在多元的课程科类中进行选择修习。通过本模块的修习，学生可以在自己感兴趣的领域获得实践的技能，在特定的方向上进行深入的学习与研究，发展潜能，培养协作能力、团队意识，提升学生的科学人文素养。

领袖模块：本模块为学有所长、有领袖志向的学生开设，由学生自主选择。本模块包含的科类主要有：无领导团队行动、学生党校研习、校级学生干部培养等。以培养具有"领袖气质和能力"的学生为目标，以树立"爱心、信心、决心"为原则，以"项目研修"为实施手段，打造一支"为人善、对己严、气质佳、能力强"的学生队伍。

三、选修课程的开发与实施程序 >>>>>>>

（一）选修课程开发与选修目录的确定

每一门选修课程开发需要经过调研、申报、论证、审核等程序。申请教师须填写《宁波中学选修课程开课申报表》，并通过学校论证、审核等程序后，才允许选修课程进入每学年的学生选课目录。根据审核后的结果，学校最终确立选修目录，供学生查阅和选择。

（二）生涯规划指导课程的选报

生涯规划指导课程作为学校选修课程的先修课程，为学生必选课程，要求每一名学生在进行课程选修的同时学习生涯规划指导课程。学生通过学习生涯规划指导课程，提高自我认识、自我规划能力和自我提升能力。

（三）学生选修课程选报的指导

由教务处和信息技术中心根据选修课程选课系统的要求，制定《宁波中学选修课程学生指南》，其中对选课时间与地点、选课方式、选课操作、选课要求和注意事项等内容进行说明，并组织学生进行学习和开展相关指导活动，以确保选课工作的顺利开展。

课程整合与运行：根据学校课程建设的整体思路和体系，从学校、教师、班主任、学生和管理各个层面制定具体工作用表，以落实课程的整合和运行，详见表 2-1。

表 2-1　宁波中学选修课程基础性工作用表

层面	内容
学校	宁波中学选修课程总表
教师	宁波中学选修课程教学班教师用表

层面	内容
班主任	宁波中学选修课程行政班选课一览
学生	宁波中学选修课程学生"1＋10"个性化课程表
管理	宁波中学选修课程常规性巡查安排

(四)选修课程开发与实施程序

学校选修课程的开发与实施应严格按照相关程序进行，详见图2-7。

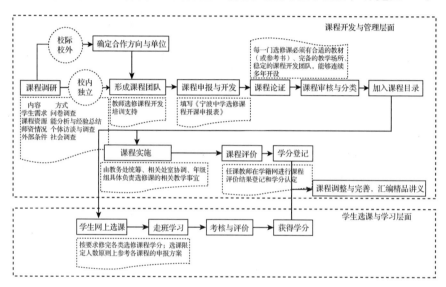

图2-7　宁波中学选修课程开发与实施程序

(五)选修课程的实施途径

不同类型的选修课程应有相应的实施途径相配套。为此，在选修课程开发过程中应注意研究各种类型课程的教学逻辑和实施途径，主要内容包括以下几个方面。

不同类型课程的目标设计：不同类型的选修课程应有不同的课程目标，运用系统的方法，在全面考察课程各要素及其相互关系和学生学习基础及学习心理的基础上，设计不同类型课程的目标。

不同类型课程的开发路径：开发选修课程要遵循学科的内部逻辑，

符合学生接受和掌握知识的规律性，按照从易到难、从未知到已知，以及由感性到理性，由基础到专业的逻辑顺序设计课程结构，组织课程要素。

不同类型课程的教学方法与模式：为保证课程的有效实施，针对不同类型课程选择恰当的教学方法和模式极为重要。应根据课程的类型综合运用各种教学方法和模式，课程类型不同，所采用的教学方法与模式也应有所侧重。

四、学校课程体系的多重实施平台 >>>>>>>

(一)"品学共融、个性发展"课程体系

"品学共融、个性发展"课程体系的运行需要相应平台进行支持。为此，学校从课程开发和评审、课程开设和选择、课程运行和管理、课程评价和优化、学分制管理等各个课程运行环节出发进行平台建设，通过建立相应组织机构，制定切实可行的实施办法和规章制度，以保证整个课程体系的顺畅施行。

(二)科技创新实践基地

以课程资源为中枢，以科技软平台为血脉，以科技硬环境为骨架，整合学生、学校、社会的优质资源，系统架构学生个性发展的科技类平台，深层次地丰富学校的文化内涵，探索宁波中学创新人才培育的新模式，培育学生的科技创新品质和能力。科技创新实践基地建设的具体内容涵盖课程资源、硬环境和软平台。

(三)"1+6"选修课程教师资源群

为推进学校课程建设，学校将构建以学校教师为主体，包括中职院校、科研院所、家长、学生和其他社会资源在内的"1+6"选修课程教师资源群。其中学校教师是学校课程建设的主体，把学生确立为一种重要的课程资源，充分挖掘高校、中职院校、科研院所、家长和其他社会资源等社会各种类型课程资源，不断拓宽课程资源开发的途径，详见图2-8。

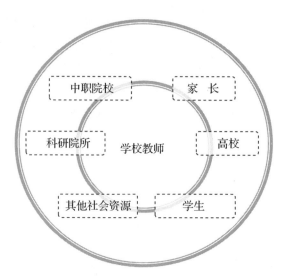

图 2-8　宁波中学"1＋6"选修课程教师资源群

第四节

学校课程实施的推进策略与保障

为了推进学校的课程体系建构，学校在课程资源开发路径与策略选择上，以及对所开发课程的评价与管理上，都在不断地进行完善。

一、课程资源开发与管理 >>>>>>>

为推进学校课程建设，学校将构建以学校教师为主体，包括高校、中职院校、科研院所、家长、学生和其他社会资源在内的课程资源群。

（一）校内资源

学校教师：学校教师是学校课程建设的主体，因此其处于"1＋6"选修课程教师资源群的核心位置。学校应充分发挥教师，尤其学科骨干教师在课程资源开发和管理中的主体作用，建设和优化具有学科特色且符合学生发展需求的学科资源库，包括教学实录、教学设计、教案、教学课件、教学视频等，从而体现课程资源的主导要求，凸显学科性和学术性。

学生：学校应该把学生确立为一种重要的课程资源，珍视并敏锐捕捉来自学生的信息。一方面让学有所长的学生在教师和相关人员的指导下去开发某一领域的课程，为学生成为课程开发者提供条件；另一方面在课程建设中将学生的兴趣、已有经验、个体差异、发展水平、思维方式和家庭情况等内容作为课程资源加以考量。

(二)校外资源

高校：宁波中学地处高教园区，周边有多所各种类型的高校。学校应充分利用这一类型的课程资源，借助高校师资、实验室、图书等资源，开发具有前沿性、学术性和创新性的选修课程。

中职院校：中职院校与其他类型学校相比，具有其自身特点，"以服务为宗旨、以就业为导向"，为生产生活服务。根据这一特点，学校有针对性地借助市内外各所中职院校，开发有助于发展学生职业技能的课程资源。

科研院所：科研院所作为服务并满足区域经济社会的发展需求，以应用研究和科技服务为目的的机构，具有丰富的可供利用的资源，如科研专家、专业实验室、各类科研设备，以及前沿科研信息等，可作为课程资源加以选择和优化。

家长：家长是学校课程建设所能利用的不可忽视且应加以利用的课程资源。在学生家长群体中不乏具有各种专业知识技能或在某一领域有所专长的人员，学校应注意把家长纳入课程资源范畴，充分重视和有效地利用家长资源，并逐步形成一定的运用能力，把潜在的家长资源变成有效的课程资源。与此同时，也通过家长参与学校课程建设，推进家校合作，促进学校教育教学的优化发展。

其他社会资源：学校课程资源的来源广阔。事企业单位、各种自然环境、博物馆，以及互联网都应成为学校课程资源的来源，应充分开发社会各种类型的课程资源，不断拓宽课程资源开发的途径。

(三)课程资源开发原则

布局合理：校外课程资源应根据学校的情况和学生的需求进行合理开发和布局。

条件合格：校外课程资源应具备学校课程建设的基本要求，符合课程开发的基本条件。

资源优质：校外课程资源开发应积极引进优质校外资源，进一步丰富学校课程资源。

(四)课程资源开发程序

课程资源开发需要依据一定的程序,具体如图 2-9 所示。

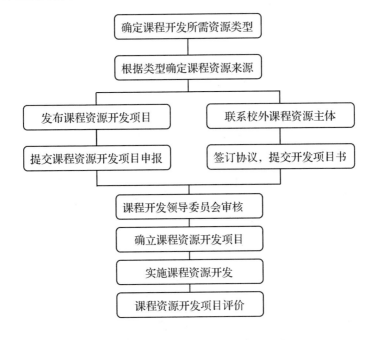

图 2-9　宁波中学课程资源开发程序示意图

(五)课程资源管理事项

充分发挥教师在课程资源开发和管理中的主体作用,以体现课程资源的主导要求,并将学生纳入课程资源范畴。

学校应根据自身的实际情况和学生的发展需要,最大限度地拓宽校外课程资源的开发渠道,加强校外课程资源开发和利用,以充实学校课程资源。

关注校内与校外课程资源的整合和协调,在充分利用校外课程资源的同时,也注意本校课程资源向其他学校辐射;建立校内与校外课程资源的合作开发机制,促进两者之间的相互转换。

课程资源开发还必须建立相应的经验交流和研讨机制,定期和不定期地开展经验交流和项目研讨等活动。

积极利用和开发信息化课程资源,有效发挥各种网络课程资源的价值；充分利用信息化手段，将其作为课程资源开发、利用和交流、共享的重要平台。

二、课程评价与保障 >>>>>>>

（一）课程评价

课程评价对学校课程建设起着重要的导向和质量监控作用，是提高教育教学质量的主要环节。内容主要包括方案评价和教学评价这两方面，详见图 2-10。

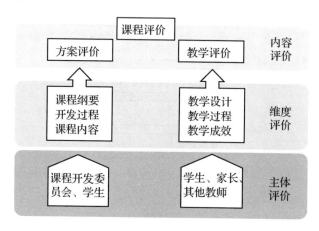

图 2-10　宁波中学课程评价示意图

方案评价的目的在于通过对课程开发和实施情况进行周期性的分析，促进课程方案的改善和不断革新，包括《年度学校课程实施方案》的评价和《学科课程纲要》的评价，以学期为单位。课程方案评价标准详见表 2-2。

表 2-2　宁波中学课程方案评价标准

一级指标	二级指标	评价标准	总分	得分
课程设置（10分）	课程定位	课程定位符合学校的育人目标和办学理念；课程开发具有一定的序列化，前后衔接得当	4	
	目标设定	课程目标以学生为主体；课程目标与课程内容相符；课程对学生的能力培养和个性发展起明显的促进作用	6	

一级指标	二级指标	评价标准	总分	得分
课程内容 (30分)	内容选取	根据学生发展所需要的知识、能力、素质要求，选取恰当的课程内容，并为学生的可持续发展奠定良好的基础	10	
	内容组织	遵循学生素质培养和学习心理的基本规律，对课程内容进行有序组织，科学设计每一阶段的学习内容	10	
	呈现形式	选用先进、适用教材，自行编写相关教材，课件、案例、练习、任务等教学资料齐全	10	
教学方法 (20分)	教学设计	能体现学生在学习过程中的主体性，有针对性地采取任务驱动、小组合作、项目导向等多样化的教学模式	8	
	教学方法	根据课程内容和学生特点，灵活运用案例分析、分组讨论、角色扮演、启发引导等教学方法，引导学生积极思考，乐于实践，提高教、学的效果	6	
	教学手段	运用现代教育技术，优化教学过程，提高教学质量和效率	6	
开发队伍 (20分)	主讲教师	师德高尚，治学严谨；教学能力突出，教学效果好；教学反思和研究能力强	10	
	开发团队	有相对稳定的课程开发团队；团队内教师的年龄组成、专业水平和知识结构等能形成一定的互补；形成较为通畅的团队合作机制	10	
课程资源 (10分)	校内资源	积极发挥教师在课程资源开发和管理中的主体作用；建设和优化具有学科特色且符合学生发展需求的学科资源库	6	
	校外资源	拓宽课程资源的来源，积极借鉴优质校外资源；网络教学资源丰富	4	
特色创新 (10分)	课程原创	课程方案的设计和内容具有较强的原创性	10	

教学评价主要是通过学生和家长问卷调查、访谈等方式对与课程相关的教学设计、课堂教学状况、教学实际效果、课程开发与实施水

平，以及教研论文等多因素进行综合评价。评价的关注点应避免聚焦在用一套既定的标准去评价教学和检查教师的工作，而应关注教学中出现的问题本身和学生在教学中的学习的事实。课堂教学评价指标详见表 2-3。

表 2-3　宁波中学课堂教学评价指标

评价要素			评价等级			
维度	项目	指标	优秀	良好	一般	较差
教学目标	目标构成度	完整				
	目标准确度	正确				
	目标清晰度	清晰				
	目标执行度	明确				
教学内容	内容科学性	科学				
	内容系统性	系统				
	教学难重点	突出				
	教学内容效度	实用				
教学过程	教学展开	有序				
	师生活动	协调				
	环节转换	自然				
教学素质	讲的技能	规范				
	写的技能	熟练				
	操作技能	得法				
	教学手段	巧妙				
	教学理念	科学				
教学效果	知识、技能	掌握				
	一般能力	提高				
	学科能力	发展				
	学习兴趣	激发				
	学习创造性	促进				

（二）课程保障

1. 师资保障

教师是学校课程建设的主体，要保障学校课程的质量，教师必须具备相应的课程开发能力。为保障学校课程建设的顺利进行，学校需要在原有的校本研修实践基础上，进一步以研究解决学校、教师所面临的教育教学问题为出发点，以促进学生的个性发展为宗旨，以生态校本研修为主要方式，以"3～10年"教师发展性研修为重点，突破"高级后"教师引领性研修难点，落实"0～3年"教师养成性培训。与此同时，加强对班主任和管理人员这"两翼"的培训，促进教师队伍的个性发展、全程发展、和谐发展。

除此之外，为提升教师的课程开发能力，学校设计针对性较强的"校本课程开发专修计划"，通过集中培训、名校考察和项目研修等形式，使教师理解校本课程开发的意义，进一步掌握校本课程设计、开发、实施与评价的操作范式，具备与社会和教育发展趋势相适应的课程开发能力。

2. 环境保障

学校课程建设需要相应的环境支持。为此，学校从创新基地建设、文化氛围营造和园区优势共享这三方面着手提供课程建设的环境保障。

学校以课程资源为中枢，以科技软平台为血脉，以科技硬环境为骨架，强化三者之间的结构性互补，进行宁波中学"科技创新素养培育"基地建设。具体内容涵盖课程资源、硬环境、软平台三个方面。

学校是师生共同生活其中、融时空于一体的教育场所，学校文化的优劣很大程度上影响了课程的建设质量和效果。学校将成长自然教育生态作为学校文化的主要内涵，即学校是一个系统、一个整体，学生的成长离不开优秀的师资，教师的专业发展离不开学生的健康成长。而校园就是一个学生和教师成长的物质场所和精神家园。在这样一种学校文化的关照下，学校成为人的成长的摇篮：让课堂焕发出生命活力，让教师的每一天充满爱、挑战和创造，让学生得到精神上的丰满、创造力的激发、德性的践行和审美的自由，让学校真正成为教师专业发展、学生健康成长的精神家园，致力于促进学生、教师、学校的共同发展。

学校地处宁波大学园区，可最大限度地使用园区资源，积极开发和利用校内外的课程资源，广泛利用学校所在的大学园区图书馆、各大高校以及园区互联网等各种园区资源，如图书资源、教师资源、实验室资源和学科资源等，并通过"走出去、引进来"的方式，将这些园区资源为学校课程建设所用。

3. 制度保障

学校要制定和健全学校课程开发、实施和评价的相关制度。

学校根据课程整体规划和运行情况，制定《宁波中学深化课改总体方案》《宁波中学四类选修课程建设规划和实施方案》《宁波中学选修课程开发指南》《宁波中学选修课程选课指导手册》以及《宁波中学选修课程管理手册》，对各类选修课程的开发、实施和评价进行说明，并按照课程性质进行部门分工。

教学服务中心负责选修课程实施的总协调工作和知识拓展类选修课程、兴趣特长类选修课程的组织与实施。制定知识拓展类选修课程、兴趣特长类选修课程建设规划和实施方案，建立知识拓展类选修课程、兴趣特长类选修课程供给和管理平台，制定知识拓展类选修课程、兴趣特长类选修课程的学分认定方案。

学生发展中心负责职业技能类选修课程、社会实践类选修课程的组织与实施。制定职业技能类选修课程、社会实践类选修课程建设规划和实施方案，建立职业技能类选修课程、社会实践类选修课程供给和管理平台，制定职业技能类选修课程、社会实践类选修课程的学分认定方案。

4. 经费保障

为了学校课程建设的顺利进行，学校应在财政预算中纳入课程建设相关经费。

一是建立教师培训专项经费，通过集中学习、专家指导、项目研修等形式对教师进行全员培训；建立选修课程开发专项经费，为选修课程的初次开发提供一次性经费，经费由开发费和课时费构成。

二是将选修课程的开设和必修课程的开设一并纳入绩效工资的考核范围，将教师的工作量分解为三部分：本学科必修课程教学、学生管理和班主任工作与开发并教授1～2门选修课程。

三是对已开设的选修课程进行精品课程评选，对评出的精品课程进行奖励。

第三章
增进学生学术发展的学科建设

学科是人类对自然界、人类社会以及人的思维的认识达到一定程度并要求进行专门的、更深入的研究时出现的，学科的发展本质上是科学知识发展、繁荣和分化的过程。因此，一个研究范围为一门"学科"，就是说它并非只是依赖教条而立，其权威性并非源自一人或者一派，而是基于普遍接受的方法或真理。称一门知识为学科，有严格和具有认受性的含义。①

在高等教育体系中，"学科"是一种学术分类，是指某些科学的领域或者科学分支；在中等教育体系中，"学科"主要是指教学的科目，是学校教学内容的基本单位。但是，从其本源意义上说，学科一方面指知识的分类和学习的科目，另一方面指对人的培训、规范和塑造。就普通高中而言，学科建设就是建设与发展面向大众的、进一步提高国民素养的、为学生终身发展奠定基础的教学科目和适合高中教育的、与教学过程有机结合的、追求教学效率的学科发展体系。

---

① 华勒斯坦等：《学科·知识·权力》，刘健芝等编译，13～14页，北京，生活·读书·新知三联书店，1999。

强化学科建设：学术高中的必然选择

就一所学术高中而言，学校教育教学的高质量、学生的学术和创新发展、教师的专业成长都离不开学校有规划、有体系的学科建设。宁波中学加强学科建设，源于学校践行创学术高中、育创新人才的教育追求。

一、核心素养有效落实需要学校推进学科建设 >>>>>>>

近年来，世界范围内掀起了关于核心素养的研究与实践热潮，其中以经济合作与发展组织的 21 世纪核心素养框架、联合国教科文组织的核心素养的七大学习领域、欧盟的终身学习核心素养、美国的 21 世纪核心技能、新加坡的 21 世纪素养结构模型、日本的基础学力等为典型代表，影响深远。2014 年，《教育部关于全面深化课程改革 落实立德树人根本任务的意见》第一次阐述了核心素养是学生应具备的适应终身发展和社会发展需要的必备品格和关键能力，强调个人修养、社会关爱和家国情怀，注重学生的自主发展以及合作意识和创新能力的培养。2016 年 9 月，《中国学生发展核心素养》的总体框架正式发布，确立了文化基础、自主发展、社会参与三个方面的六大核心素养，并成为我国新一阶段课程改革的核心理念。在学生发展核心素养的基础上，高中课程方案和各学科课程标准也相继颁布，各个学科基于各自的学科特点对核心素养进行具体的、具有鲜明学科特色的解读，提出了学科核心素养。

学科核心素养要在学校落实，必然需要相应的学科建设作为支撑。正如有研究者所指出的，核心素养培育要落实到学校教学，需要包含四个层次，即第一层次：构建国家、地方、学校三级学科知识体系；第二层次：以学为中心的课堂教学范式变革促进方法论渗透；第三层次：以综合课程和科学评价促进学生思维水平的提升；第四层次：走向核心素养的学科文化。[①] 对于一所学术高中来说，更是如此，学科发展不仅为学科核心素养在学校的落实提供最为基础、最具生长性的关键内容，而且会决定学术高中的发展高度和深度。

二、学生的学术与创新发展需要学校推进学科建设　>>>>>>>

学生的学术与创新素养来自何处？很大程度上是来源于学科发展本身，源于学科，同时也应用于学科。

从这个意义上讲，在一所学术高中，学生的学术与创新发展离不开学校推进学科建设。只有当学科建设足以支持学生的学术与创新发展，学生才能在面对复杂的、不确定的问题情境时，综合运用从学科学习中所习得的学科观念、学科知识、学科技能、研究方法和思维模式，在提出问题、分析问题、解决问题等过程中培育出相应的学术与创新素养和能力。

三、教师的专业成长需要学校推进学科建设　>>>>>>>

学术高中自然离不开教师的专业成长，而教师的专业成长很重要的一个方面在于参与学科建设。在格兰特(Grant)关于教师专业素养的阐释中，将指向学科的内容作为其中的重要组成部分，如学科内容知识、学科教学知识、规划学科教学的能力，以及处理教材的能力等。显而易见，这些教师专业素养的获得需要教师自身参与到学科建设之中。

因此，学科建设不仅是教师专业成长的重要需求之一，也是教师专业成长的有效途径。当他们参与到学科建设之中，以研究者和建设者的视野和思维去看待学科概念、学科体系、学科内容和学科发展等方面时，所感、所悟、所得必然要比作为一个被动的接受者要多得多，也要深刻得多。

---

① 任学宝：《核心素养培育要落实到学科教学的四个层次》，载《人民教育》，2017(3-4)。

除此之外，通过学科建设所营造的良好的学术文化，能潜移默化地影响教师跳出单纯的学科教学实施者的局限，从整体把握、理解和建设学科，行之有效地将追求学术发展融入教师的专业成长生涯，从而将教师专业成长引领到专家型教师之路。这也是宁波中学一直将学科建设作为创建学术高中工作重心之一的原因所在。

第二节

宁波中学学科建设的实践理路

一、梳理学科发展基础 >>>>>>>

宁波中学创办于 1898 年，始名"储才学堂"，蕴含为国家培育英才之意，是由张之洞倡议建立的近代首批新式中等学校之一。自办学之始，学校主张"经国以自强为本，自强以储才为先"，"陶成英俊子弟，以开风气"。一直以来，学校始终倡导"学术自由、兼容并蓄、民主治校、与时俱进"的办学精神，形成了"严谨、求实、创新、全面发展"的校风，培养了包括诺贝尔医学或生理学奖获得者屠呦呦、童第周和贺贤土等 12 位院士，以及一批各领域奠基人在内的 5 万余名杰出人才。

宁波中学是全国首批中小学心理健康教育特色学校、教育部中小学现代教育技术实验学校、教育部中小学校长培训实践基地、北京 2008 奥林匹克教育示范学校、中国西部教育顾问单位、浙江省首批一级普通高中特色示范学校、浙江省首批一级重点中学、浙江省教育科学研究先进集体。

作为宁波市现代教育的窗口学校，2020 年现有语文、数学、英语、政治、历史与地理、物理、化学、生物学、体育、信息技术、通用技术、音美 12 个教研组，在职教职员工有 196 人。其中正高级教师 2 人，高级教师 112 人，一级教师 64 人；省特级教师 4 人，国家金牌教练 3 人，宁波市名师 6 人，浙江省教坛新秀 1 人，宁波市学科骨干教师 18 人。一大批中青年教师获宁波市教坛新秀称号；数学、物理等教研组被评为宁波市中小学星级学科教研组；语文、数学、物理、生物学、化学等教研组荣获省市学科培育基地、示范学科等荣誉。

近年来，学校一直将学科建设作为学校工作的重心，具体体现在如下几方面。

一是深入实践生态校本研修，推进师资队伍建设，以教师发展提升学科专业水平。

二是积极营造学科发展环境，严格配备各学科图书资源，配齐各类仪器设备，积极完善各学科实验室和功能教室，并不断推进学科数字化建设工作，建设各学科数字化实验室、数字图书馆、微格教室、专用心理教室、机器人综合实验室和中学生领导力课程教室，启动网络远程视频教学录播系统等。

三是充分利用位处宁波市高教园区的地理优势，通过与园区内的高等院校保持密切交流和资源共享，尽享高教园区内的学科建设资源。

四是积极围绕课程开发开展学科建设探索。20 世纪 90 年代初，学校与浙江大学联合举办理科实验班并开展一系列的课程改革，引发广泛关注并取得显著成效；2003 年以来，学校推行以小课题研究为主要载体的研究性学习课程，形成了具有宁波中学特色的研究性学习课程的优良传统；2009 年，学校创新素养培育实验班项目获得宁波市教育局批准，学校致力于发展创新素养培育课程体系，并提出了相应的落实策略和运行机制；2012 年，学校被评选为宁波市课程改革基地学校；2019 年，学校被评选为全国课程改革骨干教师研修基地。

二、制定和实施学科建设发展规划 >>>>>>>>

学科建设发展规划是学校学科建设的依据，需要根据学校的学科发展实际和学科建设的发展目标形成可行的建设路径，提出具体的实施策略，以切实有效地落实规划内容。

（一）确立学科校本化建设的目标与内容

构建符合"创建一流学术高中"的学校发展需求，"品学共融、个性发展"的课程体系建设需求，"崇尚个性、追求卓越"的学生个性成长需求，"全程发展、个性发展"的教师专业发展需求，具有宁波中学特色的学科专业体系，建设一批有较大影响的示范性学科，培养一批在省内外有一定知名度的学科骨干教师，建设一批符合学科发展需要、功能齐全的学科实验室和研讨室，搭建体系化的学科资源平台。

(二)基于学科自身定位，制订具体学科建设计划

遵照"适度竞争，最优发展，注重内涵，落实质量"的发展思路，紧紧围绕学生的成长需要，充分发挥学科骨干教师的引领作用，营造积极向上的教研氛围，优化教科研平台，完善教研组管理制度，培育教研特色。

各学科教研组根据自身学科的建设现状和发展定位，制订自身学科的建设计划，确立各自学科的发展目标与内容，并提出相应的发展策略。具体内容主要包括以下几方面。

一是学年课程计划。每学年初各学科教研组提出本学科的必修课和选修课开设方案与课程说明，报学校教务部门；教务部门进行汇总和调整，排出必修课程课表和选修课课程清单，报校长批准。

二是模块教学计划。每学期各学科教研组、备课组应根据学校教学工作计划、本年级的实际情况和本学科的教学任务制订教学活动计划，安排好模块教学进度。计划应包括教学目标、主要教学活动的时间安排、实施步骤与措施等。

三是教研活动计划。每学年各学科教研组根据学科发展和教师专业成长需要，制订教研活动计划。计划内容和形式与学校整体校本研修安排相结合，包括教研活动目标、教研活动内容、教研活动形式等。

(三)以学年为单位，优化教学设计的具体内容

教学设计是教师经验积累的过程，是开展教学的前提和基础，其中包含教师个人和团队对教材的优化处理、对学情的分析、对教学活动的安排等内容。因此，优化教学设计是教研组建设的重要内容。教研组应有意识地按照学习方式与学习目标进行教学设计的优化，详见图 3-1。

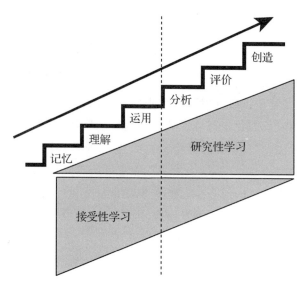

图 3-1 学习方式与学习目标示意图

第一，备课组要加强对课程标准的学习，深入分析教材的结构体系、内容和编写意图以及基本要求和质量标准，结合学生状况进行备课，做到"六备"：备课标、备教材、备学生、备教法和学法、备教具，以及备习题。

第二，教学设计要体现"全目标"学习，即在落实"记忆""理解""运用"分类学习目标的基础上，进一步实现"分析""评价""创造"的体验性目标，在接受性学习的基础上强调研究性学习。教师在课后根据教学反思对教学设计进行改进。

第三，优化集体备课方式。教师要积极参与集体备课，做到"定时间、定地点、定内容、定中心发言人"，认真写好集体备课提纲，做好中心发言工作，认真讨论、分析周课时教学中的问题，交流对教材、教法的分析情况，提出有价值的意见，提出优化教学方法、手段的建议，充分发挥备课组的群体优势。

(四)建构学科教学基本模式

学科教学是学科建设的主阵地之一。在教研组建设的过程中应积极探索有效可行的教学方法，进而构建行之有效的教学基本模式，并提炼出具有学科特点和个人风格的教学特色。

一是学科教学组织模式的学科性构建。学科教学应该遵循一定的规律和方法。教师应在开展学科教学时，根据学科特点，在遵循基本教学规律、原则和模式的前提下，对学科教学方法进行深入探索和思考，明确学科教学方法的指向性，明确学科教学方法的适用范围和特点，从而以学科为基础建构学科教学组织模式。

二是学科教学实施模式的课型性建构。在同一学科内，教研组应积极倡导通过总结和提炼针对不同课型的教学方法，对教学方法中相对稳定的操作步骤部分进行优化和设计，使之成为在一定教学理论指导下建立起来的、基于各种课型的、较为稳定的教学活动程序。

三是学科教学个人特色的创造性提炼。每位教师在开展课堂教学时都带有鲜明的个人印记。因此教研组应鼓励和帮助教师在确立发展目标和理想发展状态的同时，致力于教育教学创新探索，不断革新自己的教学方法，根据学科与学生的实际，有意识地去主动探索创造适合自己的教学风格，创造出最适合自己的教学方法，并通过长期积淀形成教学的个人特色。

（五）开展多形式的教科研活动

各教研组要高度重视教科研活动，充分发挥教科研活动对学科发展、教师成长、课程建设和教学改革等各方面的促进作用，使教科研活动成为教研组建设的动力源泉。

第一，开展多层次的课堂观摩活动。深入课堂、实验室、实践现场，开展包括学科内公开课、教学公开周和教学管理部门听课多层次的课堂观摩活动，课后组织评课交流，了解教学目标的落实情况，掌握教学过程动态，分析学生在教学活动中的反应和行为，对教学活动提出改进建议。授课教师根据听课教师的反馈撰写教学反思和课例分析，并在下一轮教学实践中付诸实施。学科教研组组长主要对本学科教师进行课堂观摩指导。

第二，开展多形式的学科研究活动。以学科骨干教师为核心，成立学科研究团队，开展多种形式的学科研究活动。在学科研究活动中，学科骨干教师需要敏锐察觉学科的发展方向，并较好地引发、催化团体行动的整体进展。作为团队参与者的其他教师应具有较强学科建设的使命感，有通过学科研究来发展自身专业素养的意愿，同时能通过自主研修提升学科研究能力。除此之外，学科研究活动中可聘请该学科领域的专家担任引导者，在团队当中承担专业指导角色，基于自身的专业判断给予学科研究活动方向和策略上的指引，进行研究指导和教学协助。

第三，开展跨学科、跨校的学科教学交流。跨学科、跨校的学科教学交流有助于帮助教师打开更为宽阔的学科教学视野，为在教学实践和研究过程中所遇到的学科和教学问题提供相互交流和共同解决的平台。因此，在教研组建设中应搭建由学科教师参与的教学经验交流、学科思想碰撞的跨学科、跨校平台，设计让各个学科教师展示教学智慧、探讨学科问题、引发研究思考的交流活动，以开阔教师的教学视野，提升学科研究水平，营造浓厚的教研氛围。

三、学科内容整体化的调整与重构 >>>>>>>

课程建设是学科发展的归宿。学科建设和发展，归根结底是为课程服务，并借助课程向学生施加影响。因此，学科建设必须将学科课程建设作为核心内容之一。因此，学校以"品学共融、个性发展"课程体系为基础，结合新的课程改革理念，对学科内容进行整体化的调整与重构。

（一）必修课程教材、模块的适当调整

针对城区一流的学校生源特点和创新素养培育与升学预备教育相结合的学校发展定位，各学科应对必修课程教材、模块进行适当调整，明确必修课程基本、基础性的知识要求，删减重复、非主干和过繁过难的内容，构建必修课程的核心知识结构，充实体现各学科核心思想、观念和价值的基本知识内容，确保必修课程的学科知识和能力体系清晰完整。

（二）拓展性、体验性学习内容的渗透

以学生为中心，以社会发展为背景，以国家课程为蓝本，以教学实际情况为前提，结合校内外资源与人力，主动进行必修课程校本化处理，在强调学科基本思想、基本概念、基本技能的同时，注重拓展性、体验性学习内容的安排，注重必修课程教学和学科竞赛、研究性学习相渗透，注重激发学生的探究兴趣，为促进学生发挥学习潜能、实现层次递进和自主发展奠定基础。

"模拟联合国"社团与物理学科的融合

宁波中学"模拟联合国"社团(简称"模联"社团)自 2013 年成立以来，已成长为学校特色社团，有着厚实的学生基础。然而，一个社团要获得长远的发展，要具备可持续发展的能力，光有学生基础是远远不够的。它还必须拥有能支撑起自身发展的中长期规划和足够的实践时空。规划关乎着我们能走得多远，而实践则决定着我们能飞得多高。

对于一所浙江省一级重点中学来说，社团的建设与发展仅仅是锦上添花，它无法与学科时段相抗衡。在当前的高考模式下，校园社团活动的生存空间还是受到了很大的挤压，存在不少的困难。例如，学生的精力有限，活动的质量和水平有待提高，加上个别家长和班主任的不理解、不支持等。"模联"社团若是长期游离于学科之外，与学科的教学完全割裂开来，那么就会因缺乏可持续发展之力而衰落。

学校积极探索学科课程建设路径，试图突破学科发展过程中的瓶颈，实现社团发展与学科建设的对立统一。将课堂外的社团活动常态化、课程化，内嵌到思想政治学科的课程建设中来，是突破这一瓶颈的有效途径。

宁波中学寻求思想政治学科与"模联"社团运作相契合的模式，为社团发展提供学科理论的支持和实践的场所，增强社团的可持续发展能力，丰富校园生活；同时，构建以培育思想政治学科核心素养为主导的活动型学科课程，采取内容与活动相互嵌入的组合方式，实现"课程内容活动化""活动内容课程化"，着眼于学生的真实生活和长远发展，使理论观点与生活经验有机结合，让学生在社会实践活动的历练和自主辨析的思考中感悟真理的力量，自觉践行社会主义核心价值观。

必修课程阶段：在高一下半学期，"政治生活"第四单元结束后，开始分组、选主席和代表，确定议题。主席团提供和发布背景信息，组织活动。"模联"活动举办一次，至少需要经历 4 次会议才能充分讨论和协商出终稿。因此，在必修课程阶段，预设"经济生活""政治生活"和"文化生活"各组织一次活动，这样既能完成教学任务，又能在教学过程中落实好实践体验的要求，培养核心素养。

选择性必修课程阶段：选修三"国家和国际组织"中专题一"各具特色的国家和国际组织"，专题二"君主立宪制和民主共和制：以英国和法国为例"，专题三"联邦制、两党制、三权分立：以美国为例"和专题五"日益重要的国际组织"都是很好的活动素材，因此在每个专题结束后可以安排一次相关主题的"模联"活动。通过"模联"活动与选择性必修课程相结合，学生在拓展国际视野的过程中，坚持国家安全观，坚定不移地走中国特色社会主义道路，推动构建人类命运共同体。

物理课程与创客的融合

宁波中学创客空间成立于 2012 年（2014 年前为 Arduino 电子创意工作室）。翁浩峰老师从 2009 年开始自制传感器，其开发的教具曾在 2016、2017 年连续两年获得浙江省自制教具一等奖，在 2014、2015、2016 年连续三年获得全国青少年科技创新大赛辅导员作品一等奖，从 2012 年开始开设创客类选修课程，编写并出版了创客课程教材《人人都是电气工程师——Arduino 从入门到精通》（科学出版社）。

作为一名高中物理高级教师，并且拥有了开设创客课程的这些经验，翁老师才真正迫切地感觉到创客课程与科学课程急需融合。这样既可以让现在科学课程中"做"的缺失得到补充，也让创客在有了理论的支撑后可以走得更远。

通过对高中阶段的物理实验进行梳理，寻找能够与创客更好融合的实验，进行课程的设计，在课程中既能体现物理实验思维，又能体现创客精神。其实综观各个经典的物理实验，无论是伽利略的斜面实验，还是法拉第的电磁感应实验，物理学家本身就是一名创客，他们设计并制造实验器材来进行物理研究，这本身就是创意实现的一种。但是在中学物理实验课中，我们过多地关注了实验或者实验结果本身，而忽视了实验的设计以及器材的开发。让学生从零开始，开发设计实验来解决物理问题，并能利用现在创客的技术和工具来设计并制作实验器材。

如通过开发高中物理课堂演示 DIS 实验，开展动量守恒探究实验。本实验需要测量的有质量和速度，需要计算的有 mv，mv^2，v/m 等。质量用天平测完后直接将数据填入课件，速度由光电门测得的数据计算得到。

因为是探究课，所以需要计算的一些量不能全部都显示在课件上。只有当学生猜想到某个量时，才可以将这个量的计算值显示出来，而这是普通的商用传感器软件所没法完成的。除了这个功能外，还需要在课件上实时显示滑块的位置，以便使学生能更直观地了解到滑块的运动。

根据上述想法，翁老师制作了"探究碰撞中的不变量"这堂课的实验部分课件。以下就是一些课件界面的截图，有关代码部分因为字数过多省去。

首先图 3-2 显示的界面很简单，只有一些最基本的测速部分。导轨上也只有一个滑块,可以通过这个来讲解测速原理。在实际进行实验时,课件上滑块的位置会随着真实滑块的运动而改变位置,两个速度框里会实时显示滑块通过光电门时的速度。课件的右下角有一些有图案的按钮,通过点击这些按钮可以实现不同情况的碰撞探究。

图 3-3 是探究两个物体相对运动发生碰撞的情况。可以看到点击按钮后会出现一个用来记录实验数据的表格。此时只要填入两个物体的质量和挡光片的宽度,然后使两个滑块相对运动发生碰撞,课件便会自动计算出两个滑块碰撞前和碰撞后的速度,并可以通过点击填入速度按钮来选择是否采用这组数据。

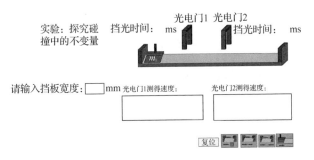

图 3-2　课件截图 1

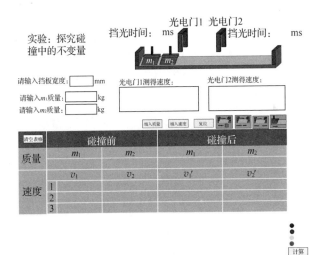

图 3-3　课件截图 2

当采集到了三组数据后，我们可以让学生通过这些数据进行猜想，然后通过猜想来进行具体数据的计算。这些可以通过点击课件右下角的几个彩色圆点按钮来实现，当然我们在之前必须设计足够多的猜想结果。

通过点击计算按钮，课件便会计算出我们想要计算的结果。通过观察这些结果，我们可以验证学生的猜想是否正确。

通过这个实验设计，我们可以看到利用 Flash 动画来作为显示界面的优势所在，让 DIS 实验的显示界面更加贴近课堂教学。再加上 Flash 动画可以随意修改的特点，其实每一个 DIS 实验的界面都可以是不同的、具有特色的。

（三）必修课程与选修课程内容的有效整合

各学科在进行必修课程校本化的调整时，应注重必修课程与选修课程内容的整合，依据课程标准的要求，寻找必修课程与选修课程的连接点和结合点，梳理与整合各学科的必修与选修内容，开展扎实有效的必修课程教学。

（四）必修课程实施的配套学科资源优化

必修课程的实施必须有相应配套资源作为支持。在开展必修课程教学时，应注意对课堂练习、课外作业、形成性测验卷等配套资源进行建设。保证课堂练习多样化，有效地激活学生的思维；精简作业数量，提高练习质量，改变传统作业设置的数量、质量和方式；通过命制科学的形成性测验卷，对学生的学习过程进行全面测评，分阶段地考核学生的学习成果，并以此对教学过程管理开展有效监控。

四、学科发展基地的全方位建设　>>>>>>>

以学科资源为核心，以信息技术软件为平台支撑，以信息技术硬件为环境条件，整合各类型优质学科资源，在已有的实验室和多功能教室的基础上，全方位地建设多个学科的发展基地。

(一)各类型学科实验室与创新素养工作室建设

各类型学科实验室与创新素养工作室建设主要包括:基础实验室、创新实验室、专项科技工作室、创意实践制作室、创新素养工作室。

基础实验室主要服务于学校理、化、生学科教学及实验,满足学科的实验需求。在设置、教学、设备、环境、队伍、制度等方面必须达到基本条件和要求,着力改善实验教学手段,加强实验室的规范化管理,提高实验教学水平。

创新实验室通过做中学、学中做,开展自主学习与实践、自主探究与创新活动。创新实验室建设发展必须与学科优势相结合,逐步确立学校创新实验室的重点探索方向,规划数学、物理、化学、生物学、地理学科的创新研究与实践。

专项科技工作室充分整合各种资源,结合校校合作、校企合作等形式,为在某一学科研究领域有造诣和成就的学生、家长、教师、外聘教授以及高校、企业的重点实验室开辟专门以人或企业命名的科技工作室,对学校学科建设起到积极的引领和辐射作用。

创意实践制作室整合学校劳技教室资源,为学生提供机械制作、电子电工、模型制作等实践平台,提高学生的实际动手操作能力;引入各种数字化辅助系统和新技术,把学生的创意设计直接制作为实体,实现"所见即所得"的科技梦想,培养学生丰富的想象力,把握科技走向的时代脉搏。

创新素养工作室重点打造高中语文、数学、英语、政治、历史 5 个学科的创新素养工作室,如高中语文文学特长生"创意写作"创新工作室、高中数学"合作学习"创新工作室、高中英语"智慧视听"创新工作室。高中政治"社会视野"创新工作室、高中历史"文物收藏、鉴赏与人文素养培育"创新工作室,主要功能包括:学科创新素养课程的开发与实施、教学模式的梳理与系统化、师资力量和学科资源的合理配备与建设、学科创新工作室的软硬件平台搭建等。

(二)学科基地环境建设

学校前期对学科基地进行整体规划和功能、环境设计,完善"三通一平"的基础设施要求。整体设计风格既要体现学校文化和历史传承,又要确保学科气息浓厚、现代感强。

　　学科基地的一楼大厅打造成开放式，分为互动式实验区、多媒体科普区和科技成果展示厅三个版块。每层楼根据专属学科特点，对楼层过道进行固定式、半固定式、活动式三种形式的学科环境设计和布置。整体将学科基地分设相对集中的实验区：一楼为化学实验区；二楼为生物学、信息技术实验区；三楼为物理实验区；四楼为创新实验区；五楼为创意实践制作区。各层间分设专项科技工作室。

(三)学科基地资源库建设

　　学科基地资源库建设主要包括各学科的基础实验资源、数字化资源、学科探究类资源、创新思维与实践制作类资源和科技创新类资源。各学科教研组收集(通过各种有偿及无偿的方式)、编辑、整理各种数字化课程资源，利用信息技术手段将各种类型的学科资源进行系统整理和归类，不断丰富学校教学资源库，并通过校园网或纸质媒介定期向全校师生发布最新的资源目录或索引。

(四)学校图书馆学科资源区建设

　　以学科发展的视野，在学校图书馆内设置学科资源区，通过增添各学科图书资源，定期收集、整理、编辑、加工、储存各学科发展的前沿信息，向教师提供信息目录或索引，充分发挥学科资源区的学科发展功能。

第三节

建立健全学科建设的保障机制

为持续推进学科建设，以打造一流学术高中，学校从组织、制度、财力与物力方面提供了相应的保障。

一、学科建设的组织保障 >>>>>>>>

学术委员会是学校学科建设、学术评议和项目审议的学术审议机构，体现学校与时俱进、科学民主、追求卓越的治学精神，充分发挥学校学术带头人在学科建设、提升教育质量中的作用，促进学校的学术繁荣、科学发展。因此，学科建设是其主要职能之一，具体内容包括：根据学术委员会章程，积极吸纳学科骨干教师担任学术委员；审议学校学科发展规划，指导组织学科建设工作；组织学科教师教育教学思想探讨活动，帮助教师形成独具风格的教学思想，推广优秀教师的教育教学思想；组织各级各类教学、学术先进及进修培养参评对象的评审与推荐工作；组织学校年度优秀科研成果、优秀教育教学论文、优秀教案设计、优质课评比；营造学校良好的学术氛围，引导学校学术道德规范；与国内外教科研单位建立联系，开拓学校的学科建设视野。

二、学科建设的制度保障 >>>>>>>>

宁波中学制定和健全学科建设的相关制度。根据学科发展的具体情况，学校制定《宁波中学教研活动管理办法》《宁波中学教学管理办法》《宁波中学校本研修规定》《宁波中学科研奖励制度》《宁波中学四类选修课程建设规划和实施方案》《宁波中学必修课程建设规划和实施方案》《宁波中学选修课程开发指南》等，对学科建设的各方面内容进行制度建构，保障具体工作的顺利进行。

以《宁波中学教学管理办法》为例，保障教学的正常、有效运行，并且赋予教师很大的自主权。其中最为突出的是，赋予教师更多的自主选择教学内容和教材的权利，可根据教学的重难点，适当拓宽、拓深、丰富课堂教学内容；进行必要的资料补充，为学生开展研究性学习提供有效支撑；追逐学科知识前沿，帮助学生了解各个学科最新的发展信息；加大学科间的融合，有效地突破旧思维方式的束缚，形成创新思维；提供相适应的学习环境，组织设计各种活动，包括指定性活动、指导性活动和自选性活动，以培养学生的兴趣，激发学生的潜能；倡导"互动探究，高效教学"的课堂教学改革和小组合作研究学习模式，给学生提供更多的自主探索、自主尝试创造的时间与空间。

三、学科建设的财力与物力保障 >>>>>>>

为了学校学科建设的顺利进行，宁波中学在财政预算中纳入学科建设相关经费：建立教师培训专项经费，通过集中学习、专家指导、项目研修等形式对教师进行全员培训；建立学科资源开发专项经费，为学科资源开发提供一次性经费，经费由开发费和维护费构成；设立学科建设专项基金，突出对优势学科、重点学科(基地)和具有良好发展态势的学科的支持力度，积极发挥优势学科在校内、省市的辐射影响作用；完善教学、科研成果奖励制度，设立教学、科研成果奖励基金，对取得重大教学、科研成果的负责人予以重奖，充分调动教师出高水平科研成果的积极性；对各教研组、备课组和教师个人所开发和开设的选修课程进行评选，对评出的精品课程进行奖励。

第四节

宁波中学的学科建设方案举隅

一、宁波中学化学学科建设规划 >>>>>>>

（一）化学组的基本概况

化学学科是生命科学、材料科学、环境科学、能源科学、信息科学等领域的重要基础，它在解决人类社会发展过程中面临的有关问题、提高人类的生活质量、促进人和自然和谐相处等方面发挥着重要的作用。

高中化学课程是科学教育的重要组成部分，它对提高学生的科学素养、促进学生的全面发展有着不可替代的作用。

宁波中学化学组是一个年轻、朝气蓬勃的集体，现有专任教师 19 人，其中特级教师 1 人，高级教师 11 人，一级教师 4 人，二级教师 3 人。这是一个积极向上、锐意进取的团队，组员中省优秀教师 1 人，市骨干教师 3 人，市教坛新秀 6 人。化学组也是一个肯钻研、好学习的团队，近年来课题研究在省市范围内多次获奖，教学论文共发表 40 余篇，其中发表于核心期刊的有 30 篇，被中国人民大学复印报刊资料录用 7 篇。多人在课堂教学比赛、优质课比赛中获省市一等奖。

经过多年的探索与教研，宁波中学化学组已经形成了自己务实的教学风格、活泼的教学方式，逐步构建化学课程体系。

（二）化学学科建设目标

宁波中学化学学科建设始终坚持把教师队伍建设放在首位，转变教师的教学理念和行为，总结教学经验，共享教学智慧，注重"教""研"结合，将教师从繁重的机械工作状态中解放出来，让教师真正成为教育智慧的创造者，有效地提高化学课堂教学的质量和效率。

化学学科建设坚持以课堂教学主线为突破口，教学上立足以打造高效课堂为中心，转变固化的教学模式，将"以学定教、师生互动、教学相长"作为课堂改革的主旋律，切实在课堂组织形式、学生学法和教学策略上有所突破。

近期化学学科建设以课程建设为着力点，努力实现必修课程校本化、选修课程科学化，努力构建能兼顾学生的志趣和潜能差异与发展需求的宁波中学"品学共融、个性发展"的化学学科课程体系。

坚持教学行为以学生为中心，运用多种教学方式和手段，引导学生积极主动地学习，掌握基本的化学知识和技能，了解化学科学研究的过程和方法，形成积极的情感态度和正确的价值观，提高科学素养和人文素养，为学生的终身发展奠定基础。

(三)化学学科建设的具体内容

1. 构建宁波中学化学学科课程体系

为了适应学生的不同志趣、潜能、发展的需要，结合学校课程建设规划方案，从不同的层次和视角构建宁波中学化学学科课程体系。化学学科课程作为宁波中学"品学共融、个性发展"课程体系中的一个组成部分，根据修习内容及形式，分为基础课程、拓展课程、提升课程，下设7个分块。现阶段开发和开设15个课程模块。具体如图3-4所示。

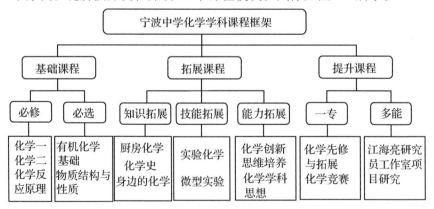

图 3-4　宁波中学化学学科课程框架

宁波中学全体学生必修"化学一""化学二""化学反应原理""有机化学基础""物质结构与性质",根据自己的知识水平和志趣爱好,可以在拓展课程和提升课程中进一步选择修习。具体修习时段及学分安排见表 3-1。

表 3-1　宁波中学课程体系的智能基础课程(化学部分)

修习时段		学分	高一		高二		高三		其他课程接口
			上学期	下学期	上学期	下学期	上学期	下学期	
化学	基础	必修6、必选4	化学一、化学二、化学反应原理(学业水平考试)		有机化学基础	物质结构与性质	化学基础知识整合、化学专题研究(理)	化学综合专题研究、科学学科的方法学习	宁波中学科技创新实践基地的项目研究
	拓展	建议选1、选2	化学史、身边的化学、厨房化学	化学史、身边的化学、厨房化学	化学创新思维培养、实验化学、微型实验	化学创新思维培养、实验化学、微型实验			
	提升		化学竞赛	化学竞赛	化学竞赛、化学先修与拓展	化学竞赛、化学先修与拓展			

课程建设作为化学组建设的着力点,努力完善能兼顾学生的志趣和潜能差异与发展需求的化学学科课程体系,实现必修课程校本化、选修课程科学化,扎实推进基础课程的校本化,体现课程设置的科学性,梳理模块间知识点的逻辑关系,优化课程模块间的融合;逐步实现拓展课程的规范化,体现课程设置的层次性,形成自己的课程特色;积极探索提升课程的项目化,体现课程设置的前瞻性,结合校内外资源,打造亮点,如图 3-5 所示。

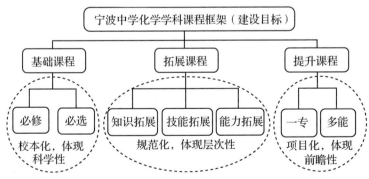

图 3-5　宁波中学化学学科课程框架(建设目标)

83

2. 强化化学教育研究，提高教师的整体素养

在新课程背景下，强调教师的教育教学研究对化学教学的发展具有特别重要的现实意义。新一轮课程改革不仅是教材的变革，还涉及课程功能、课程结构、教学方式以及课程评价和管理等诸多方面的变革，从而对教师的专业成长、学校教育的秩序以及整体社会的教育文化都提出了深刻的变革要求。课程改革提出的新目标和新要求都需要通过教师来实现，教师对新课程的理解和参与是推行新课程改革的前提之一。所以教师要通过对教学过程中所遇问题的研究，努力成为研究者，才能进一步理解和实施好新课程。教师的教育研究不仅对新课程的实施做出了积极肯定，还会促使教师改变以往无反思的、墨守成规的工作状态，要求他们以研究者的眼光去从事教育教学活动。

鼓励教师积极参加各种进修，如研究生课程、特级教师带徒活动等；创造条件让青年教师参加各级教研活动。充分发挥学校"高级后"教师研修平台的作用，促进高级教师的再提升，创造条件，为骨干教师、名师的形成改善土壤。

有针对性地开展教研工作，制定化学学科、化学教师个人的发展规划。按照计划，教研组把教研活动、备课组活动等作为常规来抓，实现制度化、日常化。优化备课组的配置，促进备课组的建设，形成各备课组的特色，逐步构建几个有影响力和有研究方向的团队。

3. 更新教育观念，转变教学策略与方式

转变学生的学习方式是课程改革的基本要求。我们要更新教学观念，在教学中引导学生自主学习、探究学习和合作学习，帮助学生形成终身学习的意识和能力。

教师应领会每个课程模块在课程中的地位、作用和教育价值，把握课程模块的内容特点，考虑学生的学习情况和具体的教学条件，采取有针对性的教学方式，优化教学策略，提高教学质量。必修模块旨在帮助学生形成基本的科学素养，提高学习化学的兴趣，同时也为学生学习其他化学模块打下基础；在教学内容的处理上注重整体性，引导学生学习化学的核心概念、重要物质以及基本的技能和方法；加强化学与生活、社会的联系，创设能促使学生主动学习的教学情境；引导学生积极参与探究活动，激发学习化学的兴趣。选修课程要根据课程特点采取灵活的教学策略和方式，如小组合作、校外参访、实验探究等多种方式，还可

以利用各种模型、图标和现代信息技术，提高教学质量和效率。

4. 提高教学效率，促成学生发展

借力深化课程改革，向课堂要效率，充分利用课程开发和开设的自主权，构建符合学校学生知识水平和能力层次的课程体系，有针对性地选择教学内容，采用高效的教学方式和策略。帮助学生探索物质世界，构建科学理论，体验实验的魅力，形成化学观念。

结合人类探索物质及其变化的历史与学科发展趋势，使学生形成科学的世界观。结合学习化学和社会的密切关系，培养学生的社会责任感、参与意识和决策意识。结合化学实验等探究活动，培养学生的科学探究意识、创新精神和实践能力。关注每名学生的个性发展，激励每一名学生走向成功。

分析学生的特点，辅导学生的专业方向选择，使学生选择切合自身潜能的课程。努力完善化学竞赛、化学先修与拓展等课程的教学内容和模式，培养一批喜欢化学并略有成绩的化学优秀学生。

（四）化学学科建设的实施策略

1. 提高教学质量，推进素质教育，关键在教师

学校通过讲座等形式使教师进一步明确化学教育研究的目的，让组内教师以研究者的心态置身于教学情境中，以研究者的眼光审视和分析教学理论与教学实践中的各种问题，在实践中收集丰富的化学教育证据来证明或证伪研究假设，在实践中提炼出一些基本的化学教育观点，为化学教学服务。在今后几年里，进一步加强师德学习、专业学习和校本学习。使每位教师都具有高尚的职业道德、全新的教育理念、多元的知识结构、强烈的学习欲望、积极的反思意识、较强的科研能力、高超的教育艺术、不计得失的奉献精神。努力打造化学品牌学科、品牌教师，通过名师带动全组大提高、大发展。同时注重现代教育理论与技术的培训，订阅信息资料。通过骨干培训，勇于走出去，引进来，不断汲取、不断提高。

2. 指导选修课程开发

学校通过组织教师参加各种培训和教研活动，帮助教师掌握选修课程开发的一般过程，如环境分析、课程目标设置、课程组织、课程实施

和课程评价五个阶段。让教师认识到选修课程的设置，必须结合本校的传统和优势、学生的兴趣和需要，可以充分挖掘和发挥学生的潜力，让不同学生脱颖而出，使所有学生能够各得其所地发展。加强选修课程的实施和管理。课程实施是整个课程开发过程中最为重要的环节。根据化学学科的特点，在实施过程中，教师应充分调动学生主动参与探究学习的积极性，引导学生通过实验、观察、调查、资料收集、阅读、讨论、辩论等多种方式，在提出问题、猜想与假设、制订计划、进行实验、收集证据、解释与结论、反思与评价、表达与交流等活动中，增进对科学探究的理解，发展科学探究能力。

3. 实现教案、课件、教学资源一网通

在现有教学资源、教案、课件、练习的基础上，不断充实个性特点，适应每位教师的教学所需，适应每位学生的所求，在化学网络的现有条件下，逐步实现教案、课件、教学资源一网通。各年级做到统一进度、统一练习、统一制卷、统一阅卷，建立化学优秀教案库、试题库、电子阅览库，融入不同类型的知识内容，方便师生，为学生的自主学习提供平台。

4. 充分利用现有实验平台

着力完善"环境分析实验室""江海亮研究员工作室"的建设，合理利用多媒体教学平台，探索实验、课件为一体的全方位情景教学模式。实现多媒体应用与化学课堂教学的整合，实现知识来源的多元化、立体化。加大课内外教学的趣味性和成效性，使教师教得轻松、学生学得愉快。

5. 有针对性地开展教研工作

按照计划，教研组把教研活动、备课组活动等作为常规来抓，实现制度化、日常化。认真开展日常的教学研究活动和优质课、优秀教案、优秀论文、案例研究、教学反思等评比活动，加大对青年教师的培养力度，有效提高青年教师的业务水平和专业素养。使教师成为研究的主人，研究学生，解决教学过程中的问题，从而促进教师专业水平的发展、学生化学素养的提高。多开展一些专题研究，请特级教师来教研组指导，提高教研活动的质量，如有针对性地对教育中遇到的实际问题进行探索等。结合开展的课题研究，促进校本研究工作的有效开展，做到有计划、有组织、有落实、有结论。结合教育实际，开展有针对性的教学研究工

作，力争在以后的几年内，实施市级课题和校本课题的全方位推进。积极开展教学改革实践，拓展教研内容，完善教学网络，积极探索适宜新课程教学的新途径、新方法。不断总结新经验、新成果，全面推动化学教育向高层次发展。

6. 营造积极向上的学科学术氛围

整理并出版校本课程教材和学生成果，包括小发明、小制作、小论文、小课题研究范例及优秀作业等，对文本装订成册，将成果展示到位，促进校内外交流，激发学生的创造性和探究性。激励教师多出论文、多出教学教研成果。围绕学科建设，渗透教科研因素，结合校本培训，突出创造性、应用性与学术性等特点，以各个层面的横向、纵向与独立、参与等不同类型、不同方式，不断提升刊物发表的数量。每人每年至少发表一篇论文或教学案例，制作一件优秀教具。化学组每年举行1～2次科普或专业讲座，对外举行公开课每年不少于2次，踊跃参加各级各类竞赛。积极开发校本课程，并能编写教本材料，使更多的教师在省、市级教育教学和教研活动中做出成果。

7. 加强与高校院所的交流合作

强化和宁波大学、浙江大学宁波理工学院的联系与交流，积极发挥地缘优势，继续推进与宁波大学材料科学与化学工程学院、浙江大学宁波理工学院分析中心的联络，加强协作，做到教师引进来、带出去的无障碍交流，提高科研和教学水平。组织和选拔一批爱化学、有潜质的学生赴相关大学实验室进一步学习与探索研究。

二、宁波中学语文学科建设规划和实施方案 >>>>>>>>

学科特色建设从根本上反映和体现学校的办学水平、办学特色、学术地位和核心竞争力。为了加强基于学校发展和有利于教师专业成长的学科队伍建设，深化学科教学改革，形成符合"一流学术高中"要求的学科建构和实施体系，建设有内涵、有实力的优秀语文教师队伍，实现学校学科教学和学科团队的可持续发展，根据学校五年发展规划和特色发展要求，在总结过去经验与不足的基础上，制定《宁波中学语文学科建设发展规划(试行)》。

（一）语文组的基本情况

1. 师资队伍

学校语文组共有 27 位教师，正高级教师 1 人，高级教师共 14 人，中级教师共 7 人，初级教师共 5 人。其中市名师 1 人，市骨干教师 2 人，在省内外有一定影响的教师 4 人，在引领区域教学方向上起着重要作用。从年龄分布来看，仅 8 人在 45 岁以上，可以说是一支年富力强、活力四射的队伍，是一支积极上进、有所追求的队伍，是一支干练执着、勇于探索的队伍。

2. 学科科研

语文组教师积极进行课题研究。近几年已经结题和获奖的课题共有 10 项，已经立项、正在研究的各类课题共 4 项，目前正在申请立项、处于预研究阶段的各类课题共 8 项。

3. 课程开发

语文组教师在 2006 年至 2019 年，积极开发选修课程。公开出版或学校印刷使用的产生较大影响的课程教材详见表 3-2。

表 3-2　宁波中学语文组公开出版或学校印刷使用的产生较大影响的课程教材

类别	名称	字数（万）	使用范围
知识拓展类	追寻天光云影	10	正式出版
知识拓展类	"定考神针"系列用书	16	正式出版
知识拓展类	创新写作工作室	20	校内
知识拓展类	初高中语文衔接	10	宁波市
知识拓展类	高考作文指导教程	12	校内
知识拓展类	作文妙法 25 讲	8	校内
知识拓展类	《论语》选读	10	浙江省
知识拓展类	中国古代诗歌散文欣赏	10	浙江省
知识拓展类	外国小说欣赏	8	浙江省
知识拓展类	《左传》选读	11	校内
兴趣特长类	古文字探源——寻根究底释词义	6	校内
兴趣特长类	经典电影文学赏析	5	校内

类别	名称	字数（万）	使用范围
兴趣特长类	绘本与人生	8	宁波市
兴趣特长类	中国侠文化	8	校内
兴趣特长类	中国钱币文化	10	宁波市
兴趣特长类	动画电影赏析	6	校内
兴趣特长类	轴心时代的思想精华品析	15	校内
职业技能类	多维互动写作	25	校内
职业技能类	当一回编辑，编一次刊物	7	校内
职业技能类	七彩作文 T 型台	8	校内
职业技能类	古诗文阅读新视点	5	校内
职业技能类	新闻采访和写作	6	校内
社会实践类	演讲厅等你	9	校内
社会实践类	生活中的语文	9	校内
社会实践类	走进西南联大	11	校内
社会实践类	睁眼看世界	12	校内

（二）语文学科的发展目标

1. 总体目标

认真实施课程标准，遵循学校"创学术高中、育创新人才"的办学理念和"品学共融、个性发展"的课程理念，积极推进课程改革，建构并形成具有区域示范性的、有特色的、全开放式的语文学科体系，努力提升学生的语文核心素养及人文素养，不断提高教学质量，促进发展和谐校园学术文化，让每名学生都能受到最佳教育、获得最佳发展。

2. 具体目标

一是建构并形成富有前瞻性的教育教学理念。"社会为课堂，课堂即社会；生活为课本，课本即生活"，使每一位教师能将每一次教学活动紧密联系社会生活，在提高学生的语文素养的过程中，帮助他们形成良好的人文素养、高雅的审美情趣和健康的人生体验，促使他们和谐而持续地发展。

二是建构并形成综合拓展型课程结构，努力尝试开发更加丰富的课程和课程资源。综合拓展型课程由必修教学(以苏教版教材为课本的常规教学活动)、选修教学(依据选修教材开展拓展性教学活动)、作文和综合实践活动组成。这种综合拓展型课程源于现有国家课程，是对现有国家课程的整合。与此同时，鼓励每一位教师开发一到两门的精品选修课程，并结合学校的实际和师生的实际，创造性地开发包括社区文物、古城风物、报纸杂志、远程阅读等在内的课程资源。

　　三是建构并形成多种类型的学科教学模式。提倡教学目标导向的、以有序的块状结构为过程的、师生互动互惠式的和以学生自主、合作、探究为学习方式的课堂教学基本模式；逐步形成"知识教学""阅读教学""作文教学""练习及讲评""实践活动"等教学模式，并鼓励教师创造各具特色、各具风格的教学样式。同时积极推进各种现代教育教学技术(包括网络教学)的使用，使之成为有效提高教学质量的常规手段。

　　四是建构并形成多元化的语文综合实践活动。拓宽语文学习的领域，既要面向本地区，也要面向世界，既要面向现实，也要面向未来，把语文学科建设成全开放的课程。将语文实践活动与开发选修课程紧密结合在一起，逐渐形成交际、阅读、写作三个系列的选修课程。

　　五是建构并形成高素质的师资队伍。培养中学语文特级教师或教授级的高级教师后备人才 2 人、市学科带头人 2 人、市优秀青年教师 4 人。

　　鼓励并帮助教师博览群书，特别是经典著作，使每位教师都能熟悉中学语文学科体系和基本的教育学、心理学知识，有良好的语文专业素养和学科技能，都能胜任中学语文教学工作；都具有语文学科的某门类专长，能承担一、二门语文选修课程或综合实践活动的教学任务，成为"通才＋专才"式的"复合型"人才；都具有一定的教科研知识和能力，能参与课题研究；同时不断提高自身的职业道德，成为广大学生的良师益友。

　　语文组要成为学校实施语文常规教学活动的坚强堡垒，成为开展教研科研、课题研究的基地，成为促进全体语文教师提升专业素养的教研组，成为语文教学管理的组织保证。语文组要真正成为团结和谐、积极向上、严谨治学、勤奋工作、思想活跃、勇于创新的学术研究团体。

　　六是建构并形成新颖高效的教学评价体系。教学评价要实事求是、真实而具体地反映教师的教学和学生的学习状况，充分发挥其激励和调整作用，既要注重过程，也要注重结果，形成合理的形成性评价和终结性评价相结合的评价体系，并要有利于减轻教师过重的教学负担和学生过重的学业负担。

编制《教师课堂教学评价表》《教师选修课程教学情况评价表》，从"教学目标和内容""教学过程和方法""师生的教和学""教学结果""教师专业素养"等方面来评价教师的教学行为，以定量和定性相结合的方式予以评价。编制《教师参与课题研究、选修教研及其他教研活动评价表》《教师专业成长、业务进修评价表》，以准确记录每一位教师参加校内外教研、科研和专业成长的情况。编制《教师教学情况档案表》。

(三)语文学科建设的整体规划

1. 合理安排语文学科修习时段

学校在按照浙江省课程指导意见合理安排语文学科的休息时段，上好 5 门必修课程和 2 门选修课程的基础上，根据校情、师情和学情，科学安排教师开发选修课程。语文学科的具体修习时段及学分安排详见表 3-3。

表 3-3　宁波中学语文学科的具体修习时段及学分安排

修习领域		学分	高一		高二		高三		其他课程接口
			上学期	下学期	上学期	下学期	上学期	下学期	
语文	基础	必修10、必选4	必修一、必修二、必修三、必修四、必修五（学业水平考试）			《论语》选读、外国小说欣赏	语文基础知识整合与拓展	语文知识专题整合与拓展	宁波中学储才人文大讲堂、中学生科技协会
	拓展	建议选修2	读经典悟人生、演讲与口才	读经典悟人生、演讲与口才	经典赏析、思辨与感悟	经典赏析、思辨与感悟			
	提升		评论写作	评论写作	文学创作	文学创作		文学写作研究	

2. 初步构建语文学科框架

为了避免语文组教师在开发选修课程时只考虑兴趣特长、不考虑学科特点这一情况，学校初步构建了语文学科框架，详见表 3-4。学校希望语文教师开发选修课程时能够关注语文学科的特点，遵从"学科＋活动"的原则，结合自身的兴趣特长在此框架之内来开发，为以后形成特色学科体系奠定基础。

表 3-4　宁波中学语文学科框架

领域		课程	内容	课程目标
积累与孕育	语言系列	生活中的语言	宁波方言	以泛读积累为宗旨，广泛积累，加强积淀，奠定基础；不求精讲，只要养成习惯，孕育思想
		经典中的语言	典雅语言赏读 外交语言赏读 幽默语言赏读 ……	
	文章系列	时文鲜读	报刊导读	
		经典泛读	论文经典泛读 史传经典泛读 ……	
	文学积累	中国文学	古代小说选读 现代小说选读 经典戏剧选读 经典诗歌选读 ……	
		外国文学	苏俄文学选读 美国文学选读 日韩文学选读 英国文学选读 ……	
	文化积累	国学经典选读	《论语》选读 《孟子》选读 《老子》选读 ……	
		外国经典选读	狄德罗选读 伏尔泰选读 罗素选读 ……	

领域	课程		内容	课程目标
阅读与理解	文章阅读系列	科学类文章阅读	……	精读指导，突出方法，形成能力
		自然科技类文章阅读	……	
		学术论文阅读	……	
		传记类文章阅读	名人传记短篇 传记专著 《史记》选读 《左传》选读 ……	
	文学阅读系列	小说阅读	鲁迅小说 川端康成小说 《红楼梦》导读 ……	
		散文阅读	抒情散文精读 议论散文研读 叙事散文赏读 作家专题品读 ……	
		戏剧阅读	古典戏剧 现代戏剧 戏剧单本 ……	
		诗歌阅读	诗歌专题赏读 诗人专题赏读 ……	
		文学评论阅读	《作品与争鸣》导读 《文学评论》导读 《名作欣赏》导读 ……	

领域		课程	内容	课程目标
阅读与理解	文学阅读系列	国学智慧	诸子智慧 《水浒传》智慧 《红楼梦》智慧 《围炉夜话》智慧 ……	
		哲学基础	哲学论文选读 绘本与人生 ……	
		中国文化专题	中国饮食文化 宁波餐饮习惯 宁波民俗 中国古村镇建筑 跟着作家游中国 ……	
		西方文化评论	西方视野 ……	
倾听与表达	听说系列	演讲艺术	在演讲厅等你 舌尖风暴	注重实践，突出规律，培养能力
	写作系列	应用写作	日常应用文写作 公文文案 ……	
		文章写作	时评写作 写作智慧 网络写作 撰稿与投稿	
		文学写作	虚构与纪实 联想与想象 小小说写作 散文写作 ……	

领域		课程	内容	课程目标
知识与方法	陈述性知识	语言知识专题	今古语言知识的比较 ……	
		修辞逻辑专题	对仗与夸饰 ……	
	程序性知识	操作性知识专题	报刊编辑 ……	
		学习方法知识专题	语文学习法 阅读技法与应用 ……	
	思维方法	形象思维基础	观察与演化 顿悟与灵感 ……	
		逻辑思维专题	比较与分类 分析与综合 类比与联想 抽象与概括 特殊与一般 ……	
		哲理思维应用	对立与统一 化合与分解 ……	

3. 探讨语文学科的特色学科内容

　　语文学科，除了发挥其作为其他学科的基础学科的作用之外，应该在升学预备教育中发挥主要作用之时，为学生的终生学习和终身发展打下坚实的基础。结合学校的传统和特点，结合目前其他普通高中的特点，确定在阅读必修课程校本化的同时，研究和实践宁波中学语文学科的特色学科内容，详见图3-6。

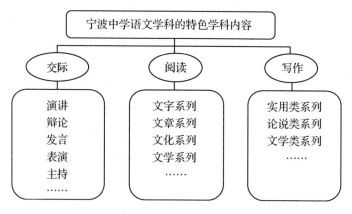

图 3-6　宁波中学语文学科的特色学科内容

(四)语文学科建设的实施策略

1. 加强理论学习，开展读书活动，不断提高教师的理论素养，形成先进的教育教学理念

语文组要引导并组织全体语文教师认真学习教育教学理论，学习课程改革的相关理论，学习教育学、心理学知识。带领并组织教师每学年深入学习一种语文教育教学论著，保证每位教师平时要通读一、二种语文教研刊物，鼓励教师做好学习笔记，定期举行读书沙龙活动，交流读书的心得体会；鼓励教师在读书的过程中撰写有见解的教育教学论文，把读书作为考评教师的一项重要指标。

2. 加强专业培训，提升教师的专业素养

宁波市教研室和学校以研训一体的形式对全体语文教师分别进行一年不少于48学时的培训，且5年内有一个不少于90学时的长培训。要为教师的专业发展提供尽可能良好的内外部环境。培训工作要实现课程化设计和管理，针对全体教师主要进行通识性、必修类课程的培训，解决教材难点，体现课程改革的精神和教学效益，确保理论性内容少些，操作性内容多些。培训周期一般按学年，可辅以平时的教研活动；对中青年教师和骨干教师，可满足不同的需求来建班，或结合学科内某些需要探究的内容，进行专题(项目)式的学习和提升。

3. 制定个人专业发展规划

学校要求每一位教师都要针对自身的实际情况，对照学校规划提出的要求，认真制定个人专业发展规划，从学历、职称、荣誉称号，特别是在实际的教育教学能力上都要有进一步提升的要求，并安排好落实的措施。

4. 加强课题研究

在实施过程中，每位教师要有强烈的课题研究的意识和责任感。要不断地实践，不断地反思，平时要多积累资料，并争取产生一批研究成果，能以高标准、高水平、高效率的质量通过结题。

5. 加强教学常规建设

严格按照浙江省所发"教学建议"的要求，规范每一位教师的教学行为，上好每一堂课。分年段举行教师课堂教学过关活动，形成基本的、稳定的、规范的课堂常规；鼓励全体教师全天候敞开课堂大门，相互听课，交流沟通，互帮互学。在此前提下，鼓励并帮助教师发挥自身的专业特长，培育并形成具有各自风格的、有特色的教学样式，通过学校的网络逐步实现面向宁波市甚至更大范围的全开放式教学。

6. 加强网络资源库建设

办好、用好语文学科内部网站，充分发挥其储存、交流、共享的作用。

7. 加强语文组的基本建设

增强学科教学管理职能，规范各年级组的教研活动，保证活动的时间、内容、质量，充分发挥备课组的作用。

第四章
承载学术素养的教与学

　　高中教育的学术是围绕教学而展开的教学学术。学术高中将学术研究活动和研究性教学贯穿于学校教育的过程中，使学生通过这样的学习能够发现自我，促进学生的自我认知。① 这就要求学校变革教与学方式，使教学所提供的学习方式为学生成长为各行各业的创新型人才和专业型人才提供最大的可能性；通过各种形式的学习活动，使学生能获得良好的创新思维、主动探究和合作学习等学术基础能力。

---

　　① 莫丽娟：《学术性高中公平性的质疑与反思——基于差异公平理论的视角》，载《当代教育科学》，2015（16）。

第一节

学术高中教与学的特征

宁波中学大力倡导的课堂教学的特征，即开放课堂教学、注重学习过程、巧用留白艺术和转换课堂形式。下文以高中思想政治学科为例，具体呈现这四个特征关照下的课堂教与学的样态。

新一轮课程改革与考试改革的持续推进，高考选考科目"7选3"或"6选3"模式将陆续在普通高中全面推行。通过对近几年学生课程选择组合数据的比较分析，我们发现选考思想政治学科的学生呈增多之势。为了客观分析这一现象，学校专门就学生对思想政治学科的认知情况做过问卷调查。相当一部分学生的回答值得思考。

问题1：你喜欢思想政治学科吗？——不喜欢。

问题2：那你为什么选择思想政治学科作为高考选考科目？——因为思想政治课就是背诵、默写、观点罗列，容易得分。

如此回答不禁令人尴尬、无奈、深思。认真地分析这一现象，其中的"观点罗列"让人警醒。任何学科若只是简单罗列他人思维结果的过程，便会使人生厌，失去存在与发展的理由。如何避免出现这样的问题？从2014年起，教师开始进行一项"普高学生哲学思维的培育研究与实践"课题研究，希望通过教学实践寻找回答和解决上述问题的方法与途径。

一、开放课堂教学 >>>>>>>>

哲学思维的广度和深度决定了思想政治课堂必须是开放的，而非封闭的。开放课堂，不仅要开放课程内容，还要开放教学活动方式，更要开放学生的思维。首先，课程内容要引导学生关注个人和社会现实，以生活主题和学生的已有经验为出发点，为学生开展哲学思维活动提供足够的素材，以实现课程内容的开放。

其次，教学活动要通过课堂立意引领学生，倡导学生开展主体学习，鼓励学生主动参与推论、交流、辨析、整理、展示等活动，尊重学生的真实情感，以达成教学方式的开放。

最后，教学活动要引领学生多想一点，想深一点。教师通过素材分析引领、问题对话引领和真实情境引领等策略，使学生对各种问题敢于质疑和批判，乐于反思和探究，以达成学生思维的开放。

例如，商品价格变动是日常经济生活中最常见的现象之一，也是"经济生活"教学的重难点。课堂教学可选用手机更新换代过程中的价格变动现象为载体，探究商品价格变动的因素及其对生产或消费的一般影响；以互为替代品的"高铁"与"航空客运"、互补商品的"汽油"与"汽车"为素材，探究不同商品组合的影响；以粮食价格变动与名牌奢侈品价格变动的影响为话题，展现认知需求弹性；等等。同时，还可引入需求曲线、供给曲线，通过解释现象、反向质疑、辨析纠错、容错存难等互动过程，实现实际生活与学科知识的融汇。这样，从生活现象出发设计教学话题、探讨学科知识、寻求解释与解决实际问题的方法与途径，可以有效地达成延伸课堂深度、拓展学生思维广度的教学目的。

二、注重学习过程 >>>>>>>>

没有真实学习过程的学习是伪学习，对于哲学思维的发展来说更是如此。单纯地记住一个深奥的哲学观点及其出处，不会发展哲学思维，因为中间缺少了一个真实的思维和行为参与的学习过程，是伪学习。关注哲学思维的思想政治课教学应该是注重学生真实情况的学习过程。我们经常用"到什么山唱什么歌"等俗语和"我思故我在"等名句来解释哲学内容，但大多是讲解知识点的教学。

针对这种情况，我们要有意识地转变教学方式。如以共享经济的出现与发展为例组织教学讨论，设计"问题呈现""共性归纳""策略建议"等几个环节，对问题进行深入分析，并为共享经济的健康、有序发展出谋划策。围绕资源配置及其合理优化是经济运行的核心与关键，可设计"共享经济为何出现"这一话题，引导学生探讨人类经济活动中资源配置的必要性；以共享融资与运行中的无序竞争、不良现象为素材，探讨市场运行秩序的规范性；以共享单车便利与乱停放问题等为切入点，认知市场配置的特点与国家宏观调控的必要性。这样融汇真实生活情境的学习，能够激发学生强烈的参与愿望，使"能思考""想表达""会争辩"成为常态，让学生在积极主动的参与中自然而然地发展了哲学思维。可见，在思想政治课日常教学中，我们要通过呈现、突出和描绘学生完整的学习过程，改变学生不愿运用哲学思维分析，甚至不懂哲学思维方法的情况，并努力让学生主动去了解哲学思辨，用哲学思维深入讨论生活问题。

三、巧用留白艺术 >>>>>>>

"留白"是课堂教学中根据教学需要，通过语言激发、提出问题、布置练习等方式留下"空白"，引发学生在充裕的时间和广阔的空间里实践与操作、联想与想象、思考与探究，从而填补空白，发挥学生主体作用的一种教学策略。思想政治课肩负着传递知识与信仰的双重使命，"一讲到底"的教学和教学内容"狭义"叠加，面临着"浓缩化""简单化""片段化"的危险。有人戏称，可用一句话来概括"生活与哲学"的全部精髓，即"世界是物质的，物质是运动的，运动是有规律的，规律是可以认识的，认识是发展变化的"。面对复杂的社会问题，思想政治课如果仅提供这样的认知模式，不仅难以对学生形成有效指导，还会贬抑学科应有的光芒和价值。在传统教学中，师生之间有着较为严格的身份界限，教师扮演着"全知全能"的角色。面对纷繁复杂的现实，很多教师将自己的职责定位为为学生提供既定答案。但事实是，不经讨论的道理往往很难令学生信服。在某种程度上，答案的确定性反而会扼杀真理的可信度。

"留白"是对教学功能的再认识。具体来讲，包括三个方面：一是把部分教学内容留给学生学；二是把部分课堂时间让给学生讲；三是把部分既定结论还给学生想。随着各种搜索引擎的完善，学生可以在短时间内掌握海量的信息和技能。在这样的环境下，教师必须直面思考：什么样的讲授可以打败"百度"，什么样的教育才能突破学生知识的盲区。教师不应该是知识的搬运工，而应成为价值的引导者。

在思想政治课堂上，留时间给学生，使学生有呈现原生态思维生长的时间，不匆忙，不慌张。在有限的课堂教学时间里，给学生一些出错和反思错误的时间，给学生一些开展哲学分析、推演、讨论和探究的时间，给学生将原生态思维生长成哲学思维的时间。大量教学实践证明，有些学生能在案例分析的基础上发现问题、分析问题，并找出解决问题的具体方法，却抓不住哲学思维的核心。传统的做法是，学生找不到答案，教师就半遮半掩地给学生提示答案。在这种模式下，学生一次次失去出错、思考、反思的机会。正确的做法应该是让课堂停下来，留出时间让学生再思考、再讨论、再试错、再反思，并在这个过程中将具体材料分析深化到哲学思维层面。例如，"生活与哲学"的重难点知识——矛盾观是辩证法的实质与核心，也是哲学思维的重要依据。在实际教学中，可尝试留白，努力促使学生用更多的时间去思考和讨论：既然矛盾是事物发展的根本动力，那么矛盾是否越多越好？矛盾双方相互转化，转化的是什么？为什么会转化？为什么我们一分为二的同时，又要合二为一？等等。"严格的不理解"不如"不严格的理解"，哪怕课堂上学生没有自己发现所谓"答案"，他们也会有所收获。对于学生来说，课堂上的留白不一定给他们带来好成绩，但却能让他们慢慢养成受用终身的核心素养，这是值得提倡的。

四、转换课堂形式 >>>>>>>

为了在高中思想政治课教学中培育哲学思维，在注重课堂共性要求的前提下，必须倡导课堂形式的多样化与不同载体的转换，从组织形式的建构与空间位置的变化上，均采取不同组合方式，避免传统文科教学的问、讲、答、解等固化方式。在网络教室或电子阅览室，在互联网信息中选择辨析性、两难性问题进行教学。

比如，文化现象是复杂的，关于"打麻将"就有两种不同的观点：一种观点认为打麻将是传统文化，应该受到保护；另一种观点认为打麻将是落后文化，因为它是一种赌博方式，应该予以抵制。这样的话题让所有学生都有话可说。积极开展活动型教学，按照不同议题将学生分成若干个小组，让学生针对议题自由交换意见或进行辩论，以解决问题或生成新的问题。教师创设争议性情境并在学生探究讨论的过程中巡回指导，适时释疑解惑、点拨引导、点评鼓励。教师在真实情境中开展实践性现场教学，紧扣从课程内容中提炼的主题，组织学生参与社区公共问题的解决、地方文化的保护等活动，引导学生通过关注、服务公共事务以理解解决问题的复杂性，认识到社会矛盾和社会差异的现实性和长期性，尊重文化差异，自觉承担社会责任。课堂空间的适时与有度变化，使课堂交流的形式与多维性得以保障，有利于激发学生的学习兴趣。

素养的发展与培育具有一定的主观性，必须要有主体的自觉参与。因此，在课堂教学中培养学科素养，必须鼓励学生运用哲学思维认知世界，用自己的眼光发现并认识世界。在这样的课堂上，教师必须是学生学习道路上的"引路人"，引导学生克服障碍，而非为学生扫清障碍。错误的经历往往比成功的体验更加深刻，在开放课堂教学中，教师不要急于将结论告知学生，而要带领学生一起探索、求知。

优化课堂教学设计

教学设计是课堂教与学整个过程中极为重要的一个环节。只有对课堂教与学活动进行科学合理的设计，教学学术才能在课堂中真正得以体现，学科核心素养才能真正得以落实。以下选取语文、数学和化学等学科的教学设计，分析学校教师在优化课堂教学设计中所开展的研究和思考。

一、《听听那冷雨》教学设计 >>>>>>>

(一)教学目标

①理解本文所绘的不同时空的漫多雨景及悠长缠绵的雨中情思。
②通过文句品味法、涵咏美读法等欣赏诗化的语言、诗性的意境。
③感受余光中永恒的文化乡愁及文字中跳荡的一颗"中国心"。

(二)教学重难点

教学重点是欣赏本文魅力独具的诗化语言之美，并培养学生对语言的敏锐感觉与深入感悟能力。

教学难点是领悟本文"文化乡愁"的内涵。这种乡愁浸润在中国文化背景之中，自古而今已成为一个文学母题。

(三)教学方法

涵咏美读法、词句品评法、疑难点拨法。

（四）教学时数

一课时。

（五）教学过程

1. 诗词之中品雨味

导语：我们常说"一花一世界，一叶一菩提"，那么小小的雨滴之中也自有一个世界。滴雨藏海，小小的雨滴一直下在中国文化之中，中华诗词的许多篇章都飘飞着雨。你能记起哪些关于雨的诗句？

（《春夜喜雨》《芙蓉楼送辛渐》《送元二使安西》《早春呈水部张员外》《清明》《夜雨寄北》《声声慢》……）

齐背《春夜喜雨》《芙蓉楼送辛渐》。同样是雨，为何一为喜雨，一为寒雨？雨其实是心境的写照，今天我们就走进冷雨世界，感悟余光中的心境。

（设计说明：既然文章是诗化的散文，就应让学生从入课伊始就沉浸在诗歌的意境之中，或吟咏，或背诵，让学习的过程成为诗词、文化熏陶的过程。）

2. 总揽全篇理文脉

①读这篇文章对我们而言是一种挑战，因为余光中神思飞扬，而语言又灵动跳跃。大家有没有这样的感觉？所以我们首先来梳理文章的脉络。

②文章中有一句统领全文的关键句，请找出来。

明确："每天回家，曲折穿过金门街到厦门街迷宫式的长巷短巷，雨里风里，走入霏霏令人更想入非非。"找到并品出这句话的深意，就好似找到了一把解读此文的钥匙。

重点品味两处：厦门街——二十年来不住厦门（代指大陆）而住厦门街，一字之差，却有千山万水之隔，自然有了故土之思；走入霏霏令人更想入非非——雨连着台岛与大陆，由雨引出思绪，雨也悠长，思也悠长，雨丝与情思交织，自然令人想到久违了的那块土地，想到记忆中关于那块土地的一切。

③文题为"听听那冷雨"，真正写"听雨"的是哪些段落，有无语言标志？（第5～11节）其他段落还写了什么？请各用两字概括。

明确：雨思→嗅雨→观雨→听雨→思雨。

④散文的核心"听雨"包含了哪些内容？

在大陆听骤雨、疏雨；在蒋捷的词中听雨；在王禹偁的竹楼中听雨；听屋瓦上的雨声奏成音乐；二十年前在岛上听雨；在回忆中的江南听雨。

此处小结：尽管这些都是下在不同时空的雨，但渐次堆积的是关于中国的层层叠叠的记忆。

⑤探究本文诗意的结构。

本文的思路看似散漫无羁，实则收放自如。"听听那冷雨"这一主旨句分别在开头、中间、文意转折处、结尾处出现 4 次，不仅串联起了全文，而且于文章起承转合处回环往复。有一唱三叹，余音袅袅，不绝如缕之效。

（设计说明：文章的思路灵动，给阅读带来一定难度。梳理文脉有助于学生整体把握，而且立足整体理文脉也是要培养学生散文鉴赏的基本能力。尤其找到"片言居要"这句是理解文章的关键。）

3. 涵咏品味赏语言

①余光中被誉为"文字的魔术师"，文学大师梁实秋更赞他为"右手写诗，左手写散文，成就之高，一时无两"。评论家冯树山评论道："余光中是在语言的风火炉中炼丹的高手，在他五味真火的冶炼中，语言的质地是炉火纯青的。他的散文语言有某种锋利的色彩，使人在阅读的时候，不知不觉的被它愉悦地割伤。……这是一个在方块字圆桌上滑冰的奇才，他语言的弹性和张力，奋张的触须，纵横的笔势，让你触手可摸。"

你感受到被余光中的散文"愉悦地割伤"的感觉了吗？请浏览课文，尝试带着感情美读你认为写雨最美的地方，并加以点评。

示例："下雨了"，温柔的灰美人来了，她冰冰的纤手在屋顶拂弄着无数的黑键啊灰键，把晌午一下子奏成了黄昏。

教师品评：独特而美妙的比喻！信手拈来，皆成妙喻，把雨声之美比作钢琴演奏，把演奏者比作美人，把屋瓦想象成琴键。一下午的雨转化成了乐章的表演，"晌午一下子奏成了黄昏"，雨声美好得让人忘记了时间。

②学生品读、点评，配背景音乐（班得瑞《寂静山林》）。

文句一：回忆江南的雨下得满地是江湖，下在桥上和船上，也下在四川在秧田和蛙塘，下肥了嘉陵江下湿了布谷咕咕的啼声。

品评：余光中是诗人，此处的句子改换一下就是一行诗：回忆江南的雨／下得满地是江湖／下在桥上和船上／也下在四川／在秧田和蛙塘／下肥了嘉陵江／下湿了布谷咕咕的啼声。

对于此句，作者不用诗句而选用长句来表现值得探究。这是回忆与作者的生命融合在一起的江南的雨，是作者的内心想归而不得的伤感。雨其实也一直下在作者的心里，下湿了他的心田。雨下得绵长，作者的思绪也绵长。句子之长正可表现出雨的悠长缠绵，更写出作者对江南、对故土绵长的思念。我们通过此句更可意会到句子的形式与语言的内容是如何完美地结合在一起的。

文句二：杏花。春雨。江南。

品评：这是短句运用的范例，一词一顿，意在给人留下思索、回味的时间和空间。由杏花我们会吟起"沾衣欲湿杏花雨"，想到沾着雨珠、含苞欲放的杏花，似乎还能嗅到杏花的清香；由江南而想到"暮春三月，江南草长，杂花生树，群莺乱飞"，想到"人人尽说江南好，游人只合江南老。春水碧于天，画船听雨眠"，想到那片神奇的土地、灵秀的山水；由春雨而想到"天街小雨润如酥，草色遥看近却无"，想到那悠长的雨巷、雨巷中撑着油纸伞的丁香一样的姑娘。

长短句在文中真是错落有致，吟诵成诗！其组合变化、恰到好处形成的音乐美和节奏感甚至让人想到《琵琶行》中的名句："大弦嘈嘈如急雨，小弦切切如私语。嘈嘈切切错杂弹，大珠小珠落玉盘。"文中运用自如的长短句不就有"大珠小珠落玉盘"的效果吗？

文句三：溪头的山，树密雾浓，蓊郁的水汽从谷底冉冉升起，时稠时稀，蒸腾多姿，幻化无定，只能从雾破云开的空处，窥见乍现即隐的一峰半壑。

品评：典型的诗化的语言，文字空灵典雅，富有诗性的意境，充满了中国诗词的灵气与韵味。如果把这句文字转化成画面的话，它只可能是中国的水墨山水画，而绝不可能是西方的油画。

文句四：先是料料峭峭，继而雨季开始，时而淋淋漓漓，时而淅淅沥沥，天潮潮地湿湿，即连在梦里，也似把伞撑着。

品评：叠词连用，不觉让人想起了李清照《声声慢》中的名句"寻寻觅觅，冷冷清清，凄凄惨惨戚戚"，使用颇得李清照的神韵。一串叠词多为"三点水"的偏旁，又以"先是……继而……时而……时而"相串联，让人感觉到冷雨的连绵不断，寒气的逼近速度之快，天的阴沉湿冷，叠词之中自有无限韵味。

文句五：白烟一般的纱帐里听羯鼓一通又一通，滔天的暴雨滂滂沛沛扑来，强劲的电琵琶忐忐忑忑忐忐忑忑。

品评：与前句比较，可以感觉到：一样叠词，两种情味。此处叠词连绵，再现了暴雨翻天覆地的情状，声音以"羯鼓""琵琶"这些中国式民族乐器做比，富有意趣。"忐忐忑忑忐忐忑忑"更是极富创意地借诗词的"平平仄仄平仄仄"的格律来模拟电琵琶，极具抑扬顿挫的韵律感。此外，在台北的日式古屋中为何感受到的雨是狂风暴雨，美感全无？若与文句一记忆中柔美的江南之雨做一对比，不难发现，一种雨声，两样滋味：台北的日式古屋只能是作者的暂居之所，而非心灵的归宿，感受的自然只能是凄风苦雨！真正美妙的雨只能在大陆可听，只有大陆的雨声才能抚慰他的心灵，因为那才是作者心魂之所在。所以，听雨，不光要听到外部世界的雨声，更要听到作者灵魂世界的心声。

文句六：一个"雨"字，点点滴滴，滂滂沱沱，淅沥淅沥淅沥，一切云情雨意，就宛然其中了。

品评：调动五官的通感，其打通了各个感官的通道，使一个感官鸣响，其他则引起连锁共鸣，有联觉效果。通过多种感官参与，写出了"雨"的神韵，让人感觉眼前有形，耳畔有声，心中还有回味，视觉美、听觉美、形态美、声律美兼具，极富层次性，给人立体的、多维的审美感受。余光中一向"以身为中国人自豪，更以能使用中文为幸"，他的文字展现了中文非凡的表现力，让人感叹汉语之妙，妙不可言！

文句七：大陆上的秋天，无论是疏雨滴梧桐，或是骤雨打荷叶，听去总有一点凄凉，凄清，凄楚，于今在岛上回味，则在凄楚之外，更笼上一层凄迷了。

品评：凄凉，凄清，凄楚，凄迷，四词连用让人感悟描摹作者当时心境之准确。"凄迷"写尽了身在海峡的另一边遥想大陆的怅惘与怀乡之痛。把语言琢磨到如此程度而又达到如此高度的作家，试问能有几人？"文字的魔术师"确实不是虚誉。

小结：余光中的散文语言读来确实字字珠玑，美不胜收。华语文学传媒大奖"2003年度散文家奖"的授奖词这样评价——"余光中的散文雍容华贵。他的写作接续了散文的古老传统，也汲取了诸多现代元素。他崇尚散文的自然、随意，注重散文的容量与弹性，他探索散文变革的丰富可能性，同时也追求汉语自身的精致、准确与神韵。"我们确实应该"慢慢走，欣赏啊"！

（设计说明：这一环节是本课的核心，宜留充足的时间让学生感悟。4人小组交流后，推选1人做"首席发言人"在班级发言，进而互相补充，互相启发。若感悟彻底，交流充分，课堂当有精彩的发现与生成。同时这一过程从示例到自主，也是培养学生的语言鉴赏力的极好契机。）

4. 立足文化悟乡愁

①余光中对雨有这样深沉的感悟，这与他的经历有关。

插入介绍：余光中——中国文化的望乡人。

余光中的祖籍在福建，1928年在重阳节这个充满诗意的日子出生，注定他一生与诗结缘。21岁那年，他随家人离开大陆迁到台湾，从此心里埋下了乡愁的种子。之后，他就一直在台湾、香港和美国之间辗转漂泊。他于1974年到香港中文大学任教，同年写下《听听那冷雨》，1992年终于回到思念已久的大陆。

余光中曾无限伤感地写下这样的诗句："掉头一去是风吹黑发，回首再来已雪满白头。"余光中是不幸的，但又是幸运的："幸好那时我已21岁，故土的回忆，文化的濡染已经深长，所以日后的欧风美雨都不能夺走我的汉唐魂魄。"因而我们就听见他在诗中不断深情地吟唱：——"当我死时，葬我在长江和黄河之间，白发盖着黑土，在最美最母亲的国度。"——"烧我成灰，我的汉魂唐魄仍然萦绕着那片厚土。"

"言为心声，文见其人"，透过诗文，我们可以看到一个漂泊半生仍对大陆痴情不减、对传统文化痴心不改的余光中，他的内心永远搏动着一颗"中国心"！

②余光中对乡愁的理解。

余光中对乡愁的理解："我慢慢意识到，我的乡愁应该是对包括地理、历史和文化在内的整个中国的眷恋。……"

所以通过《听听那冷雨》还可以听到，余光中对中国传统文化的思慕和追寻以及对现代都市生活中传统文化失落而产生怅惘的文化情结都投射在这一串串的雨滴之中。

③给课文拟一个副标题。

例如，不可消解的中国情结、剪不断理还乱的文化乡愁等。

④把余光中的乡愁放在广阔的文化、历史的视域去观照，可以发现这种乡愁并非前无古人，也非后无来者，只是余光中把它推向了一个高

峰。文化乡愁古已有之，已经成为一个文学母题。崔颢早就吟唱过："日暮乡关何处是，烟波江上使人愁。"杜甫也咏叹过："露从今夜白，月是故乡明。"而当代因为一湾海峡之隔让这种文化乡愁更添一层凄怆。于右任于1964年写就的《望大陆》就是这样一种凄怆的呼喊：

> 葬我于高山之上兮，望我大陆；
>
> 大陆不可见兮，只有痛哭。
>
> 葬我于高山之上兮，望我故乡；
>
> 故乡不可见兮，永不能忘。
>
> 天苍苍，野茫茫；山之上，国有殇！

理解到这一层，再来读我们耳熟能详的余光中的《乡愁》，我们可能会有更深的体悟。

音乐声中齐背《乡愁》，结束本课：

> 小时候 /乡愁是一枚小小的邮票 /我在这头 /母亲在那头
>
> 长大后 /乡愁是一张窄窄的船票 /我在这头 /新娘在那头
>
> 后来啊 /乡愁是一方矮矮的坟墓 /我在外头 /母亲在里头
>
> 而现在 /乡愁是一湾浅浅的海峡 /我在这头 /大陆在那头

(六)课后探究学习

延伸一个点，打开一扇窗。参考题一：叠音袅袅——探究"冷雨"中的叠音艺术；参考题二：嘈嘈切切错杂弹——探究"冷雨"中的长短句运用；参考题三：收集与雨有关的诗文——探究"雨中的文化情思"。

（设计说明：语文课堂不仅需要有节奏与高潮，还需要有一定的文化深度。"文化乡愁"的设计就是想体现课堂的深度，在广阔的中国文化背景中审视这种乡愁，让课堂彰显文化的意蕴与张力。）

(七)板书设计

冷	凄凉、凄迷	故土之思
雨	缠绵、悠长	回忆绵长

"雨"中思慕、追寻中华传统文化

(八)设计思路

余光中先生学贯中西，文以求新，以中国式才情创造了中国式美文。

《听听那冷雨》的意象丰美、意境优美、意蕴淳美，其文字灵性四溢，轻灵飘逸，让人充分领略了汉语的美妙神韵与无穷魅力。此文可教点太多，本课教学只能"弱水三千，只取一瓢饮"，构想"以文脉梳理为切入口，以语言品赏为核心，以文化浸润为旨归"，具体通过"理文脉，赏语言，悟乡愁"三环节实施，教学中还体现着如下的想法。

①深入语言，由语言之径登语文之门，是语文教学的不二法门。语言赏读，需要门径。课堂通过涵咏美读、词句点评等法做了尝试，学生上课的反应也比较热烈。尽管仍有不到位之处，但在学生的涵咏点评、体悟品赏间，在教师的相机点拨、循循善诱间，渐渐领略着文字的灵性、张力、魅力和语言的意味、意趣、意韵。更重要的是，此中积淀着学生对语言文字的感悟能力和语文的素养，长此以往，必将深化、敏化学生的语言感觉，这是语文教学的根本。

②语文课堂要解决好文本解读与文化拓展的问题。文本解读要"细"，要真正"走进文本"，而非仅仅"走过文本"。本课部分做到了，但难免有遗漏和遗憾。文化拓展妙在"无声无痕"，让课堂起于诗，结于诗。课中又多次内引外联，就是想让学生浸润在诗歌氛围中，接受文化的熏陶，从而滋养心灵，丰盈人生。本课体现了这样的追求，但无疑还不够。

③在理想的语文课中，教师应"导而弗牵"，让学生自我发现，于课堂中流连千山万水，尽赏万紫千红。传统的"讲有余而读不足，析有余而悟不足"不可取，所以本课的策略是"给示例、促合作、巧点拨、精讲析"，让学生自由、自主、自为。本课教学虽略显散乱，但不时闪现着学生的发现与生成。学生的感悟与表达欲被激发，发言甚至欲罢不能，这是成功的一面；不过怎样让课堂既有精彩生成，又能高效有序，这仍然值得探究。

（高中语文，时剑波）

二、《对流层大气的受热过程》教学设计 >>>>>>>

（一）教学目标

①能够看图说出大气的垂直分层结构、各层的主要特征；能够说出大气对太阳辐射的削弱作用和大气的保温效应。

②根据图表，运用对比分析方法，能够比较说出不同大气对太阳辐射的削弱作用以及大气的选择性吸收；通过绘制简图说明对流层大气的整个受热过程。

③通过了解大气与人类活动的密切性，能够增强大气环保的意识，树立正确的环境观。

(二)教学方法和手段

①图式分析教学法：绘制、分析及探讨纲要信号板书、板画。
②多媒体教学手段：制作并运用电脑课件。

(三)教学内容及重难点分析

1. 教学内容分析

本节课选自湘教版高中地理必修一第二章第三节的第一课时，主要内容包括大气的垂直分层、大气的削弱作用和保温作用。本节课在教材中体现的图表比较多，而文字较少。因此本节课重点培养学生的图表分析能力，并且适当补充概括性的文字内容。要说明对流层的大气受热过程，那么首先就要认识大气的垂直分布。其次要明确大气对太阳辐射的削弱作用，了解不同的大气物质对太阳的不同波长的光有其选择性吸收的特点。最后，明确什么是地面辐射、大气辐射以及大气逆辐射。重点掌握这三者的受热关系，能够学会运用图表进行分析。

本节课的课程标准内容是运用图表说明大气受热过程。本条标准旨在认识导致大气运动的基本原理，为后面学习大气环流、天气系统以及全球气候变化打下理论基础。

2. 教学重点和难点

教学重点：大气对太阳辐射的削弱作用、大气的温室效应。
教学难点：运用图表说明对流层大气的受热过程。

(四)教学过程

1. 导入：简要介绍大气环境，列举大气中的重要现象，创设情境

情境导入：地理环境是由大气圈、生物圈、水圈、岩石圈等共同构成的有机整体，如图 4-1 所示。

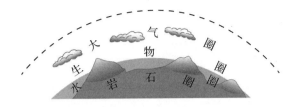

图 4-1　地理环境

　　大气为地球生命的繁衍和人类的发展提供了必要的条件。下面我们一起来认识大气环境。说到大气，大家一定不会感到陌生。当你仰望天空，你会发现天空的颜色是绚丽多彩的。晴朗的天空呈现蔚蓝色；阴云密布的天空呈现灰白色；早晨和傍晚的时候，天空又被火一样的云彩染红了；刚才还是晴空万里，突然一道闪电划破长空；如果我们站得更高一点，天空又显得格外平静。这让人不禁感叹：大自然真是一位神奇的魔术师。

　　俗话说"天有不测风云"，确实大气的现象变化多样。接下来我们将会看到一组反映大气不同现象的图片，请大家尝试把这些场景按照出现的高度分成三组，如图 4-2 所示。

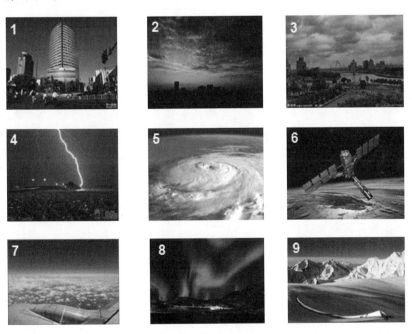

图 4-2　大气现象

学生活动：把9张图片进行分组。分组结果如图4-3所示。

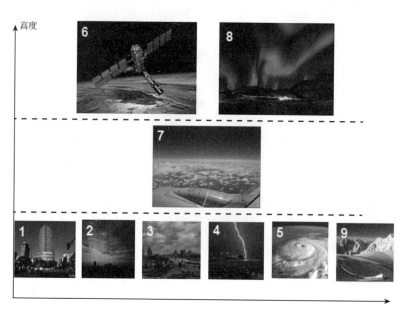

图 4-3　大气现象分组

2. 推进新课：大气的垂直分层

教师讲解：这些场景出现在不同的高度，恰恰反映了大气在垂直方向上的差异。随着科学技术的不断发展，人们对大气层的认识也越来越深入。科学家们经过观测研究发现，大气的组成成分在垂直方向上是有差异的，进而使得大气的温度、密度和大气运动状况等物理性质在垂直方向上有差异，特别是气温的差异往往决定大气的垂直运动状况。所以气温的垂直分布是划分大气各层的主要依据，也是大气各层最基本的特征。

教师活动：大屏幕上呈现大气温度垂直分布图。

教师讲解：大家看，这是一条科学家们绘制出的大气温度垂直分布的曲线（图4-4）。我们一起来了解气温在垂直方向上有怎样的变化

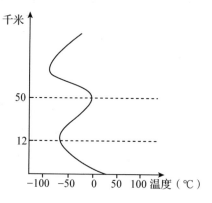

图 4-4　大气温度垂直分布示意图

特点。

教师讲解：首先来看最接近地面的这一层。随着高度的增加，气温下降，导致上冷下热，对流运动十分强烈，故而得名对流层。近地面的水汽和固体杂质通过对流运动向上空输送，在上升过程中随着气温的降低，容易成云致雨。与人们生活和生产活动紧密相关的各种天气现象（云、雨、雾、雪等）都发生在对流层。一般来说，对流层的平均高度是12千米，但由于地表温度的差异，各地对流层的高度也会呈现明显的不同。

学生思考：对流层的高度随纬度、季节变化的规律。

过渡：根据对流层的特点，我们知道飞机在对流层里飞行，遇到气流颠簸的概率大大增加。那么飞机在哪一层里飞行会比较平稳安全呢？下面我们来看从对流层的顶部向上到50千米左右的这一层。随着高度的增加，气温明显上升。原因是在30千米左右的高度上存在一个臭氧层。臭氧大量吸收太阳紫外线，保护地球上的生物免受过多紫外线的伤害，也使得这一层的温度不断上升。由于上热下冷，气流以平流运动为主，因而得名平流层。该层的水汽含量极少，天气晴朗，能见度好，大气平稳，有利于高空飞行。

再从平流层顶到2000~3000千米的高空，我们统称为高层大气。除了火箭、飞船、人造卫星等航天器及宇航员外，很少有人能够到达这里。这一层的温度随高度的增加先降后升，气压很低，密度很小，大气的密度已经与星际空间的密度非常接近，因此一般认为这里就是大气层的上界。该层存在若干电离层，能够反射无线电波，有助于我们收听远方电台的节目。幸运的话，人们还能在高纬度地区欣赏到绚丽夺目的极光。极光其实是太阳活动释放的高能带电粒子轰击地球两极的高层大气所发出的耀眼光芒。

承转：同学们，现在你们已经清楚地了解了大气各层的特点。你们认为哪一层与人类的关系最密切呢？在大气的垂直分层中，对流层与人类关系最密切，因为人类就生活在对流层的底部。对流层的天气现象复杂多变，直接影响到人们的生产和生活。尤其是在全球变暖的背景下，对流层中气温的变化更是引人关注。下面我们来探究对流层中大气的受热过程，分析其温度变化的原因。大家想一想，对流层大气的直接热量来源是什么？

学生回答：有的说来自太阳，有的说来自地面。

3. 教师释疑：对流层大气的直接热源

教师引导：我们先来分析大家提出的第一种猜测——"来自太阳"。准确地说，是来自太阳辐射。太阳辐射产生巨大的能量，它是地球上最重要的能量来源。

教师活动：用 PPT 呈现太阳的各种辐射波长范围图，引导学生看图 4-5。

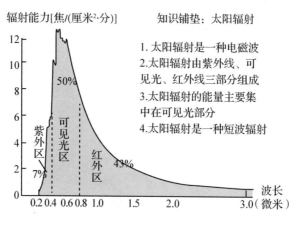

图 4-5　太阳辐射图

研究表明，太阳辐射是一种电磁波的辐射。太阳辐射的波长范围为 0.15~4 微米，分为紫外线、可见光、红外线三部分。太阳辐射能主要集中在波长较短的可见光部分，约占太阳辐射总能量的 50%。物理实验表明，物体的温度越高，辐射中最强部分的波长越短，反之越长。太阳的表面温度接近 6000℃，因此太阳辐射是短波辐射。

推进新课：投射在地球上的太阳辐射不能直接到达地面，它需要穿过厚厚的大气层才能到达地球的表面。不同波长的太阳辐射进入大气层时，与不同的大气成分相遇，太阳辐射的能量是被削弱了还是加强了呢？

教师活动：边画图，边详细解释。

4. 难点突破一：大气对太阳辐射的削弱作用

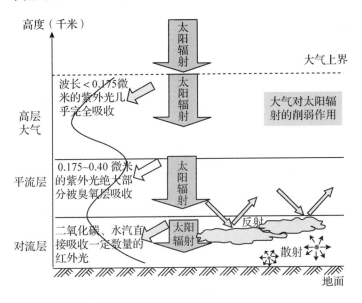

图 4-6　大气对太阳辐射的削弱作用

（1）大气对太阳辐射的吸收具有选择性

平流层中的臭氧主要吸收紫外线。对流层大气中的水汽和二氧化碳等，主要吸收太阳辐射中波长较长的红外线。大气对太阳辐射中能量最强的可见光却吸收得很少，大部分可见光能够透过大气射到地面上来。由此可见，大气直接吸收的太阳辐射能量是很少的。

承转：大气中的云层和尘埃，具有反光镜的作用，把投射在其上的太阳辐射的一部分，又反射回宇宙空间，从而减少了到达地面的太阳辐射。接下来我们了解一下大气的反射作用。

（2）大气对太阳辐射的反射作用

大气对太阳辐射的反射是没有选择性的，所以反射光呈白色。云层的反射作用最为显著。云层越厚，云量越多，反射越强。所以夏季天空多云时，白天的气温不会太高，就是这个道理。此外，大气中的杂质颗粒越大，反射能力越强；颗粒越小，反射能力越弱。

（3）大气对太阳辐射的散射作用

当太阳辐射在大气中遇到空气分子或微小尘埃时，太阳辐射的一部分能量，便以这些质点为中心向四面八方散射开来。散射可以改变太阳辐射的方向，使一部分太阳辐射不能到达地面。这种散射是有选择性的，波长越短，散射能力越强。在可见光部分，蓝紫色的光波长最短，散射能力最强。所以在晴朗的天空，特别是雨过天晴时，天空呈蔚蓝色。还有一种情况是，散射作用的质点是颗粒较大的尘埃、雾粒、小水滴等时，它们的散射无选择性，各种波长同样被散射，使天空呈白色。所以，日出前的黎明，日落后的黄昏，阴天，在树荫下，在房间里，凡是阳光不能直接照射的地方，仍是明亮的。这些都是大气的散射作用的缘故。

综上所述，太阳辐射通过地球的大气层时，被吸收的只是很少的一部分，即红外线、紫外线和可见光的短波部分，因此对流层大气的直接热源不是太阳。那么，我们来看刚才同学们提出的第二种猜测——来自地面。仔细分析上图，我们注意到可见光的绝大部分能够透过大气射到地面。可见光集中了太阳辐射一半的能量，这部分太阳辐射到达地表后又会发生怎样的变化呢？

5. 难点突破二：大气对太阳辐射的保温作用

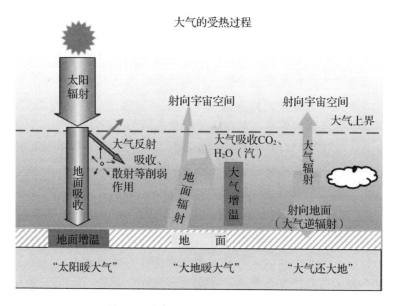

大气的受热过程

图4-7 大气对太阳辐射的保温作用

经过大气的削弱作用后，大约有47%的太阳辐射能量到达地面，地面吸收后，温度升高，我们把这个过程称为"太阳暖大地"。在升温的同时，地面就会通过长波辐射的方式释放出能量，我们称为地面辐射。其中一小部分的地面辐射穿过大气层射向宇宙空间，剩下的绝大部分被大气吸收。

对流层中的水汽和二氧化碳对太阳短波辐射的吸收能力弱，但对地面长波辐射的吸收能力很强，因而使近地面大气增温。近地面大气又以辐射、对流等方式，把热量传给高一层大气，使大气保存了地面所放出热量的绝大部分(75%～95%)。我们把这个过程称为"大地暖大气"。因此，对流层大气的主要的直接热源是地面。

大气吸收地面辐射在增温的同时，也向外辐射热量。大气辐射主要集中在红外线区，所以大气辐射也是长波辐射。大气辐射热一部分向上射向宇宙空间，大部分向下射向地面，其方向与地面辐射正好相反，故称为大气逆辐射。大气逆辐射又把热量还给地面，这就在一定程度上补偿了地面辐射损失的热量，对地面起到了保温作用，使地面温度的变化比较缓和。这个过程称为"大气还大地"。天空有云，特别是浓密的低云，大气逆辐射更强，所以多云的夜晚通常比晴朗的夜晚暖和些。

20世纪90年代以前，人们已经注意到这种现象，并把大气具有的保温作用称为温室效应。当大气中的某种成分改变时，如二氧化碳的含量增多时，大气的保温作用会增强，使得气温有所上升。了解了大气温室效应的原理后，我们可以通过植树造林、节能减排等措施延缓全球气候变暖的趋势。

承转：接下来我们又回到刚才看到的画面，你们应该明白刚才分组的原因了。这其中每一张画面呈现出的场景，都有一定的地理原因，你能否用今天学过的地理原理来解释呢？

6. 学以致用：运用保温作用原理解释现象

①深秋至第二年早春季节，霜冻为什么多出现在晴朗的夜晚？

因为在晴朗的夜晚大气中的云层和水汽含量少，因而对地面长波辐射的吸收能力就弱，进而导致大气逆辐射弱，对地面的保温作用就弱，所以容易出现霜冻现象。

②电视剧《闯关东》中的场景：主人公朱开山在深秋的夜晚带领全家人及长工们在田间地头点燃了柴草，用人造烟幕的办法，使地里的庄稼免遭冻害，其原理是什么？

用人造烟幕，主要是为了增加大气中的烟尘，以增强大气逆辐射作用，使大气的保温作用加强，从而使地里的庄稼免遭冻害。

③为什么青藏高原的太阳辐射强，而气温却不高？

青藏高原的海拔高，空气稀薄，大气对太阳辐射的削弱作用弱，太阳辐射强。由于海拔高，距地面远，大气获得的地面辐射少，大气对地面的保温作用也弱，所以气温不高。

④想一想，为什么地球表面的昼夜温差远不如月球表面大？

地球大气对太阳辐射的削弱作用和对地面的保温作用，既降低了白天的最高气温，又提高了夜间的最低温度，从而减小了日较差。月球没有大气层，所以昼夜温差大。

7. 归纳总结

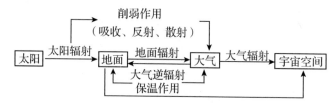

图 4-8　大气受热过程简图

利用大气受热过程简图（图 4-8），简述大气削弱作用与保温作用的意义。如果地球上没有大气，就没有今天地球上千姿百态的地表形态和丰富多彩的生物世界，更没有人类赖以生存和发展的自然环境。大气层的存在，对地球上的生物包括人类自身都有着特别重要的意义。

（高中地理，周秋萍）

第三节

探索多样的课堂教学形式

有了适应学术高中需求的学科基础、课程内容和教学设计，还需借由能体现学术思维和学术素养的课堂教学加以落实。在这一方面，学校从学科教学组织模式的学科性建构、学科教学实施模式的课型性建构、学科教学个人特色的创造性提炼这三个路径着手，构建行之有效的教学基本模式。

一、学科教学模式的建构思路

（一）学科教学组织模式的学科性建构

学科教学应该遵循一定的规律和方法。教师应在开展学科教学时，根据学科特点，在遵循基本教学规律、原则和模式的前提下，对学科教学方法进行深入探索和思考，明确教学方法的指向性，明确学科教学方法的适用范围和特点，从而以学科为基础建构学科教学组织模式。

（二）学科教学实施模式的课型性建构

学校积极倡导在学科内，通过总结和提炼针对不同课型的教学方法，对教学方法中相对稳定的操作步骤部分进行优化和设计，使之成为在一定教学理论指导下建立起来的、基于各种课型的、较为稳定的教学活动程序。

（三）学科教学个人特色的创造性提炼

　　每位教师在开展课堂教学时都带有鲜明的个人印记。因此学校鼓励和帮助教师在确立发展目标和理想发展状态的同时，致力于教育教学创新探索，不断革新自己的教学方法，根据学科与学生的实际，有意识地主动探索、创造适合自己的教学风格，创造出适合自己的教学方法，并通过长期积淀形成教学的个人特色。

二、学科教学模式举隅　>>>>>>>

（一）高中语文阅读教学的"课脉构建法"

　　阅读教学是语文教学的主体，多年前吕叔湘先生批评的"少慢差费"现象仍然未见明显改善。具体来看，存在以下问题。

　　一是知识静态化，缺少有效转化。语文教学中一方面充斥了太多无用的内容，即所谓"字、词、句、篇、语、修、逻、文"无所不包。如徐江老师在《中学语文"无效教学"批判》（《人民教育》2005年第9期）中所言："不该教的教得又太多。"另一方面又如钱梦龙先生所指出的那样："语文课究竟该教给学生哪些知识，不仅语文教师心中无底，连语文教科书的编者，乃至语文课程标准的制订（定）者都说不清楚。语文作为一门课程，竟然没有知识框架的支撑，实在是一件不可思议的怪事！"这主要是知识框架欠缺，难以在不同情境中实现知识迁移与融会贯通，造成教学低效。

　　二是文本单篇化，缺乏系统联系。语文教材多为主题组元，编排在一起的主题与主题之间、课文与课文之间，缺少科学的体系和序列。教材如此，日常语文课堂更是散点教学，教师忙于讲课文，看似精心设计每一课，但这一课与下一课之间往往缺少联系，也缺少系统化观照，导致整体效益欠缺。

　　三是能力碎片化，缺乏汇集聚合。语文学习以文本为载体进行，单篇化的学习容易使得课堂能力训练与培养呈现碎片化的境地，教学内容烦琐芜杂、随意拼接，缺少螺旋而上的逻辑结构和思维深度。长此以往，学生的能力结构变成了一张浮点图：孤零零的文本与能力漂浮在各个位置，缺少聚合，也缺乏串点为网的做法。语文学习只通过单篇文本进行的形态使得学习零散，深度不足。

随着基础教育课程观从双基、三维目标到核心素养的转变，传统的学习方式改革势在必行。而高中语文阅读教学的"课脉构建法"就是一种重建语文教学的策略方式，通过"课核"的发掘，定位文本的核心教学价值；通过构建"一核一脉一堂课"的教学形态，使得课堂讲求"一课一得"；通过"构链"，形成相关文本教学的"微序列"，得得相连。定核、理脉、构链，从教材整体做通盘考虑，从整体观照单篇，从教材整体梳理、研究"一系列"，并以"课链"组合成"微序列"，通过三年的高中学习构成一个个"微专题"，通过迁移等手段让学生的知识与策略、技能的建构不断趋向完善，不断从教课文走向建构课程，最终提高阅读教学效益。

1. "课脉构建法"的基本步骤

(1)定核：探索一篇文本的核心教学点

所谓"定核"，就是从课程与教材的整体角度，定位一篇文本的核心教学价值，寻找切入文本教学的路径。"定核"的过程不仅着眼于"这一篇"，还需要从课程和教材的整体角度去审视和发掘文本的核心教学点。教学内容由此清晰呈现，"这一课"的教学价值由此彰显。

(2)理脉：形成一核一脉一堂课的形态

有了"课核"，一堂课还需要围绕此形成一核一脉一堂课的教与学的路线图。从教学起点到落点，既形成相对独立又相互联系的环节，又抓住主脉，凸显主线，一脉相承，呈现课堂教学程序与思维的层层推进，促进学生的有效学习和教师的有效教学。

(3)构链：构建教材、课内外融通及新课程标准任务群的多组教学链

"课核""课脉"解决的是一篇文本的教学问题，"课链"致力于一系列文本教学的联系问题。语文属于素养积淀型，无法靠分项叠加形成整体素养，很难形成完整体系，但这并不意味着可以散点教学。除了教材单元所形成的课与课之间的"主题链"外，阅读教学还应以内联外及按照新课程标准任务群来开发"微序列"，让知识形成联系。

2. 单篇文本教学，发掘"课核"的多种路径

"课核"的来源丰富多彩，并非一成不变。其灵活多样的路径也正体现着教师的创造性和教学的艺术性，正如钱梦龙所说"教亦多术矣"。

"课核"的多路径来源大概有 10 种：新视角解读、深度评论、破译作者心灵密码、文本个性和特质、缝隙和空白、关键词、创新点、辐射性主问题、互文对读、统合比较。

3. "课脉"构建需要考虑的关系

"课脉"构建需要考虑的辩证关系包括：①课核与课脉；②课脉与文脉；③课脉与课链；④文本内容与语言形式；⑤整体架构与细节品位；⑥教学与活动；⑦预设与非预设；⑧教师视域与学生视域；⑨文本世界与生活世界；⑩入乎其内与出乎其外。

4. 多文本教学，"课链"组合构建"微序列"

"课链"有五种组合方式：主题链、文体链、知识链、专题链、作者链，并在此基础上形成了三种教学架构。

(1)课内重组：形成教材"微序列"架构

将语文教材中的学习内容重组为若干专题，形成一些语文学习模块，以模块为单位承载学习任务，实现语文能力的培养与迁移；通过聚焦于核心学习内容，最大限度地发掘教材的教学价值，最终积淀为语文核心素养。

以下针对苏教版高中教材，通过"微序列"架构形成系列"课链"，如表 4-1 至表 4-12。

表 4-1　微序列一：现代诗歌鉴赏的文体链

篇目	教学侧重点	专题
《沁园春·长沙》	想象：诗歌的景物形象与人物形象	从诗歌的想象、语言、意象、手法、形式与韵律、多义性等方面形成现代诗歌鉴赏的路径
《相信未来》	诗歌语言的变异与陌生化	
《致橡树》	"两棵树"意象的原型追溯及其象征意蕴	
《面朝大海，春暖花开》	诗歌的反讽手法（表象与事实的背离）	
《雨巷》	在诗歌的形式美与韵律美中领略意境	
《断章》	诗无达诂：诗意的多义性	

表 4-2　微序列二：散文鉴赏的文体链

篇目	教学侧重点	专题
《想北平》	感受散文的"文心"——"说不出"的表达及母爱的类比	从散文的文心、景与理、意与境、意象的象征意蕴、细节或白描等手法、回忆散文的特质、气脉、散文抒情的婉曲性、笔法的自由灵动等方面形成散文鉴赏的路径
《我与地坛》	散文的景与理——景物寄寓的生命律动和地坛给予的生死哲思	
《鸟啼》	散文意象的象征意蕴	
《荷塘月色》	散文的意与境——素雅清丽的意境与现实、理想间游走的心路历程	
《金岳霖先生》	闲笔与细节中隐含的深情	
《亡人逸事》	形神毕肖的"白描手法"和疏朗淡远的审美风格	
《老王》	回忆散文中过去与现在两个自我的对话	
《记念刘和珍君》	感受散文的气脉——"说"与"不说"的曲折式表达	
《斑纹》	以斑纹意象为中心展开的自由灵动的发散性思维	

表 4-3　微序列三：小说鉴赏的文体链

篇目	教学侧重点	专题
《最后的常春藤叶》	错位的叙事艺术	从小说的叙事艺术、有限视角的审美魅力、叙述者的选择、人物的出场艺术、人物的象征意蕴、场景描写艺术等方面形成小说鉴赏的路径
《说书人》	回述型叙事的散文化特质	
《流浪人，你若到斯巴……》	有限视角的审美魅力	
《一个人的遭遇》	双重叙述者的情感体验与理性思考	
《林黛玉进贾府》	"一人看众人，众人看一人"的交互式叙事和"相映而不相犯"的人物出场艺术	
《祝福》	选择小说叙述者"我"的意蕴	
《品质》	三类人物的象征意蕴	
《一滴眼泪换一滴水》	从场景对比中看人性善恶	

表 4-4　微序列四：文学剧本鉴赏的文体链

篇目	教学侧重点	专题
《雷雨》	品味台词中的心灵密码	从戏剧的台词、电影剧本的镜头语言、古典曲词的典雅、莎翁戏剧的抒情性等方面形成文学剧本鉴赏的路径
《辛德勒名单》	从镜头语言解读复杂的人性	
《长亭送别》	含蓄典雅的情感与表达手法	
《罗密欧与朱丽叶》	浓郁的抒情性与表达手法	

表 4-5　微序列五：古典词鉴赏的文体链

篇目	教学侧重点	专题
《念奴娇·赤壁怀古》	豪放词的阔大意境和旷放情感	从词的豪放风格、典故运用、独感与共鸣、无理之妙、铺叙、意象叠加手法等方面形成古典词鉴赏的路径
《永遇乐·京口北固亭怀古》	典故及其隐含的情感	
《虞美人》	独感与共鸣	
《蝶恋花》	诗词表达的"无理之妙"	
《雨霖铃》	离愁别绪的铺叙之详	
《声声慢》	意象群铺排强化的愁情表达	

表 4-6　微序列六：古典诗歌鉴赏的文体链

篇目	教学侧重点	专题
《氓》	比兴中隐含的女性意识萌发与觉醒	从比兴手法、诗言志的传统、气象与风骨、情景交融、音乐描写的手法及其中的寄寓、意境的朦胧美等方面形成古典诗歌鉴赏的路径
《离骚》	崇高而痛苦的心灵自传（诗言志的传统）	
《蜀道难》	体悟诗歌的气象与风骨	
《登高》	情缘景发，想象情境（三秋图，杜甫心）	
《琵琶行》	解读诗乐中的生命共振	
《锦瑟》	诗歌意境的朦胧之美	

表 4-7 微序列七：实用类文本鉴赏的文体链

篇目	教学侧重点	专题
《在马克思墓前的讲话》	悼词的严谨逻辑和浓烈情感	围绕实用类文本的应用性，从悼词、演讲词、学术论著绪论、文艺性说明、事物性说明等小类形成实用文鉴赏的路径
《我有一个梦想》	演讲词的策略化表达（听众意识）	
《〈物种起源〉绪论》	严谨的科学表述及审慎的科学态度	
《南州六月荔枝丹》	知识实证与文艺情调的相得益彰	
《景泰蓝的制作》	对事物和事理的精细化说明	

表 4-8 微序列八：文言文——论说类散文的鉴赏

篇目	教学侧重点	专题
《劝学》	"分而明之""譬而喻之"的说理技巧	从论说类散文的立论、说理技巧、思路逻辑等方面鉴赏"如何让说理更有力"
《师说》	说理的针对性和多样化的论述手段	
《烛之武退秦师》	进退有度、力挽狂澜的外交辞令	
《谏太宗十思疏》	忠言顺耳利于听——善谏的智慧与艺术	
《六国论》	"整体：讲清一个理，思路有逻辑""局部：说理分角度，层次要清晰"的议论之道	

表 4-9 微序列九：文言文——记游集序类散文的鉴赏

篇目	教学侧重点	专题
《始得西山宴游记》	两游两醉中的心灵世界	从记游集序类散文中鉴赏自然天地之大美、人生哲理之深沉
《赤壁赋》	"水月"中参悟"取"与"不取"的人生哲理	
《指南录后序》	九死一生历程之后的死义气节	
《兰亭集序》	人生感慨抒发的跌宕婉曲之妙	
《滕王阁序》	登临之美与兴尽之悲	

表 4-10　微序列十：文言文——情志抒发类散文的鉴赏

篇目	教学侧重点	专题
《阿房宫赋》	"铺采摛文，体物写志"的赋体表达	从情志抒发类散文中鉴赏情感表达手段之多样、情感世界之丰富
《五人墓碑记》	对比中彰显的"义风千古"	
《陈情表》	温暖亲情对冷酷强权的征服——李密的言情艺术	
《项脊轩志》	温润典丽之语中自有无限情韵	
《渔父》	仕隐对话中的文人进退之路	
《报任安书》	死节与践志矛盾中的心灵剖白	

表 4-11　微序列十一：文言文——史传散文的鉴赏

篇目	教学侧重点	专题
《廉颇蔺相如列传》	"摹形传神，千载如生"的艺术（一）——典型事件和矛盾冲突中的人物描摹	从史传散文中鉴赏文笔足千秋的"史圣"写人叙事艺术
《鸿门宴》	"摹形传神，千载如生"的艺术（二）——对比中显现的性格与命运	

表 4-12　微序列十二：文言文——诸子散文的鉴赏

篇目	教学侧重点	专题
《庄子·秋水》	立象取譬中的深邃哲理	从各代表篇章中鉴赏诸子不同的主张和各异的特色、风格
《非攻》	类比、归谬的严密逻辑推理	
《季氏将伐颛臾》	先破后立中阐述的为政以德观	
《寡人之于国也》	高超的辩论术	
《庄子·逍遥游》	文学的哲学、哲学的文学	

（2）课内外融通：以内引外，构建"课链"，形成"微序列"

围绕语文核心素养"语言建构与运用""思维发展与提升""审美鉴赏与创造""文化传承与理解"四个维度，从教材到拓展课外，形成相应"课链"，组成"微序列"，如下。

侧重语言维度的微序列：字里乾坤悟深蕴——汉字中的文化密码

　　　　　　　　　　　　咀嚼词句兴味长——领略文学语言的意味

　　　　　　　　　　　　变奏转换皆成诗——变换中领略文白之美

　　　　　　　　　　　　精致语言的魔方——对联中的学问与文化

侧重思维维度的微序列：逻辑技巧两相宜——文言论说文的说理力

理性缜密语言谨——论述文的语言特色

对驳批判显思辨——批判性阅读与辩论

基于证据严推理——一分证据说一分话

侧重审美维度的微序列：寻常风物皆诗意——唤醒审美的心灵

少年情怀总是诗——求索诗歌意象与技巧

散文文体的姿态——不同形态与美质

小说文体的奥秘——叙事虚构的文学

博览众家铸自我——领略审美风格

侧重文化维度的微序列：东方思想的星空——诸子散文与中国智慧

士人使命与担当——历史中的那些国士

苦难愤懑出诗人——贬官与杰作

天地之中立史传——史传文化透视

(3)课外开发：基于新课程标准学习任务群，创建"课链"与"微专题"

语文新课程标准提出了 18 个"学习任务群"，任务群的学习载体就是专题。开发若干专题，指向"学习任务群"，在任务群学习中培养语文核心素养是新课程标准新学习的一条路径。有鉴于此，我们基于"学习任务群"，开发了相应的"微专题"。

如外国作家作品研习是 18 个"学习任务群"之一，异质文化与多元文化对于学生形成文化理解不可或缺。如何开发整合思路，开发外国文学中富有代表性与普遍性的"微专题"？我们经过探讨发现，西方文学虽风景连绵，但沿时代顺流而下，其中有一条主线贯穿：对人的生命价值与意义的探求，对自我精神和灵魂的拷问。从古希腊阿波罗神殿中"认识你自己"的铭文，到文艺复兴时期人性的狂欢，到近代文学对"人"罪性的救赎，再到现代派对人异化处境的揭示，"人的母题"始终伴随左右，这也是西方文学的心灵求索史。而放眼近邻，泰戈尔、川端康成等东方代表作家体现了含蓄蕴藉的东方美学风格。由此整合，6 个"微专题"承载了外国作家作品的学习，成果《海外云天：外国作家作品研习》已由上海教育出版社 2018 年出版，内容介绍如下。

①文明的滥觞：外国古代文学作品研习。

群文阅读：《创世记》《普罗米修斯》《俄狄浦斯王》

任务驱动：穿越时空的心灵圣典——探寻"原型意象"对西方文学的

影响

②精神的宇宙：外国文艺复兴文学作品研习。

群文阅读：《堂吉诃德》《哈姆雷特》

任务驱动：他属于所有世纪——纪念莎翁逝世 400 周年活动策划

③求索与救赎：外国近代文学作品研习。

群文阅读：《浮士德》《悲惨世界》《复活》

任务驱动：以文学的名义追问"人是什么"——西方文学"人性"探索之旅

④荒诞与魔幻：外国现代主义文学作品研习。

群文阅读：《城堡》《百年孤独》

任务驱动：孤独的寒鸦，现代人的灵魂——卡夫卡作品研读

⑤历险与抗争：美国文学作品研习。

群文阅读：《哈克贝利·费恩历险记》《老人与海》《鲍勃·迪伦诗选》

任务驱动：答案在风中飘扬——鲍勃·迪伦作品巡礼

⑥东方的情思：东方近现代文学作品研习。

群文阅读：《伊豆的舞女》《罗生门》《吉檀迦利》

任务驱动：美丽总令人哀愁 ——日本文学、影视中的"物哀"文化探究

由此，"微专题"整合了文本阅读与学习任务，构建了 6 段旅程，以人为基点，以文化为参照，触摸不同民族、不同经典的多样图景，也寻找一把把钥匙，开启异质文明之门，感受人类精神世界的丰富，进而体味如作家曹文轩所说的"东方的文学艺术发现了自然"，"西方的文学艺术发现了人"。在"微专题"教学中可以深入理会东、西方文学各有所长：东方文学长于缘情体物，创造意境，致力于发掘幽雅纤细或浑厚高远的诗意；西方文学思索着肉体与心灵、择善与从恶、生存与毁灭、存在与本质等命题。

还有，思辨与表达也是新课程标准关注的热点。我们也在实践中建构了如下系列"微专题"。

微专题一：我们在成长

微活动 1：告别沉默

微活动 2：公民意识

微专题二：我思考，我存在

微活动 1：谣声四起

微活动 2：网络流行语

微活动 3：富人为何移民

微专题三：我批判，我理解

微活动 1：中国教育

微活动 2：暴力一次也嫌多

微活动 3：关于面子

微活动 4：国人的通病

微专题四：交流与分享

微活动：敬畏规则 or 人文关怀

此外，我们也对新课程标准的其他学习任务群做了相应的探索。各个"微专题"相互联系，形成了"课链"，彼此呼应，共同作用于语文核心素养的提高。

(高中语文，时剑波)

(二)指向地理实践力的实验类地理实践活动教学

根据高中地理学科的具体情况，将实验分为验证实验、模拟实验及探究实验。不同类型实验的开展过程有部分差异，但总体过程的差异不大。以"下垫面对地面辐射的影响"这一实验为例，说明指向地理实践力的实验类地理实践活动教学的具体开展过程。

1. 知识准备阶段

作为验证实验，在实验之前，学生应该已经了解实验的大致结果，了解实验所用的基本原理，这样在验证的时候才有明确的目标。在此类地理实验的安排上，要结合课程进度，结合学生对知识和实验技能的掌握情况来进行合理安排，起到画龙点睛的作用。

"下垫面对地面辐射的影响"这一验证实验需要学生掌握以下一些知识：对流层大气的受热过程、下垫面的概念、影响地面辐射的因素、斯特藩-玻尔兹曼定律(Stefan-Boltzmann law)、不同性质地面的反射率、比热容的概念、温度计的使用方法等。因此学生在没有具备以上知识和技能的时候是不适宜开展此验证实验的。所以，该实验放在必修一第二章第三节"大气环境"第一部分"对流层大气的受热过程"内容讲完之后进行。

斯特藩-玻尔兹曼定律是教材上没有的内容，在此实验前应该要给学生讲清楚。其定义为：一个黑体的表面单位面积在单位时间内辐射出的总能量 j^* 与黑体本身的热力学温度 T（又称绝对温度）的 4 次方成正比。公式为：$j^* = \varepsilon\sigma T^4$（其中 ε 为黑体辐射系数，绝对黑体为 1；σ 为比例系数，约为 5.67×10^{-8}；T 的单位用开尔文，即 K，等于 273.15 ＋摄氏度），如图 4-9 所示。

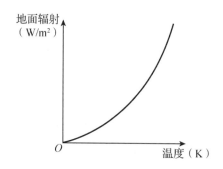

图 4-9　斯特藩-玻尔兹曼定律

2. 实践操作阶段

(1)设计实验方案

有了知识储备，那么接下来就是进行实验方案的设计。实验方案的设计主体可以由教师完成，也可以由学生完成，但最终应是师生合作完成的。因为若完全由教师完成，会由于对学生已有知识和技能的预设不准而造成学生无法完成实验或者完成效果不佳；若完全由学生完成，则可能会由于知识技能的局限造成一些科学性的缺陷。本实验方案的主体是由教师完成，再由学生学习及修改，最后才是实施。

本实验需要考虑以下几点。

一是实验原理及所需器材。由于测量辐射有专门的测量仪，而学校并没有此设备，且师生都不会使用。再结合本实验的目的，并不是一定要测量地面辐射的多少，而是要比较不同下垫面对地面辐射的差异。因此，本实验利用斯特藩-玻尔兹曼定律。尽管地球不是绝对黑体，但是我们可以用温度的高低作为衡量地面辐射大小的指标。即温度越高，地面辐射越强；温度越低，地面辐射越低。因此，本实验所需器材就是实验室比较容易获得的温度计。

　　二是下垫面的选取。由于实验是在校园里面进行，因此要选择校园里面常见的下垫面类型。所以教师最初设计的下垫面有水泥地、草地、水面、沙地(沙坑)、塑胶场地。但是等学生看到方案后提出了一个问题：要用温度计测量温度，那么温度计应该要与被测物体充分接触，怎么把温度计插进水泥地？怎么把温度计插进塑胶跑道？经过学生的讨论，最后确定操场上有些地方是塑胶方块拼接的，在拼接处是可以测量的。但是水泥地好像确实没法操作，因此将该下垫面进行调整，改为灌木土地。

　　三是测量时间的选择。因为影响地面温度的因素有很多，其中太阳高度对地面辐射的影响很大，所以测量不同的下垫面时应该在同一时间进行。为了保证不同下垫面的差异较明显，选择在中午进行，而且最好是在晴天进行，同一地点进行多次测量，每隔10分钟记录一次数据。让学生分小组同时进行测量。

　　(2)师生进行实践操作

　　第一步，将学生分组，选定小组长，让组员分工。选定小组测量的目标，即下垫面的类型。

　　第二步，熟悉实验仪器的使用。本实验为温度计的使用。

　　第三步，实际测量并记录数据。

　　第四步，撰写实验报告。

3. 分析总结阶段

　　(1)学生总结

　　①知识层面。第一，学生得出实验报告的结论。即按地面辐射从大到小排列依次为：塑胶场地＞沙地＞灌木土地＞草地＞水面。学生可以深刻认识不同的下垫面对地面辐射的影响是不一样的。第二，学生可以深刻理解地面辐射与下垫面的温度之间的关系，额外学习了斯特藩-玻尔兹曼定律，对地面辐射的影响因素的认识更加深刻。第三，学生可以加深"对流层大气的受热过程"的理解，尤其是可以突破"地面辐射是对流层大气增温的直接能量来源"这一难点。第四，学生提出教材呈现了不同地面的反射率。那么本实验里面是哪一种下垫面的反射率更高？反射率高是否意味着地面辐射低？这是非常有价值的问题。教师设计此实验最初的目的是测量不同下垫面的反射率，可是经过一番查询、搜索发现，测量不同地面的反射率需要用到的实验仪器和实验条件是学校没有的，所以就改为测量不同下垫面的温度来反映地面辐射的强度。但是地面的温

度不仅和地面的反射率有关，还和地面物质的比热容关系密切。比热容小的升温快，如塑胶和沙；比热容大的升温慢，如水面。而当时测量的气温大概是 19℃。学生在实验过程中认真思考，真正去理解所学知识，并将这些知识与实际生活相结合。

②技能层面。第一，学习温度计的使用技能。在测量沙坑和塑胶场地时，刚开始都存在温度计的水银部分与被测物体接触不良的现象，导致测量数据不准。还有学生在测量前用手握住温度计的水银部分，由于热惯性，导致测量时温度还没有恢复正常。所以学习温度计的使用技能很有必要。第二，学习温度计的读数技能。对于温度计是否需要估读，学生有不同的意见，所以出现了一些小组的数据有小数点的后一位，有些没有。后经查证，温度计读数时是不需要进行估读的。尽管估读与否对本次实验的影响不大，但是对于学生正确掌握温度计的读数技能还是有帮助的。第三，学习测量时的团队合作技能。在测量水面的时候，要保持水银部分与水体完全接触，且要持续很长时间。这时候小组内学生相互间表现得非常好，谁手持温度计，谁读数，谁记录，多久换人，大家很自然地就完成了分工合作，并不需要教师多加干预。所以带着共同目标的小组合作才是有效的。第四，学习创造性的技能。在测量水面的时候，小组使用的温度计是很难固定的。刚开始他们很费力地用手握着，不停地换人，后面他们居然给这个温度计搭了一个支架，让这支水面上的温度计也能被固定住。这样节省了大量的体力。可见学习创造性的技能也很有必要。

(2)教师总结

①方案设计。本次实验总体上算是比较成功的。但是方案设计中还是有些地方可以修改调整的。通过实验发现，每组只能记录自己组里的数据，那么实验结论必须通过小组间的比较才能得出。在实验数据的记录及处理环节上应该可以做到更精细。比如，第一步为记录数据；第二步为数据有效性分析；第三步为数据整合；第四步为数据对比分析。

②过程控制。在实验方案实施的过程中，学生操作规范，在安全行为的管理上还有待加强。由于是分组进行，学生分散到校园的不同地方，教师的监管会有一定难度。所以最好是有几位教师同时参与实践活动，这样对于学生的管理会更到位，以防意外发生。比如，在本次实验中，有些学生就在实验过程中离开实验地点。另外，有一个组的学生损坏了

一个温度计，而且在实验过程中教师并没有发现，也不知道学生具体采取了什么措施应对。事前，教师在实验设计及实施过程中并没有提到温度计损坏的处理方法，也没有相应的预案。在实验过程中，很多时候都会有突发情况的出现，因此需要对实验过程进行严格的监管，避免造成更大、更严重的人员财产损失。

4. 验证实验的实施过程

根据本次实验得到的经验，大致将验证实验的实施过程以流程图的形式进行总结，如图 4-10 所示。

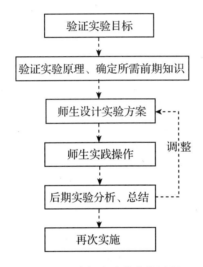

图 4-10　验证实验的实施过程

（高中地理，常海东等人）

研究性学习：增进学生学术探究的重要学习方式

何为学术高中？关于这一定义，虽然国内外的研究者有各自的观点，但学术高中的一个鲜明特点在于它是将学术作为一种"性质"内化于中学的机体之内，并渗入学校师生的日常生活、学习和工作的每个环节。从本质上说，学术高中是在高中教育阶段，以学术探究为主要教学方式，以增强学术素养和培养创新人才为培育人才目标的新模式。[①]

因此，研究性学习作为高中阶段学生以研究思维分析、研究过程参与、研究方法运用等形式主动开展的学习形式，能有效地引导学生在某个学科领域内或现实生活情境中选取某个问题作为突破点，通过自主探究、亲身实践的过程综合地运用已有的知识、经验和研究方法解决实际问题，培养学生的创新精神和学术素养，能很好地体现学术高中的这一特质。

一、研究性学习对于学生发展的价值 >>>>>>>

（一）激发学生的学术兴趣和动机

研究性学习活动是对问题的研究活动。这些研究的内容大至环境保护、国际关系和城市建设，也会微小到每天所见的公交车、小溪和校园等生活现实。但是，无论怎样的研究内容都不会由教科书或教师直接提供给学生，只能通过学生自己去敏锐地发现他们所感兴趣的问题，主动

---

① 杨璐、严加红：《中英学术性高中建设与发展的比较研究》，载《中小学校长》，2015(6)。

地分析问题产生的原因，以及积极地寻求问题解决的可行方法。

正是研究性学习与传统的知识学习方法有这样的区别，学生将自己的学习兴趣作为真正学习的出发点，并在学习过程中获得积极情绪与情感的主观体验，为"我所感兴趣的事情"而学习，像"科学家一样"学习，并有可能取得"前所未有"的学习成就。这对于学生而言，便意味着学术兴趣和动机的激发。

(二)发展学生的创新思维和能力

简单而言，研究性学习是让学生经历发现问题、分析问题、解决问题这样一个完整的学习过程，是学生体验发现知识、再创知识的创新过程。这是一个发现问题的过程，也是一个问题解决的过程。

在发现问题的过程中，学生首先会面临"想找到而未找到问题解决办法"的心理困境，此时大脑里便有了创新思维活动的需求。在解决问题的过程中，学生会展开一系列探究活动并伴随着以问题解决为目标的复杂思维活动，从而极大地调动自身的创新思维、批判思维与推理思维。其中，创新思维是问题解决的关键因素，是受到研究性学习中创造性问题激发的结果。因为在寻求创造性问题的答案时，需要将思想观念重新组合，或探取新奇、独特的观点，做出异乎寻常的反应，寻求无单一标准的答案。在这一过程中，思维活动便会表现出新颖性、多向性、深刻性、形象性和综合性等创新思维活动的特点。这也是研究性学习能够培养学生创新意识和能力的原因所在。

(三)锻炼学生的综合实践能力

学术高中要培养的学生，绝不是只拥有书本知识和应对考试的学生，而是要培养既具有浓厚人文底蕴和科学素养，又能将所学知识应用于现实生活、解决实际问题、服务于社会的学生。

研究性学习中的问题与社会、科学和生活实际有着广泛的联系，必然会让学生突破原有的封闭状态，而置于一个开放、主动、多元的学习环境中。此外，这些问题是学生坐在教室里无法解决的，这就迫使学生必须迈向社会和自然，推动他们去关心现实、了解社会、体验人生，并积累一定的感性知识和实践经验。在这个过程中，学生的综合实践能力自然能得到很好的锻炼。

二、研究性学习的开展 >>>>>>>

在宁波中学，研究性学习以课题(项目)研究小组为单位；学生根据学术兴趣以自愿的方式组成研究小组，与指导教师以共同研讨的方式形成研究选题；指导教师对研究给予全过程的指导与支持。最终，由学校学术委员会对各个课题(项目)研究小组的研究性学习成果进行评价，核定研究性学习成绩，纳入学生综合素质评价。

(一)课程的整体安排

研究性学习课程的整体安排采用多种形式，具体分为集中安排、每周安排、学科安排三种。集中安排：每学期期始、期中、期末阶段以年级为单位，集中安排研究性学习讲座，时间不少于 2 天，计 16～24 课时；每周安排：每周专门设置 1 课时的研究性学习内容；学科安排：在各学科教学课时内，要求有关教师有目的地实施研究性学习活动，每学期计 6～14 课时。

在高中 3 年内，每位学生应至少完成 2 个课题(项目)研究，按每个课题(项目)完成研究工作的质和量可申请 5～10 学分，在 3 年内必须获得 15 学分。一般每学年安排一个课题(项目)研究，两学年内未取得 15 学分的学生，应在第三学年继续安排第 3 个课题(项目)的研究。由学校学术委员会在每一学年的第一学期末组织课题中期成果评估，了解各课题(项目)组的研究进展、评估研究质量；每学年末组织一次性的学分认定和优秀研究成果评比。

(二)课程组织形式

研究性学习课程组织形式包括以下几种：研究性学习综合性内容修习、研究性学习课程修改、专项课题(项目)研究、与社团活动和社会实践相结合的课题(项目)研究、基于学科学习的研究性学习。

(三)课程资源的开发

研究性学习活动的开展需要各类课程资源的保障。在课题来源方面，学校充分挖掘校本资源、学科资源、社会资源和地域文化资源，尤其应注重校本资源的开发；在指导教师的选配方面，各课题(项目)研究小组可选请学校优秀教师、家长、周边高校教师等承担课题指导工作，学校将通过百家讲坛等形式，不定期邀请专家来校指导；在活动设施方面，学校将设立研究性学习活动专用实验室，各课题(项目)研究小组可利用图书馆、电子阅览室、学科实验室、体育馆、高教园区实验室等开展研究性学习活动。

(四)课题(项目)研究过程管理

1. 选题阶段

①根据学校研究性学习活动的选题指导意见，各学科组教师拟定研究(项目)课题选题参考，上报学校学术委员会后形成学校当年的选题建议目录。

②学校邀请相关教师分年级开设"如何选题和开题"的专题讲座，学生根据选题建议目录选择或提出课题(项目)，组成课题(项目)研究小组，联系和确定指导教师，在研究性学习系统中按要求填写《课题(项目)研究申请、认定表》。指导教师在研究性学习系统中填写《教师指导课题汇总表》，并开展选题和开题阶段的指导活动。

2. 开题阶段

①课题(项目)研究小组填写《开题报告表》，以班级为单位开展开题报告会。

②在指导教师的组织下，进行组间开题报告的评价(包括自评、互评和师评)，并修改、完善课题(项目)研究方案。

③学生及时记录开题阶段的研究情况，在研究性学习系统中填写《课题(项目)研究活动记录表》与《学生评价表》，并记录"开题阶段研究心得"。

3. 研究实践阶段

①学生根据课题(项目)研究方案，选择不同的研究方法进行研究，并对每项研究活动进行记录，填入《课题(项目)研究活动记录表》与《学生评价表》。

②若课题(项目)研究活动需要外出进行调查、访谈或实验等，学生应提前填写《学校外出活动申请表》，由指导教师签名后上报班主任，并按学校规章制度执行；外出调查、访谈情况记入相应专用表格。

③指导教师须对学生的每一次活动情况予以关注，及时做出指导和评价，把关课题(项目)研究的进程，并填写《指导教师指导记录表》。

④在每学期末，各课题(项目)研究小组应对课题(项目)研究情况进行中期评估；各小组成员应及时对研究情况做阶段性总结，完成中期总结报告；各指导教师应完成中期评估报告。

⑤学校学术委员会根据各课题(项目)研究小组的课题(项目)研究情况，聘请专家开设各阶段课题(项目)研究活动的专题报告，并对部分研究课题做巡回指导。

4. 结题阶段

①各课题(项目)研究小组进行结题报告的写作，完成"课题(项目)研究结题报告"。

②以班级为单位，组织进行结题报告会。学生进行组间的结题报告评价(包括自评、互评和师评)。

③各班推选优秀课题参加年级组结题报告展示活动，并进行校级评优活动。

④每位学生完成《能力习得情况自评表》，记录"结题研究心得"。

⑤指导教师根据课题(项目)研究小组的研究情况进行评价，提出学分认定建议。

⑥学校学术委员会进行学分认定，并推荐优秀课题参加各类评优活动。

(五)学分认定程序

在学分认定时，学校学术委员会和指导教师小组组成学分认定小组，对研究性学习系统中每一课题(项目)研究小组提供的材料进行考核，包括课题(项目)研究过程记录册、课题(项目)研究简介、开题报告、中期评估报告、结题报告、阶段研究心得、指导教师总体评价等。

由课题(项目)研究小组提出学分认定请求，指导教师提出学分认定建议，学校研究性学习学分认定工作小组提出初步认定意见；学校学术委员会形成学分认定的终审结论，并对认定结果进行公示；如果学生对学分认定工作有异议，向学校学分认定仲裁委员会提出申诉，并实施复查工作。

(六)研究性学习活动的考核与奖励

指导研究性学习是新课程规定的教师基本工作要求。每位教师必须主动承担、认真做好并完成研究性学习的组织和指导工作。学校将结合各课题(项目)研究小组的活动情况对指导教师进行学年度考核,并依据指导情况发放指导津贴。对达到基本要求的指导教师,学校将计算相应的基本工作量,并纳入教师考核范围。

设立专项奖励经费,鼓励优秀研究成果脱颖而出。实行三级奖励制度,在课题(项目)研究小组范围内,对优秀学生进行奖励;在校内评选出优秀课题(项目)研究小组,对优秀学生和指导教师进行奖励;在校级以上获奖的课题(项目)研究小组,将按获奖级别对学生和指导教师进行奖励。

三、研究性学习的成果展示 >>>>>>>

宁波中学的研究性学习开展至今,覆盖全校师生。师生在研究性学习中感受与体验学术的乐趣,学会学术探究的方法,拓展学科知识面,完善知识结构体系,形成了一系列的创新性研究结果,详见表 4-13 及后面的案例分析。

表 4-13 宁波中学研究性学习课题

类型	研究性学习课题
发明创作类	隧道照明灯压控节能和车流检测系统装置设计
	氨在空气中扩散实验的改进
	自行车无级变速系统设计
	减速带重力势能发电系统设计
	压电陶瓷发电轮胎的设计与应用
	十字路口智能管理与改善系统
社会调查类	江东区社区文化活动调查
	中学生消费现象透析
	市区绿化问题的调查研究
	中学生阅读情况抽样调查
	校园植物分类调查

类型	研究性学习课题
体验策划类	鄞州区公交车路线规划
	探寻过去常见的老物件
	宁波文化之旅规划
	宁波市垃圾处理场选址问题研究
	学校食堂饮食构成及优化设计研究
	校园艺术雕塑构想
	宁波市民俗探究
文化探讨类	英美国家饮食文化形成的影响因素分析
	中西体态语言比较研究
	英美著名大学校史中的学术因子探寻
	英国中学教育面面观
	我国传统节日的产生和演变
	互联网的矛与盾：病毒和杀毒软件
	2018年网络热点现象搜罗
	姚明与中国篮球
学科扩展类	数学建模初探
	宁波中学室内空气甲醛含量检测研究
	雪花曲线的奥秘
	宁波市古建筑的美学欣赏
	《围城》修辞手法的运用
	《红楼梦》中的主要人物及其命运成因
	鲁迅作品中的国民形象期待
	药品中的化学问题
	中国福利彩票中的数学问题
	地震灾害的成因及防御
	莫扎特及其音乐欣赏
	《史记》中的侠客形象
	废电池的危害和处理方法
	纳米科技与未来生活畅想
	生活中物理现象探究

注：江东区今属鄞州区。

宁波中学室内空气甲醛含量检测研究

一、研究目的

甲醛是第一类致癌物质，具有强烈的刺激性气味。它能引起头痛、失眠、咳嗽、流泪等症状。甲醛在我国有毒化学品优先控制名单上高居第二位，且已经被世界卫生组织确定为致癌和致畸形物质，是公认的变态反应源，也是潜在的强致突变物之一。长期接触低剂量的甲醛，可引起慢性呼吸道疾病、鼻咽癌、结肠癌、脑瘤、白血病、月经紊乱和细胞核的基因突变，也可引起 DNA 单链内交连和 DNA 与蛋白质交连及抑制 DNA 损伤的修复、妊娠综合征、新生儿染色体异常，甚至引起青少年的记忆力和智力下降等。

甲醛广泛用于工业生产中，是制造合成树脂、油漆、塑料以及人造纤维的重要原料，是工业人造板的黏合剂（脲醛树脂胶、三聚氰胺树脂胶和酚醛树脂胶）的原料。黏合剂中的甲醛释放期很长，一般可达 15 年。目前，各种建筑的室内都有装饰材料、家具、合成纺织品等，它们都可能释放甲醛。因此，甲醛便成为室内空气中的主要污染物。

随着时代的发展，人们越来越关注自身的健康。有关室内环境空气污染的投诉和新闻报道屡屡出现，如现代城事件、陈昊喉癌案、装修诱发白血病报道等。这些事件反映出目前室内环境空气污染情况的严重性。为此，我们按照规范标准，对校园各处的室内空气中甲醛的含量进行了检测，并对实验结果进行了分析和研究。为了全体师生的身心健康，尽可能地将甲醛的危害降到最小，我们经过研究评测提出了科学性的建议。

二、实验方法

1．标准

《民用建筑工程室内环境污染控制规范》GB50325-2001(2006 年版)。

2．方法

①甲醛的测定方法有：AHMT 比色法、酚试剂比色法、乙酰丙酮比色法等化学方法，高效液相色谱法、气相色谱法等仪器法和电化学法。

②甲醛检测也可采用现场检测方法，不确定度应不大于 25％。

③当发生争议时，应以酚试剂比色法的测量结果为准。

3．仪器和其他工具材料

DES 六合一室内空气检测仪、气泡采集瓶、流量控制器、三脚架、纯净水。

4．实验步骤

①将纯净水倒入甲醛试剂瓶至固定位置，将瓶中的吸收剂溶解。

②将溶液倒入气泡采集瓶中取样，调流量至 500 毫升/分刻度线采集 10 升气体。

③采样 20 分钟后，取出采集瓶中的试剂倒入试剂管，滴入 8 滴显色液。

④静置 15 分钟或手捂 5 分钟后，放入分光孔，由分光光度计读出甲醛的数值。

三、实验结果

表 4-14　实验结果 1

检测地点	化学组	实验中心办公室	五楼教工活动室（前台）
检测时间	2013 年 5 月 27 日	2013 年 5 月 27 日	2013 年 5 月 30 日
现场温度	30℃	30℃	33℃
现场湿度	67％	72％	66％
检测项目	空气中有害气体含量		
执行标准	GB50325-2001		
测定数据			
甲醛	0.08 毫克/升	0.01 毫克/升	0.07 毫克/升
检测结果			
甲醛	合格	合格	合格

表 4-15　实验结果 2

检测地点	三楼会议室			
	中心	前墙	后墙	平均
检测时间	2013 年 5 月 27 日	2013 年 5 月 27 日	2013 年 9 月 9 日	
现场温度	31℃	30℃	31℃	
现场湿度	73％	72％	53％	
检测项目	空气中有害气体含量			
执行标准	GB50325-2001			
测定数据				

甲醛	0.22毫克/升	0.26毫克/升	0.17毫克/升	0.22毫克/升
检测结果				
甲醛	不合格	不合格	不合格	不合格

表4-16　实验结果3

检测地点	五楼地理教室				
	前门	后门	中心	后窗	平均
检测时间	2013年5月23日	2013年5月29日	2013年5月28日	2013年5月28日	
现场温度	30℃	30℃	33℃	33℃	
现场湿度	73%	67%	69%	69%	
检测项目	空气中有害气体含量				
执行标准	GB50325-2001				
测定数据					
甲醛	0.34毫克/升	0.67毫克/升	0.37毫克/升	0.59毫克/升	0.50毫克/升
检测结果					
甲醛	不合格	不合格	不合格	不合格	不合格

表4-17　实验结果4

检测地点	教室	四楼微格教室				
		左前	左后	右后	右前	平均
检测时间	2013年9月12—13日	2013年9月10日	2013年9月10日	2013年9月10日	2013年9月10日	
现场温度	30℃	30℃	30℃	30℃	30℃	
现场湿度	60%	60%	60%	60%	60%	
检测项目	空气中有害气体含量					
执行标准	GB50325-2001					
测定数据						
甲醛	0.18毫克/升	0.44毫克/升	0.82毫克/升	0.86毫克/升	0.44毫克/升	0.64毫克/升
检测结果						
甲醛	不合格	不合格	不合格	不合格	不合格	不合格

表 4-18　实验结果 5

检测地点	学校办公室	校长室	党委办公室	副校长室(1)	副校长室(2)	副校长室(4)	副校长室(5)
检测时间	2013年9月11日	2013年9月24日	2013年9月23日	2013年9月17日	2013年9月22日	2013年9月26日	2013年9月18日
现场温度	29℃	29℃	29℃	29℃	29℃	29℃	29℃
现场湿度	56%	55%	53%	55%	53%	54%	55%
检测项目	空气中有害气体含量						
执行标准	GB50325-2001						
测定数据							
甲醛	0.20毫克/升	0.41毫克/升	0.52毫克/升	0.17毫克/升	0.25毫克/升	0.21毫克/升	0.17毫克/升
检测结果							
甲醛	不合格	不合格	不合格	不合格	不合格	不合格	不合格

四、实验分析与对策

(一)检测分析

对化学组、实验中心办公室、五楼教工活动室、三楼会议室、五楼地理教室、四楼微格教室、学校办公室、正副校长室、党委办公室等地进行了分段检测。

1. 校园室内空气的甲醛含量多数偏高

以上表格数据表明，校园室内空气的甲醛含量多数偏高。刚装修半年的实验楼五楼地理教室在实验中平均超过国家标准的 5 倍；行政楼四楼的各办公室的空气质量也不合格，可能的原因是家具的木材中甲醛的释放；党委办公室的家具由于是半年前才做完的，数据超标相对较严重；其他的办公室因已装修完较长一段时间，含量相对较低；装修 6 年的化学组办公室稍微超标，空气质量较好的是 10 年前装修的实验中心办公室。

由此可见，装修时间越长，空气中甲醛的含量也就越低。

2. 长期密封房间的甲醛含量相对较高

四楼微格教室虽然装修完已有一段时间，但由于长期封闭，释放的甲醛没有被排放。教室后部超标达 10 倍多，靠近门的地方因为空气的流动，含量稍微低一些，但也超标5倍。在测量前，校长室已密封一周左右时间，所测得的室内甲醛含量也较高，超标达5倍多。

可见长期密封房间的甲醛含量相对于短时间密封的来说要高一些，空气的流动对于甲醛含量有影响。

(二)科学建议

①经常开窗通风，保证室内空气质量。

②使用空调和除湿器来降低温度和湿度，减小甲醛的排放。

③使用新地毯(或刚清洗过的地毯)、用压缩木板制造的家具(如中密度纤维板和刨花板)时，一定要让室内充分通风。

④喷涂化学品，使未与装饰材料中脲醛树脂发生中和的残留甲醛迅速渗透、释放出来。

⑤室内应采用风机等设备使空气循环，加速室内空气流通，或采用活性炭织物吸附等方法，对室内空气进行过滤处理。

五、研究结论

时间、空间、装修材质及空气流通程度都与甲醛的含量有着直接的关系。装修时间越长，空气中甲醛的含量也就越低。室内空气流动性能好，所用的材质越环保，空气中甲醛的含量也就越低。在检测过程中，由于课余时间有限及经验不足，对空间较大的检测点有时无法一次性完成检测，即无法在完全相同的条件下控制检测，导致数据的严谨性略有不足。但是通常控制其他条件不变，若检测时间间隔不长，在天气条件变化不大的情况下，甲醛的含量变化很小。

通过研究性学习，各小组成员感受到各方面的能力得到了极大的提升。有研究小组成员这样感叹道："研究性学习的收获，不仅仅是一种主动学习的方法，也让我们学会了团队合作的重要性、与他人交往的重要性。在此期间，我们很好地适应了这种学习方法并享受了主动学习的收获与快乐。"

(周玙、汪浩博、康语嫣)

选课走班：宁波中学的教学组织形式

2012 年，《浙江省深化普通高中课程改革方案》在全省普通高中全面实施，其中将全面加强选修课程作为此次改革方案的主旋律，把更多的课程学习选择权交给学生，把更多的课程开发选择权交给教师，把更多的课程设置选择权交给学校。为了推进深化课程改革方案的落实，作为《国务院关于深化考试招生制度改革的实施意见》确定的两大试点省市之一，2014 年，浙江省教育厅制定并着手实施《浙江省高考招生制度综合改革试点方案》。该试点方案提出将高考和高中学业水平考试相结合，让学生自主确定选考科目，从而保证了学生对课程改革中必修课程的选择。正是在这一背景下，学校将建立和实施体现宁波中学特色的选课走班制度作为变革教学组织形式、创建学术高中的重要方向，站在一个办学理念的高度，变"给定的课程"为"选择的课程"，找到一种能有效地融合、推进课程改革、考试改革的学校教学运行模式。

以上两个方案，从政策层面上实现了"课程改革"与"考试改革"的统一性，对普通高中提出了全新的要求。通过选课走班为学生创新发展提供个性化的学习内容和学习方案已势在必行。但如何选？是放开选还是部分选？如何走班？是部分走班还是全员走班？行政班还要不要？教学班和行政班的关系如何处理？这些问题对于每一所学校而言都是亟待解决的问题。

既然要选，就放开了选；既然要走班，就全员走班；行政班要，教学班也要。在这些关于选课走班的定位清晰之后，学校在确保教学法规得到规范落实、学生的个性发展逐步满足的前提下，围绕学校全面构建学术高中的办学目标，通过加大教学管理研究的力度，追求教学过程管理的精细化，建立和实施全员走班教学制度，让学生学习选择、学会选择、在选择中成长、在选择中孕育学术创新素养。

根据《浙江省人民政府关于进一步深化高考综合改革试点的若干意见》和《浙江省教育厅关于完善学考选考工作的通知》的精神，以下材料以文件印发时间 2017 年 11 月 29 日为时间节点，分成"老方案"与"新方案"两部分。"老方案"适用 2014 级、2015 级、2016 级的学生；"新方案"适用 2017 级和 2018 级的学生(2018 级尚未统计)。

一、"老方案"的顶层设计 >>>>>>>>

(一)设计目标

设计目标：为学生的发展提供"鼓励选择"的校内环境，构建"能够选择"的课程平台，培育"实现选择"的基础能力。

(二)三年六学程设计

第一阶段：高一，基础学习阶段，稳定学习。
第二阶段：高二，走班学习阶段，变量控制。
第三阶段：高三，个性学习阶段，优势提升。

(三)考试安排

高考方案允许考生自愿选择 2 次考试时间，改变了原先一考定终身的格局。为适应这一变化，学校根据新课程改革方案的精神，立足规范运行、努力减负的原则，提出了如下关于考试安排的整体性指导用表，详见表 4-19。

表 4-19　宁波中学考试安排的整体性指导用表(旧方案)

时间		语文	数学	英语	历史	地理	物理	化学	政治	生物	技术
高一	上学期									无	无
	下学期									开课	无
高二	10(11)月			第一次学考							开课
	4 月	第一次学考		第二次学考(供选)					第一次学考		

时间		语文	数学	英语	历史	地理	物理	化学	政治	生物	技术
高三	10(11)月	第二次学考（供选）	第一次社考		第一次选考				第二次学考(供选) 第一次选考		
	4月				第二次选考(供选)						
	6月	7日高考	第二次社考(供选)								

（四）选课走班的相关数据

1. 2014 级学生的选课选考情况

学校 2014 级共 8 个班级，共有 347 名学生，选课选考情况如表 4-20、表 4-21 所示。

表 4-20 2014 级 7 门科目的单科选考情况统计

单科	物理	化学	生物	政治	历史	地理	技术
人数	233	251	234	85	95	143	18

表 4-21 2014 级 7 门科目的 3 科选考情况统计

三科	理化生	理生地	化生地	理化地	化政史	政史地	生政史	化生史	理化史
人数	117	34	29	27	14	14	12	11	11
三科	化政地	生史地	理化政	化生政	理化技	理政史	化史地	理生政	理史地
人数	10	10	10	8	6	6	5	5	4
三科	理生史	理地技	理政地	化生技	理史技	政地技	化史技、史地技、生政地、理生技各1人，理政技、化地技、化政技、生地技、生政技、生史技、政史技无人选择。		
人数	4	3	3	2	2	2			

2. 2015 级学生的选课选考情况

学校 2015 级共 8 个班级，共有 359 名学生，选课选考情况如表 4-22、表 4-23 所示。

表 4-22　2015 级 7 门科目的单科选考情况统计

单科	物理	化学	生物	政治	历史	地理	技术
人数	260	210	200	113	106	151	37

表 4-23　2015 级 7 门科目的 3 科选考情况统计

三科	理化生	理生地	理地政	理化政	化生地	理化地	化生史	理生史	地政史
人数	82	33	23	22	22	19	17	16	16
三科	理化技	理政史	化政史	理地史	理地技	理化史	生地政	生地史	理生政
人数	14	14	13	8	8	6	6	6	5
三科	理生技	化生政	化地政	理史技	化地史	理政技	化地技、化史技、生地技、生政史、生史技、政史技各 1 人，化生技、化政技、生政技、地政技、地史技无人选择。		
人数	5	5	5	3	3	2			

3. 2016 级学生的选课选考情况

学校 2016 级共 8 个班级，共有 359 名学生，选课选考情况如表 4-24、表 4-25 所示。

表 4-24　2016 级 7 门科目的单科选考情况统计

单科	物理	化学	生物	政治	历史	地理	技术
人数	139	214	210	120	120	123	151

表 4-25　2016 级 7 门科目的 3 科选考情况统计

三科	理化生	物化技	化生技	化生史	化生政	化政史	生政史	生地技	物地技
人数	49	31	29	23	21	19	16	15	14
三科	化生地	地政史	地政技	物生地	化地技	生地史	地史技	政史技	生地政
人数	14	13	11	9	9	9	8	8	7
三科	物生技	物史技	物生史	物政史	化地政	物化地	化政技	物地政	化史技
人数	6	6	5	5	5	4	4	3	3
三科	生政技	物生政	物政技	生史技	物化政、物化史、物地史、化地史各 1 人				
人数	3	2	2	2					

（一）设计目标

设计目标：为学生的发展提供"鼓励选择"的校内环境，构建"能够选择"的课程平台，培育"实现选择"的基础能力。

（二）三年六学程设计

第一阶段：高一，基础学习阶段，稳定学习。
第二阶段：高二，走班学习阶段，变量控制。
第三阶段：高三，个性学习阶段，优势提升。

（三）考试安排

新高考方案采取学考、选考分离政策，允许考生最早从高一年级第二学期开始报名参加学考，科目不多于 3 门；学生必须于高三年级第一学期结束前完成各科目学考，且考生必须在高三阶段才能参加高考科目的考试，选考及英语考试的 2 次考试机会不变。为适应这一变化，学校根据新课程改革方案的精神，立足规范运行、努力减负的原则，提出了如下关于考试安排的整体性新指导用表，详见表 4-26。

表 4-26　宁波中学考试安排的整体性新指导用表（新方案）

时间		语文	数学	英语	化学	历史	地理	物理	生物	政治	技术
高一	上学期	开课	开课	开课	开课			开课			
	6月				学考（供选）						
高二	始				选考班			选学并存			开课
	1月							学考（供选）			选学并存
	6月	学考（供选）	学考（供选）					选考班			学考（供选）

续表

时间		语文	数学	英语	化学	历史	地理	物理	生物	政治	技术
高三	1月			第一次社考		第一次选考					
	6月	高考		第二次社考（供选）		第二次选考（供选）					

(四)选课走班的相关数据

学校 2017 级共 8 个班级，共有 359 名学生，选课选考情况如表 4-27、表 4-28 所示。

表 4-27 2017 级 7 门科目的单科选考情况统计

单科	物理	化学	生物	政治	历史	地理	技术
人数	189	176	151	135	102	157	167

表 4-28 2017 级 7 门科目的 3 科选考情况统计

三科	理化生	物地技	物化技	物化地	地史技	化生政	政史技	物生地	地政技
人数	40	35	23	20	19	18	16	13	13
三科	物生技	物政技	化地政	化生地	生地政	化生史	生政史	化政史	地政史
人数	12	11	11	10	10	9	9	8	8
三科	物化政	化生技	物化史	物地政	化政技	化史技	生政技	化地技	生地史
人数	7	7	6	6	6	6	6	5	5
三科	物生政	物生史	物史技	生史技	物地史	物政史	生地技、化地史无人选择		
人数	4	4	4	4	2	2			

第五章
契合学术的学校管理

　　学校管理是实现学校发展既定目标的方式，但学校管理并不是价值中立的，管理方式本身就能够体现或者背离学校的发展目标。学校是一个复杂的系统，学术高中更是如此。学术高中的发展目标需要相应的管理方式来实现，即学校的管理工作要以有助于教师的学术发展、学生的创新成长为基本原则。那么，这就涉及学校管理理念与学术取向是否一致，管理方式与学术文化是否契合，如何通过契合学术的学校管理，通过实施计划、组织、领导、协调、控制等职能来协调学校的各项工作和活动，实现建设学术高中的发展愿景。这是当前学术高中的管理需要审视的问题。

第一节

学术治校引领学校管理

　　1931年，梅贻琦出任清华大学校长后，力主并履行教授治校制度。执行教授治校规程，教授会和评议会成为当时清华大学的教授治校的组织基础，在中国的高等教育发展历程中率先实践了学术治校这一学校管理思想和方式。学术高中虽然和学术大学在学校发展目标和学生培养目标上有着明显的差异，但学校管理的核心却是一致的，即尊重教育教学规律，提高学校管理的科学性，减少盲目性。学术有学术的逻辑，在学术高中，无论是学科建设和课程建设，还是教与学，归根到底是以学术性这一文化性为价值前提的。

一、制定发展规划以引领学术发展方向 >>>>>>>

　　任何制度的建立和探索都需要一个长期规划的过程。对于学校、教师、学生、家长以及整个社会来说，学术高中是一个新事物，其内涵、价值、运行模式、实际成效等需要一个逐渐明晰的过程。这就意味着，学校在建设学术高中之初就要形成清晰的发展愿景，通过系统调研、专题研讨、基础分析、价值共享等文化引导行为，使建设学术高中成为学校共同体，包括校长、管理人员、教师、学生和家长等群体关于学校发展目标和状况决策的价值共识。

　　在确立学术高中的发展愿景的基础上，学校要进一步形成相应的办学使命，并制定以此为发展目标的长远规划，对未来较长一个时期内的学校教育教学实践和行为决策做出系统而深入的研究。宁波中学在确立建设学术高中的发展愿景后，制定了学校发展规划，以发展规划引领学校的学术发展方向。

宁波中学"十三五"发展规划（讨论稿）

着眼于全面建设学术高中，奠定学生的学术基础，提升教师的学术素养，根据《国家中长期教育改革和发展规划纲要（2010—2020年）》《宁波市中长期教育改革和发展规划（2011—2020年）》和《宁波市"十三五"教育事业发展规划》的精神，根据学校的发展实际，制定本规划。

一、发展基础与形势

在"十二五"时期，浙江省普通高中教育进入课程改革的深化阶段。学校紧抓这一发展契机，在宁波市教育局的领导下，在社会各界的关心支持下，经过全校教职工的执着创新、奋发努力，以"现代化、高质量、有特色"为办学方向，以学生创新素养培育为培养目标，以学校内涵发展为主要途径，开展各方面工作，取得阶段性成果：扎实推进创新素养培育基地建设，创新人才培养模式已初显成效；深度优化生态校本研修模式，以教师成长促进学校内涵发展；深入探索课程改革和高考改革背景下的教学组织、教育评价和学校管理方式，教学质量明显提升；全面提升学校的教育信息化水平，学校管理、学生学习、教师教学和校园安全四大信息化辅助系统全面应用；进一步加强国际交流和教育合作互通，提高师生的国际化视野；坚持建设积极和谐的学校文化环境生态，体现教育活动及参与者在校园内的生命价值。

当前，宁波中学正处于学校教育事业发展的关键期，面临着深化课程改革和高考改革所带来的巨大调整和机遇。近年来，学校教师队伍和行政管理人员的年龄结构趋于年轻化，学历结构有较大改善，为学校办学品质提升提供了良好的条件。随着社会对普通高中教育的期望越来越高，普通高中教育也成为培养创新人才、实现中华民族百年复兴梦想的坚实基础。这就需要学校对照教育的发展形势、区域的经济文化发展需要、社会民众的受教育期望，在"十三五"期间，肩负起地区教育使命，找准学校的发展定位，建立发展愿景，逐步推进工作，孕育文化内涵，高质量、高水平地实现教育质量的全面提升。

二、发展方向与目标

面向"十三五"，学校高举中国特色社会主义伟大旗帜，以马克思列宁主义、毛泽东思想、邓小平理论、"三个代表"重要思想、科学发展观为指导，深入学习贯彻习近平系列重要讲话精神。按照"四个全面"战略布局的总体要求，全面贯彻党的教育方针，遵循教育发展规律，全面提高教育质量，努力培养德智体美全面发展的社会主义建设者和接班人。

在以上指导思想的引领下，在"十三五"期间，学校将贯彻教育部《关于全面深化课程改革 落实立德树人根本任务的意见》，紧紧围绕宁波经济文化的发展需要，践行"教育奠基民生幸福，教育引领宁波未来"的核心理念，全面建设学术高中，引领宁波普通高中教育发展。为此，在整个"十三五"期间，宁波中学将走在建设区域一流学术高中的前行道路上，并以此进行学校发展蓝图规划，提出以下发展目标：建设学术高中，为区域教育发展引路；浸润学术课程，为学生学术人生奠基；营造学术文化，为教师学术发展助力。

建设学术高中，为区域教育发展引路：在"十三五"期间，学校要整合原有资源，深度开发和引进新资源，围绕学术化这一中心开展各方面工作，全面建成学术高中，改变普通高中同质化发展、千校一面的现状，引领宁波普通高中教育发展。

浸润学术课程，为学生学术人生奠基：在"十三五"期间，学校要开发系列学术课程，保证学术课程的系统性、规范性和高端性，让每一名学生都能接受学术课程的熏陶，让每一名学生都有良好的学术功底，让每一名学生都有对某一专业领域的兴趣，让每一名学生都有某一领域的学术专长，让每一名学生都有符合自身发展的学术人生规划。

营造学术文化，为教师学术发展助力：在"十三五"期间，学校要营造足以激发教师学术需求的文化氛围，建立科学合理的学术激励和保障制度，完善和建设功能齐全的教师学术中心，使每一位教师都具备成为学生学术导师的能力，使每一位教师都能成为自身学术发展的经历者。

三、发展任务和策略

在"建设学术高中，为区域教育发展引路；浸润学术课程，为学生学术人生奠基；营造学术文化，为教师学术发展助力"这一学校发展目标的引领下，在"十三五"期间，学校将主要围绕以下几个方面开展具体工作。

（一）全面建设学术高中，培养创新人才

在"十三五"期间，通过系统总结前一发展阶段学校在理科创新实验班、初高中直升班等办学实践中所取得的成效和存在的问题，在此基础上策划与实施"全面建设学术高中，培养创新人才"项目。专门组织以校长为项目总负责人，学术委员会、教师发展中心、教学服务中心、学生发展中心、后勤保障中心等各相关处室共同参与的项目组，并由各处室负责和丰富相关子项目，以项目实施为主要形式推进学术高中的全面建设，优化创新人才培养机制。

"全面建设学术高中，培养创新人才"项目为学校"十三五"发展期间的总项目，具体包括以下子项目：品学共融、个性发展学术课程体系构建，基于学科核心素养的教学模式构建，学术高中学生德育模式构建，生态校本研修模式构建与深化和基于学术视野的数字校园建设。

通过实施"全面建设学术高中，培养创新人才"项目，从学校课程、教学、管理、师资、校园等各个方面出发，将学生培养成具有丰富学术底蕴和生命力的人，帮助教师在学术素养、专业能力和专业精神上获得提升。表 5-1 为"全面建设学术高中，培养创新人才"子项目及其具体发展目标。

表 5-1 "全面建设学术高中，培养创新人才"子项目及其具体发展目标

子项目	发展目标
品学共融、个性发展学术课程体系构建	提供可供选择的多层次学术课程内容，进一步完善品学共融、个性发展学术课程体系，突出学术课程
基于学科核心素养的教学模式构建	明确各个学科的核心素养，在教学目标、内容和活动中着眼于学生学科核心素养发展，实现深度的教与学
学术高中学生德育模式构建	设计和实施"学术高中学生德育模式构建"子项目，变革学生管理方式，强调学生德育和学生学术规划相结合，试点与完善成长导师制，强调学生自主德育和成长导师制相结合，以培养创新人才
生态校本研修模式构建与深化	以学术为新视野深化生态校本研修模式，以学术思考、学术研究、学术分享等多种方式促进教师专业成长，涌现学术名家
基于学术视野的数字校园建设	将数字校园与学术校园相结合，提升数字校园的信息化水平，实现学术资源的信息化共享，拓展国际化学术活动平台，营造可感的学术环境

（二）完善品学共融、个性发展学术课程体系，突出学术课程

在"十三五"期间，在深化课程改革和推进高考改革的背景下，在国

家课程校本化、个性课程整合化、活动内容课程化的原有课程建设思路基础上，在"全面建设学术高中，培养创新人才"项目的总领下，设计和实施"品学共融、个性发展学术课程体系构建"子项目，提供可供选择的多层次学术课程内容，通过与国家课程和已有选修课程的整合，进一步完善品学共融、个性发展学术课程体系，突出学术课程。

"品学共融、个性发展学术课程体系构建"子项目的具体内容包括：学术高中的校长课程领导力、基于学科自主开发的精品学术课程模块、基于合作开发的精品学术课程模块、基于引进的精品学术课程模块、基于国际交流的学术课程模块、学生学术社团课程、学术课程管理与评价办法。表 5-2 为"品学共融、个性发展学术课程体系构建"子项目的具体发展指标。

表 5-2 "品学共融、个性发展学术课程体系构建"子项目的具体发展指标

发展内容	发展指标
学术高中的校长课程领导力	校长负责学校课程体系的顶层设计，校长全面领导各类学术课程的开发
基于学科自主开发的精品学术课程模块	在每学年，针对每一个学科自主开发 1 门及以上精品学术课程
基于合作开发的精品学术课程模块	在每学年，针对每一个学科与科研院校合作联合开发 1 门及以上精品学术课程
基于引进的精品学术课程模块	在每学年，学校按照课程体系的要求引进大学先修课程、国外精品课程、学科竞赛课程和经典学术思想课程等 5 门及以上精品学术课程
基于国际交流的学术课程模块	在每学年，开展国际交流和教育合作互通 1 次及以上
学生学术社团课程	创建学生学术社团 1 个及以上，并开发相应的社团课程
学术课程管理与评价办法	制定一套完整的学术课程管理与评价办法

（三）构建基于学科核心素养的教学模式，发展核心素养

在"十三五"期间，学校将按照创新人才的培养要求和学术课程的目标，在"全面建设学术高中，培养创新人才"项目的总领下，设计和实施"基于学科核心素养的教学模式构建"子项目，以点带面，在教学中发展

学生的学科核心素养，实现深度的教与学。

"基于学科核心素养的教学模式构建"子项目的具体内容包括：基于分层走班的教学运行、基于学科核心素养的课堂结构、Pad 教学法等现代教学方式在课堂中的应用、基于学科核心素养的教研活动、基于学科核心素养的学科资源库、基于学科核心素养的课堂评价、基于学科核心素养的作业设计。表 5-3 为"基于学科核心素养的教学模式构建"子项目的具体发展指标。

表 5-3 "基于学科核心素养的教学模式构建"子项目的具体发展指标

发展内容	发展指标
基于分层走班的教学运行	制定和实施一整套基于分层走班的教学运行办法
基于学科核心素养的课堂结构	针对每个学科形成一整套完整的、关于自身学科的、基于学科核心素养的课堂结构设计，包括 9 个学科的教学案例
pad 教学法等现代教学方式在课堂中的应用	在 1～2 个班级中尝试实施 Pad 教学法，并形成关于 Pad 教学法的具体模式，包括 6 个学科的教学案例
基于学科核心素养的教研活动	在每学年，每个教研组举行 2 次及以上的基于学科核心素养的教研活动，要求方案、过程性资料、总结等相关材料齐全
基于学科核心素养的学科资源库	在每学年，为每个学科新增学科资源 10G 及以上；给每个学科配备专门的学科资源库建设的负责人员
基于学科核心素养的课堂评价	针对各个学科自身的情况，编制一整套基于学科核心素养的课堂评价方案，保证条目清晰，与单元教学目标相适应
基于学科核心素养的作业设计	针对各个学科设计基于学科核心素养的作业册，含课后作业、单元作业、假期作业等

(四)探索德育新模式，助力学生成长

在"十三五"期间，探索德育新模式是建设学术高中的重要举措。在"全面建设学术高中，培养创新人才"项目的总领下，设计和实施"学术高中学生德育模式构建"子项目，变革学生管理方式，强调学生德育和学生学术规划相结合，试点与完善成长导师制，强调学生自主德育和成长导师制相结合，以培养创新人才。

"学术高中学生德育模式构建"子项目的具体内容包括：品学共融德育创新模式构建、学术高中学生职业生涯规划指导、基于学术成长的学生综合素质评价、基于成长导师制的学生自主管理、基于成长导师制的学生学术思想引导、基于全员心育的心理健康教育。表5-4为"学术高中学生德育模式构建"子项目的具体发展指标。

表5-4　"学术高中学生德育模式构建"子项目的具体发展指标

发展内容	发展指标
品学共融德育创新模式构建	结合学校品德共融、个性发展课程体系，尝试建构与之相适应的学术高中德育创新模式，包括德育制度、德育课程、德育活动、德育队伍等
学术高中学生职业生涯规划指导	每一名学生都能在教师（成长导师）的引导下，在入学初就形成自己的职业生涯规划
基于学术成长的学生综合素质评价	学术将成为每一名学生的综合素质评价的重要内容；在每一个阶段，都将依据学生的学术成长情况进行发展性评价
基于成长导师制的学生自主管理	通过试点，探索一整套基于成长导师制的学生自主管理制度
基于成长导师制的学生学术思想引导	明确基于成长导师制的学生学术思想引导的方向、内容和形式，并付诸具体活动
基于全员心育的心理健康教育	秉持"发展大于预防，预防大于矫治"的心育理念，开展各项心理健康教育工作；积极推进精品心理课程建设；进一步使心理咨询规范化与常态化；完善心理危机干预工作体系

（五）深化生态校本研修模式，涌现学术名家

在"十三五"期间，在总结上一发展阶段的教师队伍建设工作经验的基础上，在"全面建设学术高中，培养创新人才"项目的总领下，设计和实施"生态校本研修模式构建与深化"子项目，以学术为新视野深化生态校本研修模式，以学术思考、学术研究、学术分享等多种方式促进教师专业成长，涌现学术名家。

"生态校本研修模式构建与深化"子项目的具体内容包括："0～3年"教师养成性学术研修、"3～10年"教师提升性学术研修、"高级后"教师引领性学术研修、基于学术视野的教师培训管理办法、教师学术发展激

励机制、学术委员会的制度化、以学术为起点的教师成长历程。表 5-5 为"生态校本研修模式构建与深化"子项目的具体发展指标。

表 5-5 "生态校本研修模式构建与深化"子项目的具体发展指标

发展内容	发展指标
"0～3 年"教师养成性学术研修	制定和实施"0～3 年"教师养成性学术研修方案，帮助每一位新手教师制订学术发展计划
"3～10 年"教师提升性学术研修	制定和实施"3～10 年"教师提升性学术研修方案，为每一位有志寻求学术发展的教师提供研修内容、平台和保障机制
"高级后"教师引领性学术研修	制定和实施"高级后"教师引领性学术研修方案，为一部分在学术上已有成果的教师提供具有针对性的研修内容、平台和保障机制
基于学术视野的教师培训管理办法	制定一整套基于学术视野的教师培训管理办法
教师学术发展激励机制	修改和完善教师学术发展激励机制
学术委员会的制度化	形成制度化的学术委员会运行机制，根据机制开展学术委员会活动
以学术为起点的教师成长历程	收集关于不同发展阶段的教师追求学术发展的案例

（六）建设基于学术视野的数字校园，营造可感的学术环境

在"十三五"期间，在原有的网络办公系统、教育管理系统、教学辅助系统、后勤保障系统等的基础上，在"全面建设学术高中，培养创新人才"项目的总领下，设计和实施"基于学术视野的数字校园建设"子项目，加强各个系统之间的资源共享和系统融合，将数字校园与学术校园相结合，提升数字校园的信息化水平，实现学术资源的信息化共享，拓展国际化学术活动平台，营造可感的学术环境。

"基于学术视野的数字校园建设"子项目的具体内容包括：数字化的学术图书馆建设、功能实验室的学术化改造、教师发展工作室的学术化应用、学生与教师的学术资源建设与平台拓展、学术文化校园环境建设。表 5-6 为"基于学术视野的数字校园建设"子项目的具体发展指标。

表 5-6 "基于学术视野的数字校园建设"子项目的具体发展指标

发展内容	发展指标
数字化的学术图书馆建设	形成数字化的学术图书馆建设方案;在每学年,新增各类学术书籍 1 万册及以上,设置学术类阅览室 1 个及以上;定期举行学术阅读月活动,为教师和学生开列学术阅读书单
功能实验室的学术化改造	形成功能实验室的学术化改造方案;学术化改造功能实验室 6 个及以上;在每学年,功能实验室的学术化改造相关人员培训与交流 4 人次及以上;制定实验室的学术管理办法,具备相应的实验室学术手册
教师发展工作室的学术化应用	制定教师发展工作室的管理办法,具备相应的教师发展工作室学术手册;在每学年,举办教师学术活动 4 次及以上
学生与教师的学术资源建设与平台拓展	制定学术资源库建设办法;在每学年,新增学术资源 50G 及以上;实现学术资源的合理分类;配备学术资源库的负责人员;了解和熟悉各学科的国内外学术活动平台,参与、承办各类国际学术活动,为学生提供更丰富、更优质、可选择的学术平台
学术文化校园环境建设	形成学术文化校园环境建设方案;在每学年,宣传橱窗更新学术性资料 4 次及以上;电子显示屏定期展示各类学术信息;对学校的图书馆、实验室、走廊、文化长廊等场所进行学术文化设计与布置

163

四、组织领导和保障

全面建设学术高中是一项复杂的系统工程,需要市教育局加强领导,需要全社会共同关注,为宁波中学能在"十三五"期间实现既定发展目标提供坚强有力的条件保障。

(一)优化新型学校管理决策机制

坚持学校校长负责制度,倡导民主、开放的学校管理决策,突出学校政治思想管理、行政事务管理和学校教育教学业务管理三条主线,形成以学校党委、学校行政班子和学术委员会为主体的民主决策机制。建立学校民主决策管理机构,吸纳教职工、学生、社区、家长和校友等相关人员参与学校重大事情的决策;切实履行学校工会维护教职工的合法权益和做好各项保障工作的基本职责,充分发挥教职工代表大会在学校重大问题的决议、提出建议上的作用，最大限度地调动全校教职员工的工作热情。

（二）加强学校教学资源和经费保障

全面建设学术高中需要不断完善对传统教育设施的改造和合理配置，及时补充更新符合新的教学要求的教学设施和装备，保障师生的学术创新和发展。为此，学校将积极寻求有关教育行政部门在教学资源和经费上的支持，保障学校教育教学事业的稳定发展，进一步健全学校财务管理制度，规范财务收支行为，提高教学经费的使用效益。

（三）切实维护校园安全稳定

牢牢把握意识形态工作的领导权、管理权和话语权，严格管理课堂、报告会、讲座、论坛以及校园网络等教育教学阵地，坚决抵制各类非法渗透。以平安校园建设为载体，及时做好设施设备的充实完整，建立起科学合理的学校安全工作制度，从"人防、物防、技防"三个方面全面推进校园安全工作，着力加强校园安全教育，提升全校师生的安全意识。同时，学校将进一步完善突发事故的应急机制，着力研究学校安保管理技术的信息化水平，逐步提升安保工作的快速反应能力。

二、改革管理结构以适应学术高中定位 >>>>>>>

（一）成立教师发展中心

没有学者型教师就谈不上学术高中，没有学术志向和学术思维的教师谈不上学者型教师。可以说，教师是学术高中成功发展的核心要素。但传统的学校管理结构，是按事情来划分工作，如组织教学工作的教务处、主管学生思想道德工作的德育处。这其中既看不到"人"，更看不到思想，更不用说蕴含一定的价值指向了。基于这种考虑，宁波中学成立了教师发展中心，为教师发展提供组织和机制保障。具体而言，教师发展中心作为一个综合平台，承担着以下五项任务。

教师发展研究工作室致力于教育政策研究、国内外教师发展情况研究、教师发展需求研究、教师发展行动策略与政策保障研究、教师发展内容研究。

教师发展培训工作室致力于建立与国内外教师培训机构的常规联系，形成良好的合作关系；了解教师发展需求，设计教师发展规划，制定教师发展研修菜单；组织教师研修活动，为教师专业发展提供优质服务。

教师发展实践活动研讨工作室致力于提供教师研讨的活动场地；配置图书(数字图书、纸质图书)和电化设备等；组织教师定期不定期地开展研修活动。

名优教师工作室致力于发挥名优教师的学术引领作用，由名优教师引领中青年教师共同发展，逐步形成学科教学和研究特色。

课题专项工作室致力于组织教师围绕专业发展和学科建设的课题研究活动，定期不定期地进行课题研究活动。

自成立以来，教师发展中心组织各种主题的教研活动，开展有效支持教师日常教学工作的系列活动，帮助教师准确分析个人的教学工作，提高教师的实际教学能力。更重要的是，推动了教师的科研工作，涵养了教师的科研意识，树立起科研基础上的教学理念，扭转了教师重教学、轻科研的思维惯性。

以教师发展中心的学年工作总结为例，可以看到教师发展中心在学校教师成长、学术性发展中的重要作用。

宁波中学教师发展中心 2018 学年度第二学期工作总结

在 2018 学年第二学期，教师发展中心围绕学校的三年发展规划，以建设学术高中为工作的指导思想，开展和完成了以下几方面工作。

一、深入开展校本研修活动，深化生态研修模式

在本学期，教师发展中心按照"生态校本研修模式构建与深化"子项目的工作要求，在总结上一发展阶段教师队伍建设工作经验的基础上，规划和开展教师培训工作。

根据学校的发展定位，申报了教育部的全国课程改革骨干校长教师研修基地项目；联合宁波大学设计和实施面向语文、数学、英语、化学和历史等学科的 90 学时研修课程；继续实施面向全校教师的中青年教师学科素养与课程能力研修和高级教师学术研究能力提升研修 2 个校本研修项目；继续做好浙江省教师培训平台的报名、审核和培训组织工作；设计和实施暑期赴华中师范大学的集中研修活动；于 4 月正式启动"3～10 年"中青年骨干班的研修活动，为各个学科聘请学术导师，明确研修

任务和要求；组织"0~3年"教师养成性研修，包括入职两年内的新教师座谈会、汇报课和其他研修活动；组织面向班主任群体的学科教研组外出学术交流活动；等等。

二、切实加强课题研究管理，引领深层次的学术活动

在本学期，教师发展中心进一步加强了各级各类课题，尤其是校级课题的申报、立项、开题、中期和结题等全过程的管理，并根据中青班的研修要求专设了宁波中学中青班专项课题。

在本学期的3、4月，组织省市教研、教科规划课题和校级课题的申报；面向中青班开展课题研究交流活动，到本学期末将完成中青班专项课题的导师开题工作；对已立项的省市教研和教科规划课题进行摸排，组织已立项课题和到期课题的开题、中期和结题等活动。这一系列的课题管理工作，可以为教师开展学术研究活动提供良好的外部条件支持，进一步提升教师的课题研究意识和学术研究能力。

三、扎实推进学校学术活动，营造良好的学术氛围

按照处室的常规要求，完成学校年度教师教育论文评比工作，提升广大教师，尤其是中青年教师参与的积极性，扩大论文评比的参与面；做好教师学术刊物《教育求索》和学生学术刊物《探索》的刊印和交流工作，提升稿件质量，保证刊物的学术水准，使其分别成为教师学术和学生学术交流与展示的重要平台。

进一步优化原有的教科研奖励申报方式，对论文发表与获奖、课题研究、教师学术专著出版、课程开发与教辅材料编制等相关内容进行奖励，从制度上保证教师参与学术研究活动的积极性。

四、完善落实发展性评价工作，以评价促进学校内涵的提升

在本学期，教师发展中心通过对学校已上报的发展性指标和宁波市教育局已下达的基础性指标进行进一步的分解。一是要明确各项指标的负责处室、指标内容和任务要求，尤其要关注上一学年发展性评价工作中出现扣分情况的具体指标；二是各相关处室要按照这两方面的发展指标开展具体工作，在工作中做好相关材料的收集、整理和归档。

（二）组建学术委员会

学术委员会最初生发于高等教育领域。《中华人民共和国高等教育

法》第四十二条明确规定，高等学校设立学术委员会，其职责是审议学科、专业的设置，教学、科学研究计划方案，评定教学、科学研究成果等有关学术事项。学术委员会的设立是为了保证高等教育机构不被政治权力和行政权力左右，通过彰显学术权力以确保高校的自主与自治，确保高校学术研究与教学工作一定程度上的自由与自主。学术委员会可以对学校教育事业的发展规划、科学研究工作和研究生培养工作中的重大问题提出建议；审查、鉴定科学研究的成果；评议研究生的毕业论文、毕业设计；参与提升教授、副教授工作的审议；主持校内的学术讨论会；组织参加国内和国际学术交流活动。因此，学术委员会是高校学术性的保障机制。作为一所学术高中，其学术性如何保障？不能只依靠校长的话语引导和教师的学术自觉，更需要制度化、常态化，形成学术发展的长效机制。考虑到这一点，宁波中学引进高校学术委员会制度，并根据普通高中的特点进行了校本化改造，在学校各种学术活动中，充分发挥学术委员会的学术引领作用，凸显学术委员会在校内职称评选、学科骨干教师和教坛新秀推选等各类评审活动中的专业作用，为打造在一定区域的学科领域中具有影响力的宁波中学学术品牌——名牌教师、学科基地以及精品校本课程等提供助力。

宁波中学学术委员会章程

为了进一步贯彻"学术自由、兼容并蓄、民主治校、与时俱进"的办学精神，推进"品学共融、个性发展"的课程体系建设，规范学术工作制度，提高教学、科研水平，形成学术化的学校特色，结合学校的具体情况，特制定宁波中学学术委员会章程。

一、学术委员会的性质

1. 学术委员会是学校学科建设、学术评议、项目审议的学术审议机构，是学校学术决策、咨询、议事的学术组织。体现学校科学民主、追求卓越的治学精神，充分发挥学校学术带头人在学科建设、提升教育质量中的作用，促进学校的学术繁荣、科学发展。

二、学术委员会的构成

2. 学术委员会委员：学术委员会委员由学校正教授级高级教师、省特级教师、市级以上名师、市级以上骨干教师、部分高级教师等构成。学术委员会委员的人数为全校教师总数的5%～10%。

3. 学术委员会的组成：学术委员会设主任 1 名，副主任 1 名，文、理科两个组长，科研处为秘书处。

4. 学术委员会的产生：学术委员会的委员和组成由学校科研处提名，经校务会议审议产生。

5. 学术委员会的任期：学术委员会实行换届制，委员会委员的任期为 5 年。

三、学术委员会的职责

6. 审议学校学科建设规划，指导优质学科工作。

7. 组织学校年度优秀科研成果、优秀教育教学论文、优秀教案设计、优质课的评比工作。

8. 组织各级各类教学类、学术类先进及进修培养参评对象的评审与推荐工作。

9. 组织学科教师开展教育教学思想探讨活动，推广优秀教师的教育教学思想。

10. 审议学校资助出版的学术著作和校本课程书稿。审议学校申报的教学、科研等项目。

11. 推荐学校教师职称评审小组成员的人选。

12. 营造良好的学校学术氛围，引导学校的学术道德规范。

13. 广泛征询教师对学术发展的意见和建议，与国内外多个学术部门取得联系，广泛开拓学校的学术建设视野，根据学校制定的学术发展目标，商议学术发展方向和纲要，为学校的学术发展寻求可行的发展策略和措施。

14. 学术委员会主任全面负责组织学术委员会的各项工作；学术委员会副主任协助学术委员会主任，开展学术委员会的建设及相关组织实施工作，当主任因某种原因缺席时，其职责由副主任暂行代理；学术委员会秘书处协助学术委员会主任、副主任开展学术委员会的建设工作，落实学术委员会的相关具体工作。

四、学术委员会的运行

15. 学术委员会的日常工作由秘书处执行。根据学校的中心工作任务，预测学校的发展走向，设定工作议题。确立议题时应与学科组、各相关处室认真调研协商，再经学术委员会主任、副主任及相关人员商讨确定，最后交由学术委员会进行审议。

16. 严格遵守当事人回避制度。学术委员会的讨论事项涉及委员本人或讨论的当事人与委员有配偶或亲属关系时，该委员在委员会讨论表决中须回避，但仍可对其他事项参与表决。

17. 学术委员会会议必须有2/3以上（含2/3）的委员参与才算有效。学术委员会以投票方式做出决定时，必须经过2/3以上（含2/3）的委员同意方可通过；投票表决采取无记名方式。形成的决议要进行会议记录。学术委员会的会议记录工作由委员会秘书担任。

18. 对学术委员会做出的决定，如果委员提出复议，必须征得半数以上委员的同意，方可召开全体会议复议；经复议未通过的决定不再复议。

五、学术委员的责任、义务与权利

19. 学术委员会委员应恪尽职守，认真负责地履行职责和义务。

20. 学术委员会委员开展各项工作时应坚持公平、公正、公开的原则。

21. 学术委员会委员因某种原因不能完成相关事务或不能出席会议时，应及时通知学术委员会或请假，不能委托其他委员或人员代理相关事务。

22. 学术委员会委员不遵守道德规范，或违背学术委员会的有关规定，情节严重的，要免去其学术委员会委员职务。

23. 学术委员会委员有下列情形之一的，不再担任委员：（1）本人书面申请辞去委员职务的；（2）因各种原因不便于继续担任此项工作的；（3）无正当理由，不完成相关事务或不出席委员会会议达到学年总量1/3的；（4）不履行委员会工作职责的；（5）委员在网上事务或会议中发表的涉及个人、学科和单位评价的言论，有违反保密规定的。

当出现第22、23条中的委员缺额时，由学术委员会讨论补聘委员。

学校的学术委员会组建之后，在提高教育、科研水平，推动学校的学术化发展方面均产生了预期效果，时至今日，已经换届到第六届学术委员会。学术委员会委员的构成至关重要，首先是委员们要具有学术性，即他们是所任教学科的领军人物，对学科教育教学有着不懈的钻研精神和持之以恒的研究投入；其次是委员们的学科分布较为均衡，如此才能实现各学科的学术性发展，而不至于偏颇。最后是委员们能够切实发挥好学术指导作用，具有将其他教师带领到学术教学之路的意愿和行为。

关于学校学术委员会的成员，不仅涵盖了学校的所有学科，而且能以个人的学术性引领学校和所在学科的学术发展。具体而言，17位委员均为浙江省特级教师和宁波市名师，在省市高中学科领域有着较大的影响，对学校教育、学科教学、教育科研都有着深刻的理解和研究领域。在学科分布上，人文、自然、艺术各个学科都有覆盖，很好地规避了偏科现象。在学术引领性上，各位委员基本都有以自己名字命名的名师工作室，通过组建研究团队、承担青年教师的结对工作等方式引领学校中青年教师的学术成长。为避免行政权力对学术权力的僭越，学校校长或党委书记没有兼任宁波中学学术委员会主任，而是由普通的特级教师担任。

三、抓住教育内涵以带动学术高中管理 >>>>>>>

学校管理不同于一般的企业管理，学校管理不是以利益最大化为目标，而是以育人为根本目标，是服务于教育的。严格来说，学校基建、教师收入等是管理的内容，但只能称得上是教育管理的外延要素。而跟培养人直接相关的要素才算得上是教育管理的内涵，也是未来教育管理着重关注的内容。因此，学校要透过繁杂的现象、事务，把管理的作用力发挥在教育管理的内涵要素上，抓住了动全身的那根"一发"，才能取得较好的实践效果。

（一）着眼教师专业发展

在教育教学实践中，时代发展与教师知识更新的问题，教师工作量与专业发展需要时间的矛盾问题，教师教学实践与理论提升如何结合的问题，教师的少数获惠与队伍的整体提升问题，教师的研修内容与形式问题，"高级后"教师职业倦怠问题，教师劳动强度与经济地位相应的问题，教师法规定教师要达到的素养及其待遇问题等，这些与教师专业发展息息相关的问题一直都关系着学术高中的发展。基于这样的现实，学校管理要着眼教师专业发展，从校本研修入手优化学校的教师队伍，进而强化学校的核心竞争力。

1.健全组织机构，确保校本研修有效开展

校本研修是关系学校长远发展的大事，需要全校各部门和全体教师

的参与和配合，单一靠某一部门很难胜任校本研修的各项工作。因此，学校成立校本研修规划小组，加强对校本研修活动的指导。校本研修规划小组由校长牵头，学校学术委员会、教师发展中心、教学服务中心和校办负责具体工作，各年级组、教研组配合以上部门完成各项工作。校本研修规划小组的主要任务为：整体规划校本研修的方案；实施和管理校本研修的各项活动；负责制定执行监督和检查校本研修的各项制度；对校本研修情况进行总结和评价；定期撰写校本研修工作报告；等等。

2. 立足教师差异，整体规划校本研修

教师是存在差异的，校本研修作为一种教师培训途径正是强调了这一特点而保证了培训的有效性。因此，任何形式的校本研修都必须立足于教师的差异，整体规划校本研修。新一轮校本研修需要根据学校教师的学历构成、年龄结构和发展水平进行整体规划，在培训中认真对待教师的差异，形成以"三阶段整体化教师培训格局"为基础的分阶段教师发展计划，具体包括宁波中学"高级后"教师学术引领性研修计划、中青年教师学术发展性研修计划、新手教师学术养成性研修计划，针对教师专业发展的标准有序地对教师进行培训。

3. 根据各个计划选择不同的研修形式

校本研修的形式多种多样，但并不是所有都适合不同发展水平的教师。因此，新一轮校本研修应根据各个计划中教师的群体特点，分别采用科研课题研究、导师引导、课例探究、同伴互助、师徒结对、自我反思等形式开展具体活动。具体包括专题讲座、案例研讨、主题说课、认知评课、微格教学、个别辅导、课题研究、论文答辩、头脑风暴，以及教师论坛等。

4. 实施教师成长记录系统

教师成长记录系统是集档案、考核和评价为一体的教师发展情况的记录手段，主要功能是收录教师的成长信息，为教师的进一步发展提供服务。教师成长记录系统由专人负责管理，平时加强监督和指导，并与期末和年度考核有机结合，是教师工作考核的主要依据。记录系统中的内容由教师自主申报和教师发展中心统一填写，材料按学年度分类归档。

5. 开展校本研修的多元评价

对教师的发展情况进行评价是校本研修工作中十分重要的一个环节。

校本研修评价实施的目的在于掌握教师成长的基本情况，从反馈信息中发现问题，在下一阶段校本研修工作中加以改进和完善，帮助教师成长和促进教师专业能力的发展。

新一轮校本研修工作中对教师的发展评价主要从不同发展水平的校本研修目标出发，围绕相应的校本研修内容，结合教师的教育教学工作实际，真实地反映教师的专业成长；体现评价内容和方式的多元化，注重发展教师各方面的能力，创造教师的多彩生活；注重体现过程与结果的结合，采取渐进式和引导式评价，促进教师的阶段性反思；和谐友善地评价教师，尊重主体与个性，强调评价的正向激励性功能。

（二）建立教育科研制度

教育科研在学术高中的内涵发展中起着不可替代的作用。在传统意义上，中小学也一直在进行教育科研，但更多的是配合高校或科研院所的需要而被动地进行实验或提供数据。究其根本原因，在于学校缺少教育科研制度，教师缺少教育科研的内驱力。要解决这一个问题，需要建立完善的教育科研制度。

1. 支持教师进行课题研究

课题研究是教师学术成长的重要途径。为此，学校通过建立完善的教师课题研究机制，鼓励、支持和组织课题研究，并将其作为每一学年的常规工作来做。首先是规范课题管理办法，依照课题管理程序推进各级各类课题的申报、立项、开题、中期检查、结题前检查和结题等，保证课题研究的规范性和学术性。其次是引领课题研究方向，通过课题研究促进教师的学术发展，以课题研究推动课堂教学改进，以课题研究促进学术高中的逐步形成。最后是构建多样、多层的课题体系。包括省市级各类课题、校级课题、中青班专项课题、"0～3 年"教师参与型课题。宁波中学教科研手册为教师提供了中国教育科学研究院系列、浙江教科院系列、宁波市教科所系列、浙江省教研室系列、宁波市教研室系列以及宁波中学系列的课题申报指南、申报书等课题申报所需要的相关文本资料。学校鼓励课题参与人完整地经历课题研究的整个过程，了解课题研究的范式和过程，体验课题研究对于自身发展和课堂的价值。表 5-7 为教师课题立项统计(2017—2018 年)。

表 5-7　教师课题立项统计(2017—2018 年)

题目	主办单位	学科
高中现代散文教学内容与教学策略研究	宁波市教育科学规划领导小组办公室	语文
新疆特色选修课程建设研究	宁波市教育科学规划领导小组办公室	语文
关注教师学生发展的"课例研究"的方法	浙江省教育科学研究院	语文
高中物理与化学橱窗实验的开发	浙江省教研室	物理
高中化学实验改进与创新的实践研究	中国化学会化学教育委员会	化学
高中文言文教学内容选择与课型研究	宁波市教育科学规划领导小组办公室	语文
关于高三物理问题解决的错误诊断及矫正对策研究	宁波市教研室	物理
基于 PDEODE 策略的迷思概念转变的教学研究	宁波市教研室	化学
巧用支架，有效促进英语读写整合教学	宁波市教研室	英语
基于"学习者共同体"理论的初中科学复习课教学研究	宁波市教研室	科学
基于学生教师发展的普通高中思想政治命题技术研究	宁波市教研室	政治
高中生拖延行为的家校合作矫正探索	宁波市教育科学研究所	语文
网络流行语对中学生的影响机制及对策研究	宁波市教育科学研究所	语文
初中小说教学目标整体设计研究	宁波市教研室	语文
基于文本解读的思维训练设计	宁波市教研室	英语
新课程背景下有效的高中英语作业设计研究	宁波市教研室	英语
阅读教学"课脉构建法"研究	浙江省教研室	语文
基于文化认同的新疆班模块化德育课程体系构建与实施——以宁波中学新疆班为个案	浙江省教研室	体育
公众史学理论指导下的学生历史行动力培养研究	宁波市教研室	历史

题目	主办单位	学科
选考背景下高中区域地理教学的校本化研究	宁波市教研室	地理
高考改革背景下"选课走班"班级管理探索	宁波市教育科学规划领导小组办公室	语文
考场作文评讲练一体化"学案链"的构建	宁波市教研室	语文
初中段整本书阅读的评量技术与应用	宁波市教研室	初中语文
"5E"支架式写作教学模式英语课堂应用的实践研究	宁波市教研室	英语
校园涂鸦课程的开发和实施	宁波市教研室	初中美术
普通高中文言文学习内容筛选策略研究	浙江省教育厅	语文
高考选考科目自修课自主管理探索	宁波市教育科学规划领导小组办公室	语文
语文核心素养观照下的"微专题"教学研究	宁波市教育科学规划领导小组办公室	语文
指向地理实践力的高中地理课程校本化研究	宁波市教研室	地理
高中数学作业讲评模式的常式与变式研究	宁波市教研室	数学
"校本阳光体育活动"干预作用下的宁波中学学生体质分析	宁波市教研室	体育

2. 完善教师奖教基金制度

2007 年 4 月，由恩友基金会出资，王阳元院士及其夫人杨芙清院士，向母校一次性捐赠 66.2 万元，设立"王阳元—杨芙清院士奖教奖学金"，用于表彰宁波中学优秀学生和教师，并签订《浙江省宁波中学与恩友基金会关于设立"王阳元—杨芙清院士奖教奖学金"的协议》。

学校根据自身的实际情况，制定"王阳元—杨芙清院士奖教奖学金"发放办法，研制多维度、多单项的教师和学生奖励办法。几年来，学校按照协议把该奖励基金用于表彰优秀教师和品学兼优的学生，特别是奖励校内各种类型的"身边的榜样"。王阳元院士和杨芙清院士也一直关心和关注母校的发展。2013 年年初，经王院士多次协调沟通，北京大学教育基金会决定向宁波中学一次性捐赠人民币 33.8 万元，用以增加该奖励基金的额度。至此，该奖励基金额度共计人民币 100 万元。

3. 建立学校学术资助制度

鼓励教师教有特色、研有成果，筹措教师教育教学研究资助经费，加大教师课题研究经费的资助力度，增设教师教育科研成果出版的资助制度。加大科研成果的推广和转化工作的力度，使教育科研成果在发挥效益方面更为明显。学校制定了奖励制度，使每一种类型的学术成果都能做到奖有所依。

学校学术奖励标准

一、论文发表的奖励标准

表 5-8　教师论文发表的奖励标准

	国家级	省级	市级	区级
论文发表	××元	××元	××元	××元

说明：

①同一篇文章只按最高奖标准发一次奖金（下同）。

②后勤管理部门的人员发表的后勤业务论文或管理论文按教科研论文同等对待（下同）。

③国家综合性教研类报纸、杂志，公认的国家前 5 位学科教研权威杂志，按国家级认定。

④已发表论文被人大复印资料收录，除补足国家级奖励标准外，另单独增发××元。

⑤各省级教科研单位或高校主办的、未被公认为全国学科教研权威杂志的教育教学研究类杂志上发表的论文，按省级认定。

⑥由各市级以上教科研单位或高校主办的、未获正式刊号的各类杂志上发表的论文，按市级认定。

⑦各级教科研杂志社印发的增刊、面向学生发行的报纸杂志、非教学类报纸杂志上发表的具有教科研价值的论文，均降低一档次认定；不具有教科研价值的论文，不做奖励。

⑧校级发表论文按稿费方式发放，不再重复计奖。

二、论文获奖及交流的奖励标准

表 5-9　教师论文获奖及交流的奖励标准

		国家级	省级	市级	区级
论文获奖	一等奖	××元	××元	××元	××元
	二等奖	××元	××元	××元	××元
	三等奖	××元	××元	××元	
论文交流		××元		××元	

说明：

①由各级教科研单位主办的学科教研论文评比活动，按相应级别认定。

②由各教育教学学会主办的片、区论文评比活动，降低一档认定。

③由各级政府部门主办的学科教研论文评比活动，上浮一档认定。

④其他学会、社会团体或杂志社举办的学科论文评比活动，或付费参加评审的，均不予认定。

⑤论文获奖须出具论文交流集和获奖证书，论文交流须出具论文集，在网络上发表的获奖论文须由颁奖单位出具说明文字。

⑥校级论文评比活动的奖励办法由学校另定。

三、出版教学专著或书籍的奖励标准

①教师参编中小学教材或教师用书，出版个人教育教学研究专著（作者不超过 2 人），按国家级发表论文的 2 倍奖励。

②教师参编教育教学研究类教师用书（不少于一章），按国家级发表论文认定。

③教师在具有正式书号的教师论文集中发表文章，或参编具有正式书号的教辅类学生用书（不少于一章），均按市级发表论文认定。

④以下各类书籍均不予奖励：虽装订成册但无正式书号的书籍、学校付费资助出版的书籍、与教育教学无关的书籍、资料汇编类书籍。

四、课题研究的奖励标准

课题研究工作是学校教科研工作的重要环节，课题研究的奖励分立项资助和结题奖励二项。其中立项资助经费是为了促进课题研究工作的开展，奖励办法为：①按照工作需要及科研开展情况，适当安排参加有关课题研讨或培训活动；②学校一次性奖励课题研究所需购买资料费用。

课题研究的资助额度和结题奖励标准如表 5-10 所示。

表 5-10　课题研究的资助额度和结题奖励标准

		国家级	省级	市级	区级	校级
立项资助			××元	××元	××元	
结题	一等奖	××元	××元	××元	××元	××元
	二等奖	××元	××元	××元	××元	××元
	三等奖	××元	××元	××元		

说明：

①由各级政府部门、教科研单位设为重点立项课题，按相应级别认定。

②由各级政府部门、教科研单位设为一般立项课题，各教育教学学会主办的立项课题，降低一档认定。

③省、市各级教科研单位课题评奖活动中的获奖课题，按相应级别认定。

④各教育教学学会主办的片、区课题评奖活动，均降低一档认定；某些社会团体、部门举行的营利性的课题评奖活动，均不予认定。

⑤未设一、二、三等奖的评比活动，根据设奖情况另行确认。

⑥获政府基础教育成果奖的奖励办法，由校长室另定。

⑦各级立项课题均应提供课题开题报告和立项证书；结题课题应提供课题结题材料及结题获奖证书。

(三)组织承办学术活动

组织承办学术活动是学术研究工作的必要内容。对于一所普通高中来说，承办教育学术活动既是对其学术水平的检验，也是其学术追求和学术水平的体现。2018 年至今，学校组织和承办的各级各类大型学术活动如下所示。

教育部全国民族教研工作推进会，2019 年 11 月

第十三届全国化学实验教学创新研讨会，2019 年 11 月

"童莉君文学奖励基金会"颁奖大会，2019 年 7 月

宁波市高中物理创新实验及自制教具展评暨市直属高中物理"四化"培训班研讨活动，2019年6月

全国高中语文新课标必修任务群教学研讨会，2019年4月

宁波中学、香港伊利沙伯中学学术交流会，2019年3月

宁波市直属区域教研活动暨宁波中学高中数学中青班研修活动，2018年12月

2018全国高中数学联赛颁奖大会，2018年12月

第五届全国基础教育课程教学改革研讨会，2018年11月

宁波市"普通高中新课程方案及课程标准"高中化学学科专题培训暨宁波市直属高中区域教研活动，2018年11月

第八届全国基础教育改革与发展论坛，2018年11月

学术高中的实践探索与未来发展研讨会，2018年10月

"基础教育行动项目'新课标·新语文·新学习'——任务群视野中的专题学习"研训活动，2018年10月

2018年宁波市新高考制度背景下高中教师三维度策略提升班，2018年5月

2018年浙江省包建新、庄平悌名师工作室线下研修活动，2018年3月

浙江省内高班六校教学研讨会，2018年3月9日

以"学术高中的实践探索与未来发展研讨会"为例，2018年，中国教育科学研究院基础教育研究所陈如平所长、宁波市教育科学研究所沈海驯所长、浙江大学刘力教授、浙江师范大学教育改革发展研究院张天雪副院长、广西师范大学教育学部社会服务事业部叶蓓蓓主任、宁波教育学院袁玲俊院长和研究发展部王家忠主任，以及其他24位来自全国各所知名高中、科研院所的校长、专家齐聚宁波中学，围绕这一难题开展研讨。

陈如平所长介绍了本次研讨会的中心议题，从习近平在全国教育大会上的讲话精神出发，从宏观层面、制度层面分析了整个中国教育的发展形势，并根据国家和社会对人才培养的全新要求提出了普通高中样态发展的几个走向。

邵迎春校长作为此次研讨会的主报告人，回顾了宁波中学120多年

的办学之路，从学校理念、课程、师资、文化和环境等方面出发，对学校目前的发展情况进行了详细的介绍，并明确提出了宁波中学作为120年名校的未来在于创建一流学术高中。对于校长和管理人员而言，要凝练学校特色，建设学术高中，为区域教育发展引路；对于学校教师而言，要营造学术文化，为个人和教研团队的学术发展助力；对于学生而言，要让每名学生都能接受学术课程的熏陶，让每名学生都有良好的学术功底，让每名学生都有对某一专业领域的兴趣，让每名学生都有某一领域的学术专长，让每名学生都有符合自身发展的学术人生规划。

刘力教授在邵迎春校长报告的基础上，提出打造学术高中，需要不一样的办学逻辑。作为普通高中阶段教育，学术高中应致力于培养学生的学术功底和学术兴趣，需要让学生对学术产生眷恋，调动他们的求知欲和学习兴趣。除此之外，学术型师资、跨学科的课程、学术性环境、指向问题意识的评价等都是各所学校在建设学术高中的道路上需要加以研究和探索的。张天雪副院长对中国普通高中教育改革进行了阶段划分，在即将进入学校体系改革的阶段，需要学校进行分层分类发展，尤其是作为学术高中，要以德为本，以学为根，以识为度，以术为用。

在会议后半程，北京理工大学附属中学任志瑜、江苏省南菁高级中学杨培明、江苏省海州高级中学周艳、湖南省长沙市第一中学宋健平、江苏省江阴市第一中学李忠、青岛实验高级中学孙睿和中国教育科学研究院基础教育研究所徐金海等校长和专家从各所学校的发展情况和自身的研究领域出发，阐述了学术高中建设的理论自觉与实践品格、高中高质发展的学术思考、拔尖创新人才培养模式的探索和实践、推进学校课程改革、实现学生的个性发展、新人文教育助力学生的个性发展、关系型教育与优质高中建设等在建设学术高中过程中的经验和观点。

总体而言，这些学术活动既有学校发展规划的价值取向这样全局性的议题，又有具体的课程教学改革、学科教学方面的考量。无论是会议主题的选定，还是会议的组织安排，抑或是参会人员的学术属性，其目的在于强化宁波中学的学术取向，积累广泛的学术资源，更在于开阔师生的学术性视野，营造学术文化。

（四）营造学校的学术氛围

学校要将学术精神内化到全体师生的心中，进而外显为师生学术化的学校生活样式，即学校的管理、教师的教与学生的学都表现出较为强烈的研究性，使得学术高中教育管理的指导思想、管理模式的确定、管理所依靠的正式与非正式制度的制定、管理目标和方案的规划等都应该呈现出一种学术的态度，体现专业化、科学化的特征。一方面，以教育科学研究的思维和方法找准学校的发展定位，以学校课题研究、项目实践、专题研讨等方式对教育过程中的规律与方法进行研究、探索，如学生个案分析的方法、某学科定位、学生评价标准、教学组织方式、能力培养策略、学校发展路径等。另一方面，鼓励教师立足自身的实践，以"发现问题—提出假设—设计方法—收集资料—验证假设—形成结论"的工作模式[①]开展教育教学活动，不局限于自我经验的获得；还要对问题的来龙去脉、教育教学的发展规律、能够解决何种教育教学问题等进行系统的理解和把握，形式可以是课题研究、学术论坛、工作坊、集体研讨、个体反思等多种方式。

学术文化的营造需要有完善的学术设施。在这一方面，学校从"一图、一室、一园、一平台、一基地"出发，开展数字化的学术图书馆建设，推进教师发展工作室的学术化应用，建设学术文化校园环境，将学术校园与智慧校园相结合，实现学术资源的信息化共享，拓展教师学术发展的资源平台，建立学生学术发展的创新基地。同时，制定相关的学术管理制度，着重优化原有的教科研奖励办法，对论文发表与获奖、课题研究资助、教师学术专著出版、课程开发与教辅材料编制等相关内容的奖励进行调整和补充，从制度上保证教师参与教科研工作的积极性。完成近 10 年的教师学术文集的编撰，做好《教育求索》《探索》的刊发工作，突出教师学术文集、《教育求索》和《探索》的学术性，使其成为学校师生学术展示的主要平台；开展多种形式的学术交流活动，包括中青年教师学科素养研修班、"高级后"教师学术引领研修班、"0～3 年"新教师研修班，以及各学科教师的外出与校内学术交流活动，进一步拓展各群体教师的学术视野，使其分别成为教师学术交流和展示的重要平台。

---

① 蔡歆：《U-S 合作视域下的校本化教育科研绩效研究》，博士学位论文，北京科技大学，2016。

第二节

三自校训融入学生管理

"自律、自立、自强"是宁波中学的校训,为我国教育革新先驱者、著名教育家经亨颐先生于 1923—1925 年担任浙江省立第四中学校长时倡导的校训,即学校教育要使学生有自发之活动、自由之服从、自治之能力、自律之行为,通过"自律"达到"自立",最终实现"自强"。"三自"不仅贯穿于学生的自我成长过程,也体现在学校德育管理的整个过程,让学生在发展个性的同时,提升自我管理的能力。完善以情感责任为核心的学生自我管理和自我教育机制。深化自主常规教育,培养学生在班级生活、学校生活中的主人翁意识,鼓励学生自我管理、自主创新,通过实践、体验、反思,使外在的规范内化为日常生活中自觉的需求,并形成行为习惯,从"他律"走向"自律"。探索构建学生自主管理网络,鼓励更多的学生参与班级管理、校园管理,完善学生自主管理委员会的功能,培养学生的自主、自律能力。以贯彻落实社会主义核心价值观为中心,以"三心"(爱心、孝心、责任心)教育为抓手,探索新课程改革下学校德育工作的途径,落实学生的行为习惯和文明礼仪的养成教育。

一、完善指向自律的德育管理制度和系统 >>>>>>>

要在学校德育中激发学生的自律、自立意识,首先需要从日常行规中做起。学校通过在日常工作中"发现问题、解决问题",逐步完善德育管理制度,避免出现管理制度漏洞,使德育管理"有度可依"。为此,学校制定《日常行规量化考核制度》,为学生的德育管理过程化、德育考核量化提供了制度基础;制定《学生宿舍入住申请制度》,为寝室管理、打造和谐和美的宿舍文化提供了制度保障；制定《学生综合素质评价(德育)制度》，为学生综合素质评价、毕业升学鉴定提供了制度依据；制定《期末推优评先办法》，为新课程改革下不同选学的学生提供了相对公平的评价办法。

宁波中学学生品德表现评价实施细则(试行)

为更好地贯彻宁波中学学生思想品德行为评价的工作要求，根据《浙江省教育厅办公室关于印发普通高中学生成长记录与综合素质评价实施指导意见的通知》文件的精神，结合学校的实际，制定本实施细则。

一、评价原则

1. 坚持客观记录，秉承实事求是、一切从实际出发的原则。

2. 坚持定性与定量相结合的原则，将相关成长记录与品德表现评价有机结合。

3. 坚持民主评定的原则，将学生互评与班主任评价相结合。

4. 坚持过程性评价与终结性评价相结合的原则，将学年评价与平时的教育工作和评价记录相结合。

二、评价内容

主要考查学生在品德操守、责任义务、行为习惯等方面的表现，包括家国情怀、尊老爱幼、社会责任、集体荣誉、诚实守信、交流合作、遵守纪律，以及能够客观地记录学生的道德认知及所获荣誉等情况。

三、评价方法

1. 学生品德表现评价以学期为单位进行，每学期末完成本学期的评价工作。

2. 学生品德表现评价分 A、B、C 三个等级，分别代表"优秀""好""尚需努力"。考核内容由三大块 12 项组成(具体见表 5-11)，各项内容设 8～10 分，总计 100 分。每学期末通过学生互评与班主任评价合成学期总分，其中学生互评占 70%，班主任评价占 30%。按总分的高低排序，根据所在行政班的等级比例完成学期阶段性评价。

3. 各班需要设立品德表现评价小组，一般由 5～6 人组成，负责班级同学的互评工作；其中班长、团支部书记原则上应为班级评价小组的当然成员，其余成员由学生推选产生。

4. 学生如有重大突出表现，经考评组综合评议可酌情加分或升级等第；学生如有重大违纪行为的，经考评组综合评议可酌情减分或降级等第。

5. 学期阶段性评价中行政班 A 等的比例依班级学期行规得分排序设定，年级 A 等的总比例不超过应届学籍人数的 25%，C 等的比例不超过 5%。

6. 总评为 C 等的，考评人（或代表）需要在学年评语处给予改进意见；学期内有违纪处分的学生在本学期的阶段性评价为 C。

7. 高三终结性评价要结合学生三学年的阶段性评价以及德育类突出表现情况给予认定。

8. 班级学生互评结果需要在班级内公示，并附相关事实材料；学校评议结果包括学生互评结果、教师评价结果和综合评价结果，需要在学校公示栏和校园网上公示。

表 5-11　宁波中学学生品德表现评价项目及内容

考评项目		考评内容
一级指标	二级指标	
品德操守	家国情怀	①爱党爱国；②关心国家大事，维护国家荣誉；③遵守国家法令制度；④严肃认真地对待国旗、国徽和国歌
	尊老爱幼	①尊敬师长，孝敬父母，爱护幼小；②真诚友爱，礼貌待人
	自律自强	①能约束控制自己，不受干扰和诱惑，善于自我教育；②戒骄戒躁，不怕失败；③独立思考，有一定的独立处事能力
	公益活动	①关爱他人，不给他人添麻烦；②积极参加志愿活动或社区服务
责任义务	社会责任	①是非分明，有正义感；②能参加社会实践活动；③爱护公共设施，有环保意识
	诚实守信	①为人真诚，不弄虚作假；②言而有信；③不搬弄是非；④拾金不昧
	集体荣誉	①有集体荣誉感，关心集体；②爱护集体，维护集体利益；③参加集体活动，乐于为集体出力
	值周劳动	①能服从分配，完成值周和劳动任务；②尊重劳动者，爱惜劳动成果
行为习惯	遵守纪律	①有组织纪律性；②遵守校纪校规，遵守公共秩序；③对他人的违纪行为有正确态度
	交流合作	①同学之间互相尊重，团结互助；②能与他人友好沟通，合作完成任务
	勤奋学习	①学习态度端正；②重视德智体美劳各方面全面发展；③有良好的学习习惯，专心听课，认真、独立完成作业和考试
	日常行规	①举止文明，注重礼仪；②有文明健康的生活习惯；③节俭朴素；④讲究效率，生活有规律

除完善德育管理制度之外，学校根据浙江省新高考改革综合素质评价的要求，在学生品德表现评价过程中，逐步构建、运行、调整、完善学校德育管理系统，实现日常行规的学生自主管理和学校信息化管理并轨运行，搭建学生德育成长的过程性记录平台。家长、班主任、年级组组长及学生发展中心教师均可以在学校德育管理系统中完成请假、住宿申请、奖惩情况的录入和查询。

宁波中学学生德育量化系统的功能

1. 班级量化评比：流动红旗班。
2. 学生出勤或宿舍检查的量化情况。
3. 班级各项检查的量化情况。
4. 学生成长记录：奖惩情况。
5. 手机端使用：家长（班主任、年级组组长）通过进入宁波中学德育中心微信公众号来登录、查看，学生发展中心（学生会、校警、宿舍）可通过系统平台进行记录、查看。图 5-1 为宁波中学学生德育量化系统。
6. 其他功能：学生请假。

图 5-1　宁波中学学生德育量化系统

二、建立指向自立、自强的学生自治机制 >>>>>>>

"自律"的管理目的在于实现学生"自立"和"自强"。在这一方面，学校通过充分发挥学生会等学生自治组织的应有职能，推行学生干部轮岗和值日班长等形式，形成增强学生自主管理、自我教育的学生管理新模式，促使学生主体意识的形成和展现。

(一)以学生会为主体实行学生自治

学生会是学术高中学生自治组织的主要机构。为了进一步明确学生会的自治职能，学校制定了宁波中学学生会章程，其中对学生会的基本任务进行了说明。

宁波中学学生会的基本任务

一、遵循和贯彻党的教育方针，组织同学开展学习、文体、社会实践、志愿服务等多种活动，促进同学的创新发展。

二、维护校规校纪，倡导良好的校风、学风，促进同学之间、同学与教职员工之间的团结，协助学校建设与学术高中发展方向一致的教学秩序和校园文化。

三、自主开展有益于创新成长、个性发展的自我教育活动，帮助解决同学在学习和生活中遇到的实际问题。

四、做好学校和广大同学之间的沟通和联系，通过正常渠道，反映同学的建议、意见和要求，参与涉及学生的学校事务的民主管理，维护同学的正当权益。

五、引导和支持学生社团的健康发展，配合团组织加强对学生社团的管理和服务。

(二)建立学生值周班制度

从他律到互律再上升到自律，是学校学生管理所采取的基本策略。他律是以教师的管理为出发点，强化教育主导的自上而下的约束机制，尽管有一定效果，但往往缺乏学生的内化，学生的主体参与不强，难以形成自觉的行为，导致"口服心不服"的状态。互律是以学生之间自主管理为出发点的，强化主体参与的约束机制，符合高中学生的心理发展特点，充分体现了学生的自尊需要。基于这一点，学校建立学生值周班制度，由值周班的学生负责一周来学校的各项工作。

（三）实行校内志愿者服务制度

校内志愿者服务是学生自主参与学校各方面管理的主要方式之一，其实质是学生的自主管理。

在宁波中学，每名学生都要参加校内志愿者服务。在学校举行重大活动时，在教师的指导下，学生参与校史讲解、主题宣传、帮贫扶困、定向服务、秩序维持、人员接待等工作。一方面，学生在服务同学和他人的过程中获得直接经验，发展实践能力；另一方面，学生也锻炼了自身的自主管理能力，培养了社会服务意识，增强了公民责任感。久而久之，学校里逐渐形成了人人参与学校事务和人人争当学校服务者的良好氛围。

（四）探索学生干部轮岗制

探索学生干部轮岗制，是激发学生的主体意识，展现他们的领导才能，唤醒他们的责任感的有效方式。通过几年的学生干部轮岗制的试验和实践，学校摸索出了机会均等式的值日班长制、班长组阁制、班级管理"四人小组"形式和班主任助理制等多种形式的学生干部轮岗制。而且还在全校形成了高一年级师管生助，实行班主任助理制；高二年级师生共管，实行执行班主任制；高三年级学生自治，实行辅导员制等一套完整的班级管理模式。

班级日报的诞生

愿望是好的，但实际总会有偏差。值日班长制实行一个学期后，不断地暴露出存在的问题：值日班长的流动性，导致很少有同学对存在问题的原因和解决方法提出更深入的思考；个别责任心差的同学经常忘记要轮到自己做值日班长；还有部分同学敷衍了事，并没有主动积极地履行值日班长的职责……对此，我在课堂上对值日班长的意义和职责强调了很多次，但效果并不显著。

如何改变这种情况，使值日班长制能发挥班级民主管理和学生自我管理的应有作用，对此，我陷入了深思。制定值日班长制和值日班长登记表的目的是让学生能团结起来，学会自己管理自己。这样对于公共利益，能养成主动谋取的习惯；对于公共事业，能养成承担的能力；对于公共是非，能养成明了的判断。我虽然想发挥他们的主观能动性，但所有的规则都是由我制定的。而无论我想得怎样周密，总是不如学生自己对自己的情况熟悉。有的时候，我们为学生做的事情越多，越不利于学生。如果让学生自己制定规则，会比我自己制定规则更加切合实际，更加容易实行，更加深入人心。

我们应该让学生自己制定值日班长制和编制值日登记表。我用一节班会课的时间，展开了值日班长制和值日班长登记表如何认真填写的讨论。经过讨论，学生确定了值日班长的如下10条职责。

1. 负责记录当天的出缺席情况，及时在班级日报上刊登，对迟到的同学提出批评，予以处罚。

2. 维护自习课的纪律，对自习课说话的同学予以批评、处罚。自习课有准假权。

3. 维护课间纪律，及时发现并制止课间大声喧哗以至在走廊打闹的行为。

4. 协助卫生委员做好班级卫生工作，每天早、午、晚各拖地一次。发现地面上的碎纸，在谁的座位底下谁负责。

5. 协助体育委员，督促同学认真做好课间操。

6. 督促同学做好眼保健操，发现做眼保健操不认真的同学，则予以批评、处罚。

7. 在任班长的前一天晚上放学后，选择一条对班级的现状有针对性的格言，抄写在黑板的右侧。

8. 协助体育委员组织好活动课。

9. 在当天的12：00之前到班主任处领取值日班长登记表，并在第二天向班主任上交自己在任职期间的工作总结。若对出席、纪律、卫生、课间操、眼保健操中的某项活动不满意，被扣分，需要写出失误分析登在日报上。

10. 当天学校若召开班长或班干部会，而干部不在或不能脱身时，则可参加班长或班干部会。

后来在值日班长登记表上，有同学提出可以把值日班长登记表改成班级日报，用一本精美的五颜六色的本子进行记录。这样既可以使大家认真填写，又可以互相监督。看看前任的值日班长写了一些什么，是敷衍了事还是认真总结，大家一目了然。一个学期结束后，又可以当作班级的成长手册收藏起来，毕业时可以选用一些有意思的刊登在毕业纪念册上。这样大家为了能"青史留名"，就会更认真地填写和总结。而别的值日班长还可以针对前任的意见和总结提出自己的看法，就像网上的论坛一样。当然还以发挥自己的想象力，在班级日报上留下自己的印记。这个主意得到了一致的肯定，所以普通的值日班长登记表就变成了现在精美的班级日报。

我看着精美又丰富多彩的班级日报，翻到了昨天值日班长的留言：希望老师能让班级同学评价值日班长的工作成绩，给予几分的加分可以由班级选出的评审小组决定。我想：是啊！这个建议真好！值日班长制度是让学生实行自我管理的制度，那么它的监督与评价仍然应该由学生自己来进行。想到这里，我忍不住在后面留了一句言：很好！希望大家能继续讨论如何建立评审小组，公平、快速而有效率地对值日班长做出评价！也希望大家能继续多提意见，继续完善班级的值日班长制，能自律、自立、自强。

（陆巳均）

三、建立和完善心理健康教育体系 >>>>>>>>

治人之术，在于治心。近年来，中国出现一些在校生的自杀事件，并且呈现出学段下移的趋势。这不得不为学校教育敲响警钟，学术高中要培养的是具有健康身体、健全人格和和谐心理的创新人才。

因此，学校着手建立一套科学有效的心理危机干预制度和心理健康教育体系，制定《学生心理危机干预制度》和《学生心理健康普查制度》，建立心理危机干预的班级、心理辅导中心、学校三级预警体系，建立心理危机监测信息交流机制，开展心理危机教育和干预工作。尤其是针对大班化的集体心理辅导远远不能解决个别学生所面对的心理问题，以班级为单位，实施班级心理辅导小组制度，选拔一些性格开朗活泼、心理健康向上、乐于助人的学生作为心理辅导小组的成员，让学生帮助同学解决问题。心理辅导小组采取生与生结对辅导与针对班级情况集体辅导的两种方式展开工作，收效良好。

走出抑郁，保持好心情

一、心理问题呈现

康康同学在由初中升入高中时，以优异成绩被分到重点班。进入重点班后，她出现心情压抑，主要原因是学习成绩下降。她曾反复对家长说"不想上学"。她在家每隔2～3天就要哭一次，家人无法哄劝。她有头疼、失眠、胸闷、厌食、腹泻等不适应症状，一天有时只吃一顿饭。她在墙上乱涂乱画，时常晚上在家既不写作业也不睡觉。考试失利后，她喜怒无常，不知什么时候就发脾气。她对任何事物都无兴趣，情绪非常低落，总想回到原来的班级。

二、问题讨论与原因分析

生1：康康是一个学习刻苦、学习基础好的学生。但她性格内向，思维反应能力较慢，具有极度自卑感。

生2：所谓抑郁就是一种持续的以情绪低落为主要表现的心理状态。当然，正常人也有抑郁的时候。应该说，这是一种正常的没有情绪的反应。

生3：抑郁指个体在情绪上沮丧、忧郁；在认知上自责、自罚，缺乏信心，绝望无助；在行为上倦怠、少动，对什么事都缺乏兴趣。康康应该有这种心理问题。

三、心理小组诊断

1. 情感原因：幼年时期情感剥夺的生存环境，使得康康没有学会正确对待焦虑和冲突的方法，不幸的环境在孩子的潜意识中留下了深深的烙印。上学后，家长一味重视学业，忽视了品格教育。进入重点班后，失去了老师的喜爱，其在同学中不再表现得很优秀，班内学习排名居后。这些更加重了康康内心的无奈和挫折，导致幼年时期的遭遇再现。于是她悲观压抑，选择逃避和发泄情绪来避免自己继续受挫。

2. 认知原因：一是家人的期望、重点班的竞争、榜样的示范，为康康树立了很高的人生目标。但学业难度的加深、教学方法的灵活，使得反应能力较慢的她，一时无法适应，过度紧张和焦虑导致学习成绩下降。

二是自我评价降低，采取自责、自罚的心理防御机制导致认知的偏差。

3. 行为原因：一方面，面对失败的情形，内在的心理防御机制为避免内心受到伤害，选择身体健康为代价，使自己的行为合理化，消沉倦怠。另一方面，压力的积累，又缺乏适当的情绪调节，产生无法脱离的低落情绪。

四、心理辅导方法

生1：不要给自己制定一些很难达到的目标，正确认识自己的现状，正视自己的病情，不要再担任一大堆职务，不要对很多事情大包大揽。

生2：可以将一件繁杂的工作分成若干小部分，根据事情的轻重缓急，做些力所能及的事，切莫逞能，以免完不成工作而心灰意冷。

生3：尝试着多与人们接触和交往，不要自己独来独往。尽量多参加一些活动，尝试着做一些轻微的体育锻炼，看看电影、电视或听听音乐等。可以参加不同形式和内容的社会活动，如讲演、参观、访问等，但不要太多。

生4：不要急躁，对自己的情况不要着急，这需要时间改变。在没有同对自己的实际情况十分了解的人商量之前，不要做出重大的决定，如调换班级、学校或干脆辍学等。

生5：不妨把自己的感受写出来，然后分析、认识它，确定哪些是消极的，属于抑郁症的表现，然后想办法摆脱它。做一点喜欢的事，看书，或者干脆什么也不想，放弃也是一种心境。

生6：不要一个人抑郁不开心，这样心结是永远不能打开的。可以告诉知心的朋友，或许经过别人的分析就豁然开朗了。如果不想别人知道自己的秘密，可以写日记。因为日记是最忠实的朋友，可以将心事向它倾吐。再者可以出去旅游，也可以拓宽视野，减少狭隘的心理，问题的解决最终靠自己。

（班级心理辅导小组）

四、建立和完善家校合作机制 　>>>>>>>

新时代，有新问题。由于新高考的推进，不可避免地会遇到各种家校沟通冲突。如何化解家校矛盾，构建和谐的家校关系是学校德育管理的重要课题。学校建立家长委员会制度，进一步加强家校联系，充分发挥家长委员会的积极作用，使家校形成合力，开拓共同促进学生身心健康成长的德育新途径。

一是按照《宁波中学家委会管理办法》，完成学校家委会的换届工作，定期针对各个年级的教育教学实际，召开家委会会议和家长会，保证家校互通渠道和谐顺畅。

二是利用家长资源开设家长学校"梅潭学堂"，邀请来自不同行业的家长面向高一新生介绍各个传统和新兴行业及职业要求，帮助学生做好职业生涯规划。

宁波中学"梅潭学堂"第一期顺利开展

与梅为伴的池塘，在阳光下已披上满身翠色，那块刻了"梅潭"二字的大石也染上了夏日的气息。

东阶梯教室于 2018 年 5 月 16 日晚，迎来了一批新的客人。由宁波中学学生会学习部组织并筹办的"梅潭学堂"第一期，终于开讲了！

在第一期的"梅潭学堂"，我们有幸邀请到了宁波市李惠利东部医院神经外科孙成丰主任，来为学生们"浅谈医学"。

站在不同的角度，相同的问题，有了不相同的解读。"医学是什么？"除了扎实的理论基础、丰富的临床经验、科学的临床思维、细致及发现的眼光外，还需要什么？

东阶梯内几乎座无虚席，学生们安静认真地听着讲座。从西方的希波克拉底、东方的神农到近代的达·芬奇、白求恩，再到现在的屠呦呦，医学的历史波澜壮阔，科技对医学的发展也起到了越来越重要的作用。但就算科技发展得再快，医学也并非无所不能，敬畏生死，披荆斩棘，继续前行。

正如孙成丰主任所讲，医学无国界。在医生这个行业里，每位医师都在奉献着自己的青春与热血、智慧与仁德。在学生们的专注聆听下，第一期的"梅潭学堂"讲座圆满结束。

成长导师凸显学术管理

当前，我国普通高中的学生育人管理方式主要还是以班主任负责制的行政班管理为主。行政班管理的优点显而易见，班级作为有一定人数规模的学生集体，是学校根据一定的任务，按照一定的规章制度组织起来的有目标、有计划地执行管理、教育职能的正式小群体。班级不仅是学生在校生活的基本组织单位，而且也是促进学生成长的正式组织之一。①

行政班管理的传统历来已久，无论是在开展模式上还是在人员配备上，都已有一整套的运行机制。从学校到年级组再到班级的垂直管理方式，高效快捷，面向全班学生，将班级和班主任、任课教师的业绩联系起来，便于组织、管理和评价。但是，由于行政班管理是一位班主任面向全班学生，多而分散的教育对象容易导致教育影响的失位，因而学生不易获得活动参与、师生互动、教师期望和个别指导等方面的机会。随着全员选课走班制的实施，时间和空间上出现的断层，单一的班主任负责制的行政班管理更是不能完全满足学校的教学组织需要，成长导师制应运而生。

何为成长导师制？虽然研究者对成长导师制的概念还没有明确而统一的界说，但普遍认为成长导师制是在了解、掌握学生个体特征的基础上，通过对学生因材施教，加强学生的自主独立性培养，着重培养学生个性和气质的一种班级管理制度。② 为更加明确成长导师制的概念，需

---

① 全国十二所重点师范大学：《教育学基础》，229页，北京，教育科学出版社，2014。

② 钱红梅：《"学生成长导师制"研究》，硕士学位论文，华东师范大学，2006。

要在全员走班教学背景下对成长导师制的内涵、特点和价值进行进一步的阐释。我们认为成长导师制有别于传统意义上的高校教师承担对学生进行学习、进修和论文写作等指导活动的导师制，而是根据学生的学习能力与兴趣、认知结构差异、心理发展情况和个性成长需求，在学校组织下由导师面向学生个体，通过有计划性、有针对性的生涯规划引导、学业指导、心理辅导、综合素质评价等导师和学生之间的互动活动，引导学生按照自身特质规划自我、发展自我和完善自我，提升自身的核心素养和可持续发展能力。要设计和实施成长导师制，需要解决好以下几方面的关键问题。

一、开展成长导师制的文化引导 >>>>>>>>

任何一种制度的建立和改革都需要一个长久的过程，尤其是在学校教育中。对于学校、教师、学生、家长，以及整个社会来说，成长导师制是一个新事物，其内涵、价值、运行模式、实际功能等都需要一个逐渐明晰的过程。这就意味着，学校在设计和实施成长导师制时，需要进行相应的文化引导。

成长导师制的文化引导可通过以下几方面进行：一是开展面向各对象的成长导师制专题调研，了解学校、教师、学生、家长，以及社会对在普通高中实施成长导师制的认识、态度和建议；二是开展面向各对象的成长导师制专题讲座，对成长导师制的内涵、价值、运行模式、实际功能等内容进行案例分享和解读；三是建立成长导师制的真实愿景，使其成为师生发展的价值共识；四是开展成长导师制的试点工作，在小范围内进行实践探索、系统反思、经验总结和行动研究，不仅给予参与者和旁观者直接的感受，而且可以避免全面实施成长导师制后可能出现的无序化。

二、明确成长导师的职责 >>>>>>>>

成长导师制作为一种制度设计，其自身内容的合理性和科学性决定了制度实施的实际效果。其中关于成长导师职责的设计至关重要，不仅要明确成长导师的职责内容，同时也要确保成长导师职责的落实。

综合相关研究观点，成长导师的职责主要集中于人格建设、生涯规划引导、学业(学术和实践)指导、心理辅导、综合素质评价这几个方面。学校需要根据学生发展核心素养的要求，将这几方面的职责按照学生的不同发展阶段进行细致的行为分解，在不同阶段对成长导师提出不同的目标和任务，同时对指导活动的次数和时长等基本要求进行明确，并在此基础上形成导师手册。

在明确了成长导师的职责之后，成长导师参照导师手册，和学生一起制订指导计划。指导计划的制订要依据学生自身已有的生涯初步规划、成长导师对于学生发展基础的判断和成长导师自身的情况(人生经历、教育风格、精力和时间等)等方面的因素。这样的指导计划不仅能对学生的职业生涯规划起到很好的引导作用，同时也能实现对成长导师制活动的目标管理。除指导计划外，还需要有配套的指导手册，由成长导师对每一次的指导活动的基本情况、学生表现、活动成效等内容进行记录，从而对导师职责的发挥起到一个过程性管理的作用。

最后，学校针对成长导师制建立考核系统，确保成长导师职责的正常发挥，通过总结性管理，围绕指导活动的开展情况、指导计划的完成情况、学生的核心素养发展情况等内容，对成长导师进行考核。考核的结果主要是作为成长导师行为改进的依据。

三、做好成长导师制和班主任负责制之间的衔接 >>>>>>>

成长导师制与班主任负责制并不是非此即彼，而是相互依存的关系。在班主任负责制的基础上，使落实学生发展核心素养培养的责任主体更为具体，更为明确。因此，要做好成长导师制和班主任负责制之间的衔接工作。

一方面做好育人管理功能的区分，班主任负责制偏重于集体管理，主要功能为开展集体日常管理与集体活动，如升旗仪式、课间操、日常班级评比、运动会、各种班级间的竞赛等，为学生提供获得集体归属感和参与集体生活的机会；成长导师制偏向于个体指导，主要功能为学生个体发展引导与学业指导，如生涯规划引导、学业指导、心理辅导、综合素质评价等，从而为其核心素养发展提供全方位的引导。

另一方面要做好育人管理功能的衔接，建立成长导师和班主任之间的沟通联络机制，如建立成长导师和班主任网络群，做好随时随地的沟通；开展定期的常规工作联络会，成长导师和班主任就学生某一阶段的一些具体的成长情况进行交流，并对下一阶段的工作做出整体安排；开展临时的工作联络会，成长导师和班主任针对某些学生的突发情况进行商讨，形成互相配合的解决方案。

四、建立成长导师制的支持环境 ﹥﹥﹥﹥﹥﹥﹥

除开展成长导师制的文化引导、明确成长导师的职责和做好成长导师制和班主任负责制之间的衔接之外，建立相应的支持环境也是设计和实施成长导师制整个过程中不可或缺的环节。

班主任负责制之所以能发挥作用，除了有一整套完善的运行体系外，其具有完备的组织机构也是其中一个重要原因。对于成长导师制也是如此。因此，学校应建立起专门的相应组织机构成长导师工作小组，负责成长导师工作的日常运行、管理和考核等。

一是将成长导师这一群体纳入教师队伍建设规划，探索和开展面向成长导师这一群体的专题校本研修活动。研修内容要围绕成长导师群体所面临的关键问题进行设计，主要包括成长导师制的理念建立、成长导师的角色分析、成长导师制的实施模式、成长导师的职责解读、学生的心理分析和疏导方法、学生职业生涯规划的引导策略、学生的学业指导策略、成长导师团队的建设与管理等。研修活动要根据不同的内容和要求，采取相应的活动方式，如专题讲座、成长导师工作坊、团队研讨和自主研修等，尤其是要强调基于工作现场的浸入式研修和以成长导师团队为单位的团体研修，突出研修的实践取向。

二是将成长导师这一工作岗位的工作量计算和绩效等级评定等相关工作纳入学校人事管理的内容。具体来说，成长导师的工作量计算和绩效等级评定参照学校的班主任管理办法，根据教师担任成长导师的人数、指导的学生数量和规定的工作内容等因素，进行科学设计和灵活调整；不仅要保证已担任成长导师的教师安心开展工作，更要激发更多的教师主动担任成长导师的意愿，使成长导师制真正成为学校全员育人的主要方式之一。

校园物语彰显学术精神

学校的基础设施建设是校园文化的硬件。这些硬件的构成一定要具有育人功效，要努力从外观上达到让学生眼前为之一亮，精神为之一振。校园环境如学校建筑的布局，各种建筑的命名，校门、雕塑的设计与修建，校徽、校训、校歌的设计和确定，校园网络、橱窗、标语牌、现代信息技术设备的购置等，都要具备独特的风格和文化内涵，潜移默化地影响学校成员的观念和行为。让每一寸土地、每一处景点、每一面墙壁都是育人的载体，都具有育人的元素，使人时刻感受到美的熏陶、美的启迪、美的激励，感受到厚重的文化积淀，真正达到"润物细无声"的效果。

一、校史馆里的学术位置 >>>>>>>

校史馆是学校发挥文化育人功能的重要载体，它在传承学校传统、展现学校精神、弘扬高尚师德、树立优良学风等方面发挥着重要作用。学校的校史馆凝聚着学校创建、发展、壮大的成果结晶，涵盖了教学、科研、育人、社会服务等诸多方面的内容，是展示学校发展历史、办学特色和学校精神的重要平台，是促进校园文化建设的重要环节。

正所谓一切历史都是当代史，校史馆是历史的陈列室，但却彰显着学校的现代时。在宁波中学的校史馆中，最为醒目的位置并不是留给领导人、官员的，而是留给那些在各个学科领域中做出卓越贡献的科学家、文学家、教育家、艺术家。这种有意为之的安排彰显着学校对学术的敬重。校史馆中还有一个专门的屠呦呦纪念馆，里面叙说着宁波中学著名校友屠呦呦在宁波中学的学习经历，介绍了屠呦呦研究青蒿素的艰难历程，也介绍了获奖后的屠呦呦对母校的关注，如图5-2和图5-3所示。屠呦呦纪念馆里的一物一语给每一名学生和参观者都留下了深刻的印象，激励着宁波中学学子在追求学术道路上的热忱。

图 5-2　屠呦呦在宁波中学

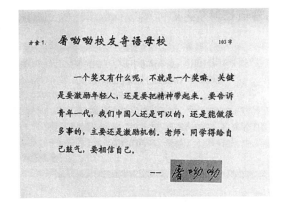

图 5-3　屠呦呦校友寄语母校

二、图书馆里的知识创造 >>>>>>>

　　早在 1919 年，北京大学图书馆主任(馆长)李大钊先生就明确指出："使管理图书的都有图书馆教育的知识。""这是关系到中国图书馆前途的事情，也是关系到中国教育前途的事情。"在 1975 年里昂大会上，国际图联(IFLA)将图书馆的社会功能界定为：保护人类文化遗产，开展社会教育，传递科技情报，开发智力资源。其实，开发智力资源也属于教育功能。在图书馆的四大功能中，教育功能占了"半壁河山"。可见，教育功能之于图书馆是何等重要。时至今日，我们不再笼统地谈论图书馆的教育功能，而是将其深化到图书馆与学术高中发展的关系中。

　　在学术高中，教师和学生要花费大量的时间和精力用于研究内容的资料阅读上，因而他们会在图书馆待上很长的时间。这就要求图书馆具备大量的藏书和可供研读的空间。由于办学条件的限制，宁波中学的图书馆尚不能满足广大师生学术成长的需求，但学校拓展思路，将眼光投到了校外与网络。

宁波中学关于宁波大学园区图书馆数字文献资源
开放的几点说明

宁波大学园区图书馆数字图书馆将针对宁波中学教师开通文献资源不限 IP 地址的使用服务，教师在家中也可根据指定的用户名和密码访问其中的数据库，进行文献检索。具体使用方法公布如下。

一、电子期刊（试用）

在试用期间，登录宁波大学园区图书馆网址，点击其中的电子期刊，链接 1，在窗口指定的区域输入账号与密码，即可在任何有网络的地方使用其中的文献检索和下载全文服务。阅读全文电子期刊需要安装 CAJ 或 PDF 阅读软件，用户可以点击网页上的下载阅读器，进行下载安装。

二、四库全书

四库全书数据库包括经部、史部、子部、集部等内容，教师可以根据需要进行全文的检索。教师可登录宁波大学园区图书馆网址，点击其中的四库全书，登录之后即可使用。

三、国家科技图书文献中心

登录国家科技图书文献中心网址，点击注册。经过工作人员一个工作日的审核期之后，登录网站输入账号和密码后，即可检索和下载全文。由于其电子文献是通过电子邮件传送方式进行的，因此教师在注册过程中要填写正确的个人信息，以便所要求查阅的文献能准确地发送到自己的电子邮箱。

四、国研网

登录宁波大学园区图书馆网址，点击其中的国研网，链接 1，在窗口指定的区域输入账号与密码，即可使用。

三、文化长廊上的学术履历 >>>>>>>>

宁波中学有着悠久的校史，在校史的记载册里有诸多学术大师的身影，这些都是学校学术定位的底气。但是，这些底气不能仅停留在潜在的层面，还要进行充分的挖掘，把它外显出来，转化为显性的学术文化资源。因此，学校借 120 年校庆之际，建造了文化长廊，将宁波中学走过的风雨历程和具有学术代表性的校友铭刻于文化墙上，使其成为学校学术文化的重要呈现方式，如图 5-4、图 5-5、图 5-6 所示。

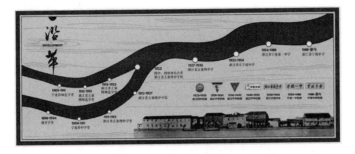

图 5-4　宁波中学 120 年历史沿革

图 5-5　初创时期之宁波中学

图 5-6　从宁波中学走出的学术大师

正如文化长廊的建造初衷：走进宁中，徜徉在历史文化长廊下/斑驳陆离的建筑积淀着百年文化/那穿过指尖的每一块水泥砖瓦/似乎都在诉说它的故事/在这里，我们铭记历史，传承文化/在这里，我们与时俱进，崇尚卓越。每一位走进宁波中学的学生、教师和参观者，都能深刻地感受到浓厚的学术味。这种学术味既有看得见、触得到的器物、建筑和设施，更有借由这些器物、建筑和设施所散发出来的学术精神追求和思维方式。

立德树人，教师不仅承担着一般意义上的教学任务，更肩负着引导学生认识人生的可能性和深刻性这一更为深刻的教育使命。因此，建设学术高中要落到实处，落到深远处。作为课程和教学的实施者，教师的作用自然是要被特别标注的。如何培养一支具备专业素养和重视学术的学者型教师队伍，就是新时期建设学术高中的重要一环。宁波中学有优秀的师资队伍建设传统。120余年来，宁波中学发展靠专家、延名师、育新人、办学堂、兴师范，始终把教师队伍建设作为兴办学校、实现育人目标的主要策略之一。

随着社会的发展及新课程改革的不断深入，学校教师队伍正在呈现出以下几方面的特点：高级职称教师和教师群体的平均年龄、平均教龄不可逆转地降低；退休教师和新教师人数的增多导致教师群体正常流动趋势加强；教师梯队优势的减少影响教师队伍的结构性互补；同龄教师人数的增加引发同一年龄段教师间的竞争加剧；高年资教师层人数的减少使学校教育教学的优秀传统和特色积淀缺少形成的时间和空间。这些矛盾成为学术高中内涵发展的一个瓶颈问题。这些新情况的出现更是为学校的学者型师资队伍建设提出了新课题。

　　针对这一情况，近年来学校开始有意识、有目的地思考和探索解决这些难题的策略与途径，学校越来越意识到如能构建一种有效的、符合学者型教师队伍需求的校本研修模式对建设学术高中可谓意义重大。正是在这一目标的指引之下，学校基于教师的发展基础、学术高中的发展实际，开展多层次、多类型的基于学术视野和能力的校本研修活动，激发教师的研修动机，促使他们朝着自觉学习、自觉发展的学者型教师发展。

学术高中呼吁学者型教师队伍

在学校 120 多年的办学历程中，已经形成了浓厚的积极进取、善学善教、不断求进的教师文化，这是宁波中学开展师资队伍建设需要传承的。随着教育发展、学校发展的形势发生变化，学校将建设学术高中作为学校的发展方向，教师队伍建设必然也要注入学术的内涵，这也是我们提出建设一支学者型教师队伍的初衷所在。

一、学术高中对于教师队伍的要求 >>>>>>>

对教师专业的具体内容与专业结构，国内不少学者提出了各自的观点，其中较具代表性的有：叶澜的专业理念、知识结构、能力结构[①]，以及林瑞钦的所教学科的知识(能教)、教育专业知能(会教)、教育专业精神(愿教)。[②] 对于学者型教师来说，必然也需要具备相应的专业素养。

（一）养成基于学术精神的人格品质

培养什么人，是教育的首要问题。要完成培养德智体美劳全面发展的社会主义建设者和接班人这一教育工作的根本任务，首先需要教师具备立德树人的能力。对于学者型教师来说，这种立德树人的能力就表现为养成基于学术精神的人格品质。

学术精神对于教师在建设学术高中的过程中如何看待学术、如何对

[①] 叶澜：《新世纪教师专业素养初探》，载《教育研究与实验》，1998(1)。

[②] 林瑞钦：《师范生任教职志之理论与实证研究》，256 页，高雄，复文图书出版社，1990。

待学生、如何开展教与学的活动等各个方面起着精神核心的作用。学者型教师在教育教学工作中要有对养成学术精神、从事学术活动、开展创新教育教学实践的兴趣、热忱与责任感。具体而言，一是要以学术为荣，做一位"习惯于自我创新，不断追求卓越的教师""胸怀学术理想，乐于学术钻研的教师"；二是要以业绩为重，做一位"具有学术视野，能以学术思维看待和开展教育教学的教师""善于引导学生创新，具有学术魅力的教师"。

(二)具备指向学科核心的专业知识

历史教育专家赵亚夫先生在《找准历史有效教学的原动力》一文中说："历史有效教学的原动力不在教育学和心理学，而在历史学。""以往凡是把历史讲得不熟不透的教师，都是因为学科功底不好的缘故。"虽然指的是历史教育，但放在其他学科的教学亦是如此。对于一线教师来说，他们所欠缺的不仅是教育的理论、方法、技术和手段，更多的是基于学科功底的专业知识。

当前以核心素养为理念的高中课程方案和学科课程标准已经颁布，关于核心素养的研究也越来越多，越来越深入，越来越明确。在以后很长的一个时期里，核心素养怎么在课堂教学中落地将是学校教育中的关键问题。核心素养要落地，教师首先应该具备深厚的学科核心素养，而学科核心素养是建立在扎实的专业知识基础之上的。因此，对于学者型教师来说，除了掌握普通文化知识和教育科学知识之外，更需要掌握指向学科核心的专业知识。学者型教师应该对自己所教的学科有深刻的知识，只有如此，才能具备深厚的学科核心素养和落实核心素养的教育教学能力。

(三)发展善于引导学生创新的能力

学者型教师不仅肩负着传授专业知识的使命，也肩负着示范引领教与学方式创新的任务和引导学生创新发展的使命。这就要求教师除了发展语言表达、课堂管理、教学评估等常规的教育教学技能之外，更重要的在于不断更新自身的知识体系，基于教与学实践和学生创新发展的需要，在课程开发、课堂教学创新、科研课题研究中不断地发展善于引导学生创新的能力，如如何在学科教学中渗透探究学习，如何带领学生开展创新思维活动，如何引导学生在学习活动中养成学术精神和学术思维等。

二、学者型教师对于教师队伍建设的诉求 >>>>>>>

（一）提供相适应的学术成长环境

教师专业化、学术化发展是学术高中的必然选择，也是学术高中教师个体发展的内在需要。但是，不同教师个体、不同教师群体的发展起点不尽相同，对发展的需求也存在差异。为此，要为不同教师个体、不同教师群体提供相适应的学术成长环境。

刚踏上讲台的教师们更多地追求站稳讲台，适应与传承学术高中的教育教学文化；站稳讲台的教师们追求站好讲台，积淀与创新学术高中的教育教学文化；那些高年资的教师们更多地希望自己能够突破职业倦怠的樊篱，寻找追求卓越的路径，适应时代快速发展带来的挑战。基于对教师群体结构及其需求的全面思考，学校对不同群体的教师分别提出了渐进式的发展定位，形成三阶段整体化的教师学术成长格局，关注每一个群体教师的学术成长，帮助他们在各自不同的起点上不断超越自我，走向卓越。

（二）彰显教师在教学中的学术个性

学者型教师要有学术个性，尤其是要在教学中能体现学术个性。有学术个性的教师才能激发学生的创新意识，培养学生的创新能力。因此，需要给予教师在课堂教学中更多的学术自由空间，让他们有机会彰显学术个性。

为此，学校主张教师是课堂教学活动的真正主体，通过提供一个鼓励创造、重视个性的工作环境，鼓励他们自主探索和尝试教与学的新方式，推动他们基于自身的教育教学实践开展课题研究，探索创造具有自身个性的教育教学风格，而不是用一套既定的标准去检查教师的教学。

（三）让教师体验学术的乐趣

在教师发展理论研究蓬勃发展的浪潮之中，美国学者费斯勒

(Fessler)提出了一套动态的教师生涯循环理论,他将教师发展分为八个阶段:职前教育阶段、资培引导阶段、能力建立阶段、热心和成长阶段、生涯挫折阶段、稳定和停滞阶段、生涯低落阶段和生涯退出阶段。[①] 根据这一理论,学者型教师也会遭遇职业倦怠和发展倦态。年复一年单调的课堂生活,或者改革后令人失望的结果,使教师对自己的教学生涯产生怀疑并重新评估。严重者可表现为职业生涯道路中的一场危机。

如何解决这一问题,就需要让教师体验到学术的乐趣。首先,学校环境应能够让每位教师充分感受到自己的学术价值,使他们清晰地感知到走学术发展之路是幸福的;其次,学校要提供个性化的展示平台和机会,帮助教师实现学术价值,不断地挖掘每一位教师的学术潜力。

---

① [美]费斯勒、[美]克里斯坦森:《教师职业生涯周期:教师专业发展指导》,董丽敏、高耀明、丁敏等译,203~205 页,北京,中国轻工业出版社,2005。

学术校本研修：学者型师资建设的重要路径

在教师教育发展史中，标准化的外在型培训功不可没，它在教师教材教法过关和学历过关的过程中一直扮演着主角。标准化的培训对学校教师起到了一定的规范、指引和激励作用，但是这种外在型培训缺乏针对性和可操作性；并且过分统一集中的培训，也阻碍了教师教学风格的形成。① 具体表现为：标准化的外在型培训以课程为基础、以知识讲授为特征，由于其内容与教师的现实工作、生活情境往往缺少直接的联系，在一定程度上造成了教师在"理念认同"和"教学行为"之间的强烈反差；培训者与受训者之间实际沟通的欠缺，导致对话模式客观上的不可实施性；以面向所有教师的集体培训为主，不同发展层次、不同发展特点甚至是不同学科的教师都混在一起接受培训，教师的发展个性不能得到关照；靠评职称、学分制等制度约束的培训政策，又往往使得教师迫于任务动力而行动，内在动力被压抑。因此，对于学者型教师来说，外在型培训模式对教师本体价值的忽视，以及不能有效地激发教师的学术精神和专业发展的问题，客观地在学校教师队伍建设过程中凸显出来。

针对这一情况，学校开始有意识、有目的地思考和探索建设学者型师资的有效路径，如能构建一种有效的、符合学术高中和学者型教师发展需求的校本研修模式，对学校教师专业发展可谓意义重大。正是在这一目标的指引之下，学校开始基于自身浓厚的学术环境与学术条件，探索学者型教师的成长规律，致力于构建学者型教师的全程发展模式。

---

① 曲中林：《教师培训中的"过度"与"不足"》，载《教育理论与实践》，2010(11)。

一、以学术校本研修促进学者型教师的自主成长 >>>>>>>

学术校本研修是指基于学术高中的发展定位，根据学者型教师的成长规律，指向创新型学生的发展需求，以使每一位教师都具备成为学生学术导师的能力，使每一位教师都能成为自身学术发展的经历者为发展目标的研修模式。

(一)学术校本研修的指导思想

开展学术校本研修，首先需要确立指导思想。为此，学校确立了立足课堂教学、立足学术个性、立足专业团队和立足本校特色的指导思想。

1. 立足课堂教学

课堂是教师成长的土壤，离开了课堂，学者型教师的精髓就丧失殆尽。为此，学校将立足课堂作为学术校本研修的指导思想之一。学校将课堂作为学者型教师专业成长的主阵地，将课堂教学作为学者型教师专业成长的主要内容，通过立足于课堂的学术校本研修更好地促进教师成长，通过帮助教师掌握反思—实践—总结式的教育教学研究方法，从而促进教师成长。

2. 立足学术个性

为了使教师队伍建设更为贴近学者型教师的发展需要，也更具实效性，学校将立足学术个性作为学术校本研修的指导思想之二。学校从不同学科、不同发展阶段、不同学力的教师群体特点出发，兼顾教师个体特点，有针对性地开展校本研修活动，通过学校和教师集体的努力来促进不同发展阶段教师的专业发展；同时也尊重教师的学术个性，按照教师的学术个性帮助其成长，从而最终形成了学校教师和谐发展的新局面。

3. 立足专业团队

要提高学术校本研修的有效性，专业团队的作用十分明显。因此，学校将立足专业团队作为学术校本研修的指导思想之三。学校提倡合作与分享，不仅提倡同一学科之中教师在学习教育理论、开展教学实践、反思和研究过程中要相互合作、相互分享，同时也提倡不同学科之间的合作与分享；不仅提倡同一发展水平的教师之间的合作与分享，也提倡不同发展水平的教师相互帮助，相互交流，相互合作。

4. 立足本校特色

每一所学校都有自己的独特性，开展每一项活动也需要结合学校的实际特点，人无我有，人有我特，学术校本研修尤其需要重视学校特色。因此，学术校本研修的指导思想之四是立足本校特色。学校要立足学校特色开展校本研修活动。宁波中学作为一所百年名校、浙江省首批一级重点中学、浙江省首批特色示范学校，有着深厚的学术文化积淀和优秀的学术师资，以及丰富的学术资源。学术校本研修要与这些学校特色紧密结合，保持学术性、前瞻性与独特性。

(二)学术校本研修的基本思路

认识到学术校本研修的指导思想，就需要学校对传统的校本研修方式做出调整，厘清学术校本研修的基本思路，摒弃那种单纯依靠外在约束的价值倾向，从对制度的需要、认知的需要、情感体验的需要以及自我实现的需要出发，探索学术校本研修的应有之义。

①强调建立在学术高中事业发展基础上的学术校本研修工作目标。

②基于学校教师个体和群体的实际，进行学术发展的阶段性规划和全程性规划。

③系统规划和开展基于教师的学术背景和发展阶段的学术校本研修活动，保证研修活动有目标、有内容、有教师。

④强调以学科和个体为基本研修单位，充分发挥教师在活动中的主体性，注重各个校本研修活动之间的差异与联系，保证校本研修与其他形式的培训互动。

(三)学术校本研修的工作目标

学术校本研修面向学校全体教师，突破"高级后"教师学术发展难点，注重中青年教师发展性研修，落实新手教师养成性培训，以提高教师自身的学术素养和学术引导能力为重点，在保证教师队伍这"一体"发展的同时，加强对班主任和管理人员这"两翼"的研修，促进教师队伍的个性发展、全程发展、和谐发展，努力建设一支有学术精神、学术能力突出、创新教育水平高、自主发展的教师队伍。具体目标包括以下四个方面。

①通过学术校本研修，建立和完善系统的、具体的教师学术发展激

励机制，唤醒教师的自主发展意识，激发教师的学术发展动机，培养教师的学术精神。

②通过学术校本研修，从学科发展前沿、学科核心素养、创新人才培育和学术研究思维等方面着手，不断完善教师的学术引导能力、学科专业知识和教育科研能力。

③通过学术校本研修，构建起个性、全程、和谐的研修体系，营造一种以学术为荣、业绩为重的学校学术文化，不让一位教师落伍。

④通过学术校本研修，将校本研修融入每位教师的教育教学工作，通过发展教师的学术引导能力和创新教育教学能力，变革创新人才培养方式，为建设学术高中助力。

二、学术校本研修的实施 >>>>>>>>

方案是可操作性的计划，是推进工作的保障。宁波中学制定了翔实和明确的规划来引领学校学术校本研修前进的方向。

（一）设立组织机构

学校设立以教师发展中心和学术委员会为主的学术校本研修领导小组，引领校本研修的开展。其主要职能包括如下几方面。

①整体规划校本研修的方案。

②实施和管理校本研修的各项活动。

③负责制定执行监督和检查校本研修的各项制度。

④组织实施各类教育科研课题的申报立项、组织研究、过程指导、鉴定结题等工作。

⑤落实新师徒结对子和帮带指导的工作。

⑥做好骨干教师的选拔、研修和引领工作，充分发挥骨干教师的骨干作用。

⑦对校本研修情况进行总结和评价，定期撰写校本研修工作报告，等等。

（二）制定学术校本研修规划

学术校本研修强调教师的学术个性，决定了校本研修规划必然是多样化的。围绕这一点，学校制定了有针对性和切实可行的校本研修规划，并提出了面向"0~3 年"教师、"3~10 年"教师、"高级后"教师和"两翼"教师的研修目标。

1. "0~3 年"教师

对新分配到宁波中学的教师，要求一年内适应学校工作和学术发展要求，站稳讲台，形成个人学术发展规划，培养学术精神；进入第二年，要求在学科专业上更进一步，站好讲台，在教育教学、学生创新素养培育上打下扎实的基础；进入第三年，形成达到基本要求的学术发展能力，为成为学者型教师奠定基础。

2. "3~10 年"教师

这一阶段的教师一般已进入中学一级教师行列，发展目标为：通过研读教育理论、学科前沿、学科核心素养、创新教育教学等书籍，提升教育理论、教育研究和学科建设水平；转变教育教学观念，掌握比较系统的创新教育教学方法，成为各类各级学科带领人的培养对象，成为学生创新学习的合格导师。

3. "高级后"教师

这一阶段的教师一般都是已取得中学高级职称的教师，发展目标包括：通过"高级后"教师的学术发展平台，激发教师学术发展的新动力，把教师学术发展推向新的高度，让教师努力成为真正意义上的、有较大区域影响力的学者型教师；不仅能自己钻研教育科研，还能组建学术团队，引领和带动青年教师参与教育科研；在吸收先进经验的基础上，不断创新教育教学，成为学生创新学习的优秀导师；能从学生创新发展的需求出发，开展指向创新能力、学术素养的学科建设和课程开发活动。

4. "两翼"教师

"两翼"教师包括班主任和学校管理人员。这部分教师的具体发展目标包括：养成学术型班主任的专业精神，以符合学术精神和有利于学生创新能力发展的方式探索和开展学生管理和教育；发挥名优班主任的示范、引领作用，由经验型、事务型向学习型、专家型转变，发展教育智慧，全面提高自身的综合素质和专业能力；丰富现代教育管理理论，培养教育管理科学观念，转变教育管理方式，提升学术高中的管理水平。

在整体规划之下，学校制订和实施了以下具体行动计划：《宁波中学

"高级后"教师学术引领研修行动计划》《宁波中学"3～10 年"教师学术发展研修行动计划》《宁波中学"0～3 年"教师学术养成研修行动计划》《宁波中学骨干班主任学术研修行动计划》《宁波中学基于学术高中教育管理的研修行动计划》，以及每一学年的《宁波中学基于学术视野和能力的教育教学研修行动计划》等。

(三)学术校本研修的推进措施

在学术校本研修的整个实施过程中，学校主要采取"整体设计、多形式结合"和"模块化设计、协同推进"的推进策略。

一是整体搭建"思行"教师学术发展平台。基于教师整体发展、全程发展的考虑，搭建了让各科教师展示学术素养、探讨创新教学方法、研究学科建设和课程开发的学术发展平台，主要形式包括储才讲坛、学术素养沙龙、学术视野研修、跨学科学术交流等。

二是协同推进"0～3 年"教师、"3～10 年"教师、"高级后"教师和"两翼"教师的研修活动。面向不同教师群体的研修活动既相互独立，又相互联系。譬如，"0～3 年"教师学术研修内容中的师徒结对，可以和"3～10 年"教师学术研修的课例研究、"高级后"教师学术研修的课题研究相结合。

"高级后"教师学术引领研修实践

教师学术发展是一个持续的动态发展过程，贯穿于整个职业生涯。高级教师是中学教师职称的最高点，绝非意味着获得高级职称的教师不再需要发展。恰恰相反，作为熟练教师，作为学者型教师队伍中的主导者和引领者，高级教师队伍的持续发展关系着学者型教师队伍建设的成效，甚至是整个学术高中建设的成效。

一、"高级后"教师群体的特点 >>>>>>>>

中学高级教师是一个孤独的群体。一方面，这一群体已发展到了职业生涯的高原期，在很长一段时间里难以突破发展的瓶颈；另一方面，这一群体容易产生对自己所从事职业的倦怠，并由此对自己的工作、生活心生疑惑。

(一)职业倦怠倾向明显

在宁波中学的150位一线教师中，"高级后"教师占据了97人，比例达到了65％。近年来，"高级后"教师的平均年龄仅为36岁，其中最年轻的只有30岁。这就导致了值得深思的问题：一旦这部分年轻教师评上高级教师之后，他们的职业生涯应该如何继续发展？

为了掌握"高级后"教师的真实发展状态，学校对部分"高级后"教师进行了个体访谈和调查，发现获得中学高级职称的教师，尤其是36岁之后这一年龄段的"高级后"教师表现出较高的职业倦怠倾向。

或许我真的"老"了①

我已很难想象自己刚到学校工作时为什么会那么富有激情。"当我踏进校园，孩子们一声声清脆的问好舒展了疲惫的眼角；当我走进教室，学生婉转悠扬的诵读总能激起心灵的共鸣；当我在办公室里和学生畅聊，学生敞开心怀的诉说使我感受到被信赖的幸福……"这是记在我工作笔记上的一段话，有点诗意却又是那么真实。那时候我对别人说，做教师，虽辛苦但充实并幸福。而如今日复一日的工作，繁杂琐碎的事务，考试升学的压力，或许早已消磨了我那时的激情。我有时反思自己这么多年的教师生涯，似乎都在做同样的事情，管学生、上课、改作业、考试。以前作为年轻教师由于做事情的愿望和评职称的动力，还能不断催促着自己在教师这一职业领域里钻研和摸索；而现在已然是高级教师（特级教师总是少数人里少数人的事情，与我们的距离遥不可及），已然年龄过了而立之年，这种愿望和动力便被不断地消解而最终廖无踪影……或许我真的"老"了。

这是一位中学语文"高级后"教师记录在自己教育日记中的一段话。Z老师虽然只有36岁，却有着15年的教龄。除了承担高二两个班级的语文教学任务外，Z老师还是其中一个班的班主任。学生和Z老师在一起时，总喜欢称呼她为"姐"，而一些年轻的教师则喜欢称她为"年轻的老教师"。每次听到这些称呼，Z老师总是不置可否。应该说，Z老师能很好地胜任班主任和语文教学工作，她指导的许多学生的作文发表在各种刊物上。但在和同事的交流中，她经常透露出"想在作文教学上进一步钻研，却没有动力"这一想法。正如她在教育日记中所感慨的："或许我真的'老'了。"

虽然这些教师在教育教学上表现出上佳的专业水准，但在充分掌握教育教学技能之后，有些教师认为学术发展的热情与活力有所退减，不能同以往一样从教育教学过程中获得成就感和满足感。同时来自各方面的压力不断增加，如教学任务的负担加重，生活压力过大，人际关系差等，使他们对教师这一职业产生了倦怠，开始重新审视自己所从事的职业，并怀疑自己的职业和教育活动的价值。

---

① 摘自Z老师的教育日记《或许我真的'老'了》，标题为作者所加，收录时略有改动。

(二)教学模式固化

《关于深化中小学教师职称制度改革的指导意见》规定，高级教师应"具有所教学科坚实的理论基础、专业知识和专业技能，教学经验丰富，教学业绩显著，形成一定的教学特色"。事实上，虽然存在着少部分教师由于年资的原因评上高级教师这样的现象，但应该说大部分"高级后"教师还是能凭借自己所掌握的教学技能自如地驾驭课堂的。但这离成为学者型教师依然有不小的差距，当建设学术高中这样的新挑战要求他们在教育教学上做出改变时，他们会不自觉地反问："我为什么要做出改变？"

部分高级教师习惯于按照自己原来的教案上课，而这些教案多数是两年之前就使用的，他们很少愿意在课堂教学上做出改变。因为在他们看来，这种课堂教学状态已然能很好地完成教学任务。只有当教学内容发生变化时，他们才不得已对自己的教案做一些修补，但这种修补绝不会是"伤筋动骨"。当然，也有一些教师希望在教学上进行突破和创新，但由于缺乏内部动力或外部指导而不能长久坚持。

随便拿出一份教案就是一堂精彩的课[①]

我在 20 世纪 80 年代末参加工作，参加工作那会儿就是跟在老教师后面学备课，学教学，学命题，学管学生……师父怎么做，我就跟着怎么做。后来到了一定的时间后，就开始自己在学校里上公开课，去市里、区里参加一些业务比赛。那时候真是一人上战场，众人扶上马。通过不断的学习和积累，我在业务上提高得很快，站讲台不再是刚参加工作那时的战战兢兢了，但依旧很严格地按照教学常规和师父教给我的那一套路来开展教学。这一情况在我评上高级教师后几年开始发生变化。我开始尝试根据自己的特点对教学做出一些改变，如采用一些别的教师不常用的教学方法，自己编一些教辅材料，在作业布置和考试上做一些形式和内容上的调整等。在我带的那一届学生中起到了较好的效果，学生学起来比较有兴趣，而且也出了些成绩。逐渐地开始形成带有我个人色彩和只适合我本人的教学模式，别人拿去用不一定好，但我用起来却很顺

---

① L老师，男，41岁，高级教师。文中内容是根据对 L 老师的访谈记录整理的，标题为作者所加。

手。因此，现在我上课，随便拿出一份教案就是一堂精彩的课，这是我十分自得的地方。

L 老师是因业务能力突出而在几年前调到本校的。到校之后，任教高三两个班级的数学。学生对 L 老师总是又敬又畏，敬的是 L 老师的课堂总是条理清晰、妙趣横生，总是能把一些枯燥的数学定理讲得生动有趣；畏的是 L 老师对学生很严格，如果有学生在作业上偷懒，或在课堂上不遵守纪律，他会毫不留情地加以批评和纠正。学生评价 L 老师时用了一个很潮的词语："他是一位让我们感到纠结的老师。"足见 L 老师在学生心中的魅力，而这种魅力正是来源于 L 老师精彩的课堂。

在上述访谈摘录中，不难发现以 L 老师为代表的这样一群"高级后"教师在熟练地掌握各种教育教学技能之后，开始有意识地在教学材料、评价方法等方面大胆进行创新，并逐渐摆脱其他教师的教学模式，开始寻求个人的教学风格。在漫长的教学实践之后，L 老师的课堂教学必然带上他自己的印记。这种印记呈现出一种稳定的状态，不会随着班级和学生的改变而消除，这也是这些教师在开设公开课时，即使是借班上课，其课堂也是个性十足。但在访谈中，L 老师一句不经意的话"现在我上课，随便拿出一份教案就是一堂精彩的课"，却暴露出一个令人不安的问题：随着这一群体教师的个人教学风格的形成，他们在摆脱别人或常规教学模式束缚的同时也极易掉入自己固定化的教学模式的窠臼。

(三)培训机制缺乏

"高级后"教师这一群体实际上由于自身情况的独特性，他们与年轻教师相比往往更容易缺少发展的内部动机。但也不可否认，也有一些"高级后"教师渴望实现学术发展，渴望在自己的职业生涯中有更大的突破。当他们兴致勃勃、信心满满，准备施展拳脚大干一番时，却发现前路迷茫。这种迷茫感主要是由于教育行政部门对这一群体的学术成长缺少必要的培训支持。绝大多数的"高级后"教师不得不与其他教师群体(如一级教师，甚至是新参加工作的教师)一起参加以学科为单位的培训，但他们很快发现这些培训无论是在形式上还是在内容上并不能很好地满足自身的发展需求。

继续教育的困惑①

在每一年，我都会为参加哪一个暑期培训而烦恼。现在的教师继续培训无非是两种：一种是学科专业培训，另一种是通识培训。前一种面向的是某一科的全体教师，不分男女老幼；后一种面向全体教师，不分男女老幼，不分中小学，不分语、数、外，讲的东西离我们的教学很远。所以相对而言，我只能选择参加前一种培训，但是参加了之后，总是发现上面讲的东西对我而言没有太多用处。如果没有学分要求，我肯定不会去参加这些培训的。但是，回过头来讲，我发现对自己的职业失去了走下去的方向，除了应付自己应完成的教学任务外，除了关注收入是否增加外，其他的好像都处于原地踏步的状况。久而久之，我就会对工作、对自己的要求都放到了最低，只要过得去就行……

我希望的培训②

我在 32 岁评上高级职称，这在我们学校是一件比较幸运的事情，在这个年纪评上高级教师的相当少。评上高级职称使我松了一口气，因为不用再为职称的事情提心吊胆，同时也使我感觉到来自各方面的压力。在我看来，高级教师这个光环是对我从教经历的一个肯定，我不能因为已经是高级教师了就不再努力，总还是要对得起这个称谓。在评上高级教师之前，我会定期参加由教育局组织的一些培训，尤其是在假期里，如新课程培训、学科培训、教学技能培训等。应该说这些培训给了当时作为新教师的我很大的帮助，如更新教育理念，掌握教学方法等。但是几年之后，当我每一次去参加这类培训时，却发现这类培训无论是在内容上还是在形式上都无法满足我的需求。只是因为有学分的要求，我不得不去参加这些教育部门组织的培训。有时，我就在想，什么时候能有那种精细化的、菜单式的、可选择的培训内容供我们来选择，以便针对自己的情况进行进一步的学习，那就好了。

应该说，上述两个案例反映的是"高级后"教师发展的两种形态。C老师(38 岁)在评上了高级职称之后，表现出一种较强的发展倦怠，无论

---

① C 老师，男，38 岁，高级教师。文中内容是根据对 C 老师的访谈记录整理的，标题为作者所加。

② D 老师，女，35 岁，高级教师。文中内容是根据对 D 老师的访谈记录整理的，标题为作者所加。

是在教学上还是在专业成长上，都"只要过得去就行"。因为在他看来，职称就是催促他不断向前的动力，一旦这一动力没有了，他就会发现自己的职业"失去了走下去的方向"。相对而言，D 老师(35 岁)的情况要复杂一些，虽然和 C 老师一样评上了高级职称，但依旧保持着较强的发展动机，只不过由于机制和外部因素的原因导致其在发展的道路上有所迷失。正如 D 老师所抱怨的，那种以讲授为主、单一化的培训模式使得他们在接受培训时难以发挥主动性，加之培训内容缺乏针对性，对于他们的专业发展而言并没有提供多少帮助。

(四)发展空间闭塞

在一天之中，教师在课堂之外需要花费大量的时间。发生在学校和班级里各种各样的事件将他们的职业生活割裂得零零散散。另外，每所学校的制度规定也限制了教师的闲暇时间和发展时间。这些都导致了"高级后"教师群体学术发展空间的闭塞。

T 老师的一天①

6：30，开始起床，搭校车到学校(住处离学校有 20 千米)。在等车的时候解决早餐。

6：55，搭上校车，行程大约需要半小时。在这段时间内梳理今天要处理的事情，回忆昨天备好的课。

7：25，校车按时到校，在办公室放下包后，到班级里管理早读。T 老师是班主任，又是语文老师，按学校规定早读课由语文和英语 2 门学科老师隔天轮流管理。

7：50，临近早读结束，T 老师提前离开教室，在办公室休息了一会儿，开始准备第一节课要用的材料。T 老师教授高二两个班的课，每周有 18 节课。

8：00，第一节课的铃声响起，T 老师拿起课本，走进教室。在课间休息的时候，T 老师回办公室喝了口水。

9：40，第二节课结束，广播操音乐响起，学生陆陆续续出去做操。T 老师出现在班级队伍的最后面，管理广播操的纪律。

---

① 文中内容是根据对 T 老师的一日生活的观察记录整理的。

11：25，三、四两节没课，T老师批改完两个班的试卷，准备和组里的老师一起去食堂吃饭。饭后大概有半小时的休息时间。

12：30，T老师到班级里查看学生午自修后，回办公室里休息。在中午，班级值日生要打扫一次卫生，T老师还要去查看他们落实了没有。

13：10，在下午第一节课，T老师到另一个班上课。

14：50，一、二节课结束，T老师完成了一天的教学任务，但是还必须抓紧时间备好明天的课，把这次单元测试中学生没有掌握好的知识点再讲一讲。

16：00，今天是周四。按学校制度，这个星期有教职工大会，会议安排在下午第4节课，有专人进行点名。在会上，主管教学的副校长对上次几所学校的联考情况进行了分析，对老师布置作业提出了一些要求。T老师说，说起来容易做起来难。

16：55，大会结束，T老师匆匆忙忙跑到校门口赶校车。坐上校车的那一刻，就表示在学校一天的工作结束了。但并不是每天都这样，在每个星期三的晚上，T老师还要在学校管理学生夜自修的纪律。夜自修18时开始，21时20分结束，一星期轮到一次。

17：35，校车到达T老师家所在的站点。幸好下车的地方离家不是很远，走两三分钟就到了。

19：00左右，T老师用好晚餐。如果当天的作业没改好，第二天的课文没备好，T老师还要花几小时备课、改作业。

21：40，T老师准备休息，第二天还要早起。

这种两点一线的生活方式所带来的封闭世界，不断地强化了"高级后"教师群体现在的做法，而不是促成革新。他们的思考也往往只停留于习俗化的、无意识的水平上的教育教学经验，而不能及时更新那些已经不合时宜的观念与方法。创造性和选择性的限制所造成的抱残守缺，尤其是在更新教育新观念、运用新教学技术、形成新教学行为等方面所形成的个体局限，对教师的专业发展带来的消极影响十分明显。[1]

① 陈宜挺：《高级教师专业持续发展研究》，载《教育科学论坛》，2009(2)。

二、"高级后"教师的学术引领研修策略 >>>>>>>

(一)访问学者：到大师身边去

对于"高级后"教师而言，教育理念和教学观念的更新十分重要。阿瑟·库姆斯(Arthur Combs)在研究教师观念时说："影响教育成败之关键因素也许莫过于教师他自己相信的是什么。"[①]教师要获得学术发展，首先必须及时更新自身的教育教学观念，使"教师所相信的"零散感受、点滴领悟科学化、合理化。但一方面，由于学校工作环境的相对封闭性，教师往往过着从学校到家两点一线的生活，备课、上课、改作业、考试和日常琐事等事务性工作将他们的时间割裂得极为零散，走出去的机会比较少，在专业视野上也因此受到局限。另一方面，由于这一群体教师离开师范院校或大学的时间较长，尤其是新课程改革以来，在学校教育、学科发展和创新教学等领域都发生了一系列的变化，这种变化与这些教师原有观念之间出现了较大的差距。因此，让教师们，尤其是那些"高级后"教师走出去就成了学术校本研修的一种重要思路。学校在《宁波中学"高级后"教师学术引领研修行动计划》中提出了"高级后"教师的访问学者研修计划，提出了四方面的研修目标，具体见表 6-1。

表 6-1 "高级后"教师的访问学者研修目标

维度	研修目标
教育研究	立足实践的教育研究，经过"问题探究—行为展现—反思研究"的研究行为，提升教育教学研究能力，并形成源于实践的教育理论
教育教学	摆脱固定化的教育模式，革新教学方法，主动探索创造具有自身风格的教育教学方式
成长引领	引领年轻教师的学术发展，通过对年轻教师的指导与评价，建立专业形象
学术交流	开阔学术视野，增长专业知识，借鉴成功经验，完善自身研究

为将访问学者研修真正落于实处，学校通过整体规划和具体实施过

---

① 转引自左银舫、陈琦：《中小学教师知识观、学习观、教学观的初步研究》，载《北京教育学院学报》，1998(4)。

程中的改进，提出了以下几种深度研修方式。

1. 随导师外出访学

学校为每一位访问学者配备了学术导师，学术导师主要为高校和科研院所的学科教育专家。多方式外出访学作为开阔学术视野、增长专业知识、借鉴成功经验、完善自身研究的重要方式，是"高级后"教师访问学者研修计划的重要内容。外出短期访学要求研修教师结合所主持的研究课题，有针对性地和导师进行定向交流，听取各类学术讲座，收集相关文献资料，参加学术交流活动。

海口研讨会随感①

此次能得到参加"人教版普通高中语文课程标准实验教材研讨会"的机会，非常难得。因为会议既邀请到了新课程标准的制定专家巢宗祺教授与人教社的众多教材编写专家，又邀请到了新课程实验区各省的教研员与一线教师代表。尤其有互动论坛，一线教师频频发问，专家教授倾听各方观点，多元碰撞，激发思维。我听到了许多平时听不到的观点、做法，受益良多。

巢宗祺教授旗帜鲜明地提出："读书，这一千多年来沿袭下来的传统，在以工业生产流程为参照系的语文教育科学化进程中被边缘化了，被认为是没有科学理论支撑的'笨办法'。力图构建以各类学科知识拼合起来的课程系统——背离了语文课程的实践性特点。"巢宗祺教授的观点颇有正本清源的味道，启人深思。语文教学在改革教法、提高效益方面没能取得切实的效果，其原因主要有两个方面：一是套用西方语法学的知识体系，解释汉语语法现象所用的概念、方法，从根本上看，不切合汉语语法的实际情况。二是孤立的理性的语法脱离感性素材和情境，以传授学科理论的方式对中小学生进行教学。如何在新课程背景下推进教学，巢宗祺教授认为要继续坚持以读书为核心的语文教育优良传统；要转变知识观和教学方式，改进语文知识教学。巢教授的观点引起了我的共鸣，我现在也热衷于让学生做题，做各地的模拟题，美其名曰"得天下名题而做之"，但有时苦恼于见效不明显，反而弱化了学生的语感。因而"少做题多读书"，"感悟中积累"，"背诵中熏陶"绝不是机械式的做法，

---

① 选自 S 老师参加"人教版普通高中语文课程标准实验教材研讨会"的随感。

而是有语文教育的传统因素积淀在内，绝不能背弃传统。采用新做法的前提一定是很好地继承传统……

在与导师顾之川的交流中，他肯定了我研究课题的导向：想在经验总结的基础上，对散文、小说这两类文体做一点教学内容的确定性与方法优化上的理性提炼，并争取提炼出这两类文体相应的教学形态的"常式"与"变式"。但提出的课题的标题不完善，显得太大，因此需要用副标题"以散文、小说为例"做限定。同时，顾老师要让我和虞红敏参与他所主编的人教版各册教材读本阅读与训练丛书之一的编写工作，在 10—12 月紧张工作的基础上，我们已经拿出了初稿。顾老师肯定了初稿的质量，认为是下了一番功夫的，不过也提出了诸如体例、设题方式、用语规范等几个方面的问题，希望我们继续打磨直至正式出版。

此次，很幸运的是，我与全国中语会副理事长、湖北省教研室原副主任、著名特级教师史绍典老师同住一屋，闲聊中听取了他对于时下语文教学、新课程实施、观课评课等许多方面的看法，虽是片章碎语，却不乏真知灼见，使人如沐春风。海口会议已经结束，但给我的思想启迪却刚刚开始。我需要梳理、消化太多的思路与观点，同时在自己的教学中合理扬弃。路，才刚刚开始。

2. 开展多维度的学术研究

这一研修方式主要是通过学术导师指导下的团队学术研究实训这一形式，为研修教师提供学术研究的实践机会。为此，学校根据学术研究的完整过程设计了各个研修点，以供研修教师开展学术研究实践。

在这一主题的研修中，研修教师在学术导师的指导下，结合自身的学科和教学特长，主持一项研究课题。研究的选题一方面体现教师进行学术研究时"小切口、多维度，密切联系课堂教学实际"这一特色，以学科建设、课堂教学、创新素养培育为主阵地；另一方面以自愿、平等为出发点，吸收青年教师共同参与学术研究活动，对青年教师的学术发展起到引领作用。研修教师围绕学术研究的各个环节，从研究选题到申报立项、制定方案、撰写开题报告、课题研究的实施、研究结题，亲身体验教育研究的完整过程，在实际操作中进一步加深对教育研究的理解、对研究方法的运用、对研究设计和实施的把握。

高中化学课堂教学行为有效性研究①

我十分欣赏捷克大教育家夸美纽斯在《大教学论》一书中的这样一段话："寻求并找出一种教学的方法，使教员因此可以少教，但是学生可以多学；使学校因此可以少些喧嚣、厌恶和无益的劳苦，多具闲暇、快乐和坚实的进步……"一直以来，在课堂教学中由于各种因素的影响，教师往往容易被课堂事件控制而出现低效的课堂教学行为，这引起了我的注意和兴趣。事实上，如何使课堂教学行为达到高效，这也是当前教育发展所要解决的重要课题。因此，我们研修团队将高中化学课堂教学行为的有效性研究作为我们此次研修的研究课题，提出了以下研究目标和内容。

研究目标包括如下三个方面。

①关注课堂教学，整体把握高中化学课堂教师教学行为的现状。

②提出行之有效的高中化学教学的实施途径，达到学生有效学习的目的。

③以研究提升教师的新课程教学水平，促进他们自身的专业成长。

研究内容包括如下三个方面。

①高中化学课堂教学有效性的理论研究。从课堂教学行为实践中，普遍认为影响其有效性的因素很多。研究力图在现阶段新课程背景下，从教学知识、教学调控、教学方法、教学信息传输等几方面对高中化学课堂教学行为的有效性进行探讨。

②高中化学课堂教师有效教学行为的现状。计划通过对教师、学生的问卷、访谈调查和案例的收集等从不同的角度反映高中化学课堂教师教学行为现状。确定课堂教学行为的观察点，如教学情境创设及应用、课堂有效提问、课程资源利用、师生互动情况、课堂生成、三维目标设计及落实等。

③达成高中化学有效课堂教学行为的研究。如何克服无效和低效的教学行为？怎样实施化学课堂的有效教学？课堂中存在哪些促进教学有效性的重要教学行为研究？分别从学生、教师(中级教师与高级教师、专家)的视角，就学生与教师关注点的异同，中级教师与高级教师、特级教师在具体实施上是否存在差异等方面进行研究，为高中化学课堂教学实践水平的提高提供一个解决问题的角度。

---

① 节选自 L 老师及其团队的研究方案《高中化学课堂教学行为有效性研究》。

3. 进行深层次的学术反思

关于学术反思的方式，既可以是通过诸如写日志、传记、构想、文献分析等方式单独进行的反思，也可以是通过讲故事、信件交流、教师晤谈、参与观察等方式与人合作进行反思。[①] 具体而言，在访问学者研修中主要采用以下几种类型。

一是教学反思。研修教师要将课堂教学纳入学术发展的过程加以反思，除了对自己的课堂进行理性观察与行为矫正之外，还能参考教师专业发展的一般路径，不断对自己的学术发展过程进行批判性反思，从而将两者较好地结合起来。

二是观摩与分析。利用微格教室所创设的微型教学情境，借助同伴互助和多媒体设备，相互观摩彼此的课堂，对所观察的情境进行描述。在观摩和描述中，捕捉到发生在课堂中的各个活动和细节，从而较为清楚地认识印象中的教学形态和真实的教学状态之间的差异，在比较和分析中发现自身教学的不足。

三是学术自传。以自传的形式对自身的访问学者研修经历进行记录，由教师本人通过回忆自己的教育观念、教学行为并对其进行反思，从而记录下自己过去和现在的状况、自己的进步和尚需努力之处。这一过程不仅是资料的整理过程，更是教师对已有经验进行系统梳理和自我评估的过程。

(二)项目研修：走我兴趣之路

在制订并实施了"高级后"教师访问学者研修计划之后，学校之中的教师成长氛围潜移默化地发生着变化。这种变化一方面体现在这些研修教师以及他们所引领团队中的青年教师的成长上，另一方面体现在其他"高级后"教师的身上。

一位老教师的埋怨[②]

早上，在回办公室的路上碰到 E 老师。我和 E 老师接触并不多，只

---

① 教育部师范教育司：《教师专业化的理论与实践》，11 页，北京，人民教育出版社，2001。

② 选自 E 老师的研究札记，收录时略有修改。

知道他在学校中是一位老资格的教师。E 老师意外地向我问起上个学期访问学者校本研修的事。我大致地对 E 老师描述了访问学者班开班以来所进行的一些活动，如到人民教育出版社进行访学、课题研究，以及所组织的一些教师论坛，等等。E 老师饶有兴致地听着，时不时提出一些自己的意见。将到办公室时，他停住脚步，问我："怎么没有面向我这样老师的活动呢？"这令我很吃惊，因为在我印象中，到了 E 老师这样的年纪，应该不太关注这些事情，对他们来讲，开展好教学就可以了。于是我问他："当初为什么不报名参加访问学者班呢？"E 老师回答："一是当时报名的多是年纪较小的教师，像我这样年纪大的教师怎么好意思凑在一起；二是觉得访问学者班需要做课题研究，这对我这个年纪的教师来讲比较困难，也不太感兴趣。所以当时我考虑再三没有报名。如果有面向全体高级教师的研修活动，而且能自己选择就好了……"

对于每一位教师而言，个体和个体之间往往表现出明显的差异性。这种差异性表现在不同学科、不同年龄、不同发展阶段、不同教育理念、不同教学风格、不同发展兴趣和不同管理方式等方面，对于"高级后"教师群体而言更是如此。只有在校本研修规划和实践过程中凸显"高级后"教师群体内的个性差异，满足"高级后"教师的学术发展需求，才能有效而真实地激发这一群体教师的学术发展动机。因为，只有个性的，才是全程的。为进一步拓展高级教师的校本研修空间，推动更多的高级教师投入终身学习、追求专业成长的队伍，学校以上述思考和探讨为出发点，开始探讨和制订《宁波中学高级教师"整体化、分领域、可选择"项目引领校本研修计划》。

项目研修面向的是全体"高级后"教师群体，包括教育教学人员及学校管理人员，以及部分业务能力突出的一级教师，研修规定时间为期两年。教师自愿参与，选择研修方向和定位后自主申报项目，并和青年教师组成项目小组，对所申报的项目做出规划和实施。通过项目研修可以实现两方面的目的：一是促进教师自身各方面水平的提升，二是对本学科青年教师的发展产生引领作用。其中，"整体化"是指此项校本研修计划面向全体高级教师，也包括部分一级教师，不限制年龄和学科，自主定位，鼓励每一位高级教师及部分一级教师参与其中，以不同的研修项目满足每一位教师的发展需求；"分领域"是指此项计划根据高级教师发展和学校教育教学的实际需要，设计不同的研修领域，每一个研修领域有具体的研修内容和要求；"可选择"是指教师在参加此项校本研修计划之初可根据自己的发展意愿和个人情况自愿选择研修方向，也可在研修过程之中根据实际情况在取得学术指导委员会允许的前提下更改自己的研修方向，同时在操作性、思考性、研究性等方面做出自己的研修定位。

1. 项目研修内容

作为面向"高级后"教师群体的学术引领研修形式，项目研修根据前瞻性、实用性、精炼性、研修性等原则，采用"分领域、多项目"的模型，以研修教师承担各个项目开展研修活动这一形式落实研修的重点与要求。整个项目研修计划分为 8 个研修方向，每个研修方向设立 5~7 个项目。也可由教师自行设计研修项目，根据自身的实际情况开展基于其教育教学实践的校本研修活动。

(1)课堂观察方向

预选项目：课堂观察案例编辑；课堂观察技术探讨；课堂观察模式研究；等等。

研修任务：在研修期间，每学年听课 6 节以上，运用观察技术对课堂进行主题观察，并运用教育教学原理对所记录的现象进行分析，以形成课堂观察日志。

研修方式：集中培训、课堂观察实践、书籍研读、行动研究。

研修内容：①课堂观察的研究方法概述；②课堂观察的价值；③课堂观察的主体；④课堂观察方法的综合应用；⑤教师课堂观察研究实践。

(2)命题技术方向

预选项目：历年会考试题的梳理与编制；历年(中)高考试题的梳理与编制；命题技术探讨与研究；试题讲评与复习指导研究；等等。

研修任务：在研修期间，命制一套以上的会考或(中)高考试题，做好试题解析与说明，并分析试题的预期与实际技术数据。

研修方式：集中培训、命题实践、学科论坛、跨校交流。

研修内容：①考试的类型分析；②考试的命题方法；③考试成绩的评价；④命题参考题例解析；⑤中考与高考命题及复习指导。

(3)竞赛辅导方向

预选项目：学科竞赛题集编制；学科竞赛辅导教程编写；学科竞赛辅导的经验总结与技术研究；等等。

研修任务：总结竞赛辅导经验，制订学年竞赛辅导计划，开发竞赛辅导校本课程。

研修方式：集中培训、竞赛辅导实践、学科论坛、跨校交流。

研修内容：①竞赛辅导的性质与特点；②竞赛辅导的常用形式与时间安排；③竞赛辅导学生的选拔；④各个学科的竞赛辅导内容与侧重点；⑤竞赛辅导课程的开发。

（4）课例研究方向

预选项目：学科课例集编辑；典型性课例探讨；学科课例研究；等等。

研修任务：在研修期间，每学年听课 6 节以上，对至少一个主题的课例进行分析、比较和研究，最终形成课例研究报告。

研修方式：集中培训、课例分享、课堂观摩、集体反思、书籍研读、行动研究。

研修内容：①课例研究的概念与类型；②课例研究的发展；③课例研究的基本步骤；④课例研究报告的撰写；⑤教师课例研究实践。

（5）课程开发方向

预选项目：校本课程教（学）案集编辑；精品校本课程开发与编著；校本课程开发技术研究；等等。

研修任务：总结近几年校本课程开发和实施经验，编写校本课程纲要和教（学）案，并最终形成宁波中学的精品校本课程。

研修方式：集中培训、校本课程开发实践、课程论坛、书籍研读。

研修内容：①校本课程理论概述；②校本课程方案设计；③校本课程开发的条件；④校本课程开发与校本课程进修；⑤校本课程开发研究实践。

（6）班级经营方向

预选项目：班级经营经验总结；班级经营案例编写；班级经营方式研究；等等。

研修任务：总结班级经营经验，并结合研修内容进行班级经营反思，编写班级经营案例，集成班级经营手册。

研修方式：集中培训、案例分享、书籍研读、行动研究、班主任之家。

研修内容：①班级经营计划制订；②班级经营的主要内容；③班级

经营的主要事项；④班级经营实践。

(7)学校管理方向

预选项目：优秀管理经验梳理；岗位工作思路探讨；学校管理专题研究；等等。

研修任务：认真学习外校优秀的管理经验，结合本校的实际，撰写基于某一岗位的学校管理建议和思路。

研修方式：集中培训、易校蹲点、经验分享、书籍研读、行动研究。

研修内容：①学校管理学概述；②学校管理理论；③学校管理的目标与过程；④学校管理的体制与职能；⑤学校管理的内容；⑥学校管理的方法；⑦学校管理实践。

(8)教师发展方向

预选项目：新教师成长指导手册编写；青年教师成长案例探讨；教师专业成长路径研究；等等。

研修任务：与新教师结成师徒，认真指导新教师在教育教学各方面的成长，结合校本研修内容，编写新教师成长指导手册和青年教师成长案例。

研修方式：集中培训、师徒结对、听评课、新教师成长论坛、教师教育研究。

研修内容：①教师专业发展的基本理念；②教师专业发展阶段的基本理论；③教师专业素质结构；④教师反思的内涵、途径与困难及解决办法；⑤教师发展性评价；⑥学校本位的教师专业发展实践。

2. 项目研修程序

(1)申报研修项目

在研修项目与内容上，学校只是给出几个大的研修领域，并根据各个领域列出可供研修教师参考的具体项目。教师需要根据自己的兴趣和教育教学实际选择和申报项目。

F 老师的研修项目

F 老师是一位有着近 20 年教龄的高级教师，毕业于一所名牌大学。由于学校工作的需要，除了担任高一三个班级的信息技术教学外，同时也任教新疆班预科的信息技术教学工作。新疆班预科是一个特殊的学段，新疆班的学制为四年，其中含预科一年。这一年的教学重点是补习初中的文化课程，帮助学生达到初中毕业水平。除了汉语文、英语和数、理、化这几门课程有统一的教材外，其他学科并没有统一的教材，其中就包括信息技术。另外，预科学生在计算机基础上的两极分化严重这一问题也是 F 老师经常在教研活动中提及的问题。但对这些问题仅停留在随意的探讨层面，由于各种原因没有付诸行动来解决。在学校推出了项目研修计划之后，F 老师开始有意识地思考这一问题，并以此为项目进行了报名和项目申请，最终形成了《宁波中学新疆班预科信息技术校本课程开发实践》这一项目规划。

(2)形成项目小组

为了保证项目研修的正常运行和发挥"高级后"教师对学科青年教师发展的引领作用，项目研修计划在形成之初便定位于团体研修，要求"高级后"教师在选定研修项目之后，通过征询本学科和相关学科青年教师的意愿之后，组成一个 5 人左右的项目小组。每个项目小组由一位申请项目的"高级后"教师担任整个团队的主持者，其他教师作为小组参与者以自愿自主的心态共同参与整个研修活动。除研修教师和小组参与者之外，学校为每个研修小组配备了一位具备一定资历的学科专家，作为专业引导者的角色参与项目研修活动，主要发挥研究指导、教学协助和责任分享等方面的功能。

(3)制定项目研修规划

项目研修需要研修教师结合自身的日常教育教学实践实施各种形式的项目研修活动，在这一过程中有一个较为完整的项目研修规划显得尤为重要。为此，由研修教师所带领的项目小组需要在确定研修项目之初设计好项目研修规划，对项目的背景、意义、目标、内容、步骤、预期成果以及经费预算等内容进行设计。

《宁波中学新疆班预科信息技术校本课程开发实践》项目规划①

一、项目提出的背景

宁波中学作为全国首批承办新疆高中班的学校之一，2012 年已连续举办了 9 年。随着招生规模的不断扩大、生源情况的日益复杂，一些问

① 节选自 F 老师的《宁波中学新疆班预科信息技术校本课程开发实践》项目计划书。

题逐渐浮出水面。新疆班的学制为四年，其中含预科一年，学生不分民族统一编班，使用汉语文授课。其中预科阶段重点补习初中的汉语文、英语和数、理、化课程，以达到初中毕业水平；教材统一使用教育部组织编写的预科教材。因此，就预科而言，除以上提及的学科之外并没有统一的教材。……由于新疆班的生源较为复杂，学生来自不同民族、不同地区和不同类型的学校，因此预科学生在计算机基础上存在着较大差异，两极分化较为严重。这对教师在教学进程掌握和内容设计上提出了全新的课题。而开发适合新疆班预科学生实际情况的信息技术校本课程就成为解决这些难题行之有效的途径，这也是我们提出这一项目的初衷。

二、项目目标

本项目研究的目标主要包括以下三个方面。

一是较为全面地掌握当前新疆班预科学生的信息技术基础、学生群体之间所存在的差异，以及学生对信息技术这门课程的兴趣点等。

二是收集学校可利用且符合预科学生实际情况的信息技术校本课程资源，并对这些资源进行较为系统的梳理和优化，使其成为新疆班预科信息技术校本课程的主要内容。

三是开发出适合学校实际和新疆班预科学生特点的信息技术校本课程，并在日常教学实践中加以应用，最终形成适合宁波中学新疆班预科学生学习特点的教学方法和策略，以达到全面提高预科学生信息素养的目的。

三、项目内容

1. 前期调查规划

前期调查规划包括需求评估、资源调查和问题反思等环节，旨在了解学校新疆班预科学生的信息技术水平及其对信息技术的兴趣和需求倾向，掌握校本课程开发的条件和限制，并针对所掌握的情况进行规划。

2. 拟定校本课程目标

在认真分析、研究课程背景的基础上，针对调查的结果来确定适合学校和预科学生的校本课程目标。

3. 资源收集整理

根据学校和学生的实际情况，收集校本课程所能借助的各种课程资源，并对这些资源进行初步的筛选、整理。

4．校本课程开发

根据收集和整理的课程资源，对其进行较为系统的分析、归纳、排列和梳理，使其体系化，开发出适合新疆班预科学生的信息技术校本课程。

5．课程实施和评价

将设计成形的校本课程付诸教学实践，并经过一个学期的实施，对校本课程成品进行系统而有计划的数据收集与分析，诊断校本课程问题，最终生成优质的校本课程。

四、项目预期成果

项目成果以项目报告和校本课程的形式呈现，即一方面将整个行动研究过程和结果以项目报告的形式加以呈现，为其他学校开发信息技术校本课程提供借鉴经验；另一方面开发出符合新疆班预科学生实际情况的信息技术校本课程，提升信息技术教学质量。

(4)实施项目研修

在形成项目研修规划之后就进入了实施阶段。项目研修的实施根据不同的研修方向和项目安排不同的研修方式，具体以由学校安排的集中研修和项目小组开展的自主研修为主。比如，在 W 老师和 Y 老师共同主持的《新课程背景下中考数学命题》这一项目中，项目实施的方式就有集中培训、跨校交流、命题技术探讨与研究沙龙、中考数学试题梳理和中考数学仿真命题实践等。其中前两种研修方式由项目小组提出需求之后，由学校为项目小组搭建平台，联系相关学科教学专家和具有相应特点的学校，安排相应研习内容；后几种研修方式由项目小组自行确定和开展，学校为其提供场所、资金和人力等方面的支持。

通过项目实施，项目小组需要在研修期间完成三项研修任务：找到中考命题规律，为日常教学和中考复习提供依据；编写一本适合本校学生的中考复习用书《中考数学复习用书》；编写一本通过精选的中考复习配套练习《中考试题分类汇编》。因此，项目小组需要着手对历年中考数学试题进行整理、归纳和分析，从中得出中考命题规律，包括考试的重点、难点、难度、信度和效度，以及历年来这些因素的变化趋势，从而为编写《中考数学复习用书》和《中考试题分类汇编》提供现实依据，并通过这两本书的编写提高中考数学复习的针对性和有效性。在这个过程中，研修教师不可避免地需要学习包括考试这一评价方式的发展和类型、考试命题的原则和一般方法、试题的分析和评价、考试评定后的处理和指导等方面的内容，从而在学习和实践两个层面完成这一项目研修。

(5)开展驻校体验

为了进一步推动"高级后"教师团队项目研修的开展，学校通过驻校体验为项目研修小组提供相应的资源和平台。驻校体验主要围绕研修教师所提出的项目展开，研修教师和项目小组赴具有相应优势的学校和科研机构开展研修活动，以借鉴引领教师成长。在驻校体验过程中，由学校和对方学校与科研机构协商，通过活动展示、资源开放、交流探讨等大量活动，让研修教师围绕着所选项目参与、体验、分享和感悟相应内容，从而加深对所选项目的理解，进一步完善项目研修方案设计。

"3～10 年"教师发展性学术研修实践

"3～10 年"是教师的快速发展时期，这一教师群体开始能够独立地、熟练地从事教学，并进入寻找个人教学风格的初始阶段。学校将面向这一教师群体的研修作为整个学术校本研修体系的主体，加大"3～10 年"教师的学术研修力度，尽早、尽快促成这一阶段教师成为整个学者型教师队伍的骨干力量。

一、"3～10 年"教师群体的特点 >>>>>>>

（一）发展压力较重

"3～10 年"教师无疑是教师群体中最忙碌的教师，他们既要在站稳讲台之后继续站好讲台，同时又要忙碌于评各种职称；他们既要向高级教师、特级教师等名师不断借鉴、学习优秀经验，同时又要在借鉴学习之后进行"特色化"加工……所有这些让"3～10 年"教师在教师这条道路上上下求索。

身后与前方①

在教师这一工作岗位上已辛勤耕耘了多年，再回首，累累的硕果令人欣喜；望前方，成为优秀教师的梦想依然遥不可及。过去多年的教学经验使我有信心登上"优秀教师"的顶峰，然而，路漫漫其修远兮，吾将何时到达？

---

① 摘自 T 老师的教育日记《身后与前方》，收录时略有改动。

（二）发展动机充足

相对于"0～3 年"教师，"3～10 年"教师无论是在知识上还是在教法上都有了很大程度的提升。面对课本，他们已经能够用自己的眼光做出独特的教学分析；在课堂上，他们已经能够用积累的教学经验熟练地度过 40 分钟……如此看来，课堂教学似乎已经不能对此阶段的教师构成挑战。然而每天单一而又熟悉的备课、讲课、批改作业，让"3～10 年"教师感到单调、乏味，能够教好书的"教书匠"已不是"3～10 年"教师的目标与追求。新鲜感的消亡使得"3～10 年"教师内心暗暗地期待着新鲜空气的注入，他们渴望眼前境况的改变，他们渴望自身能力的提升。

我只能做个"教书匠"？①

在步入工作的第五年，我是否应该停下来深思自己的发展方向，给自己的职业生涯做一个长远的规划呢？年复一年，我总是把平时的课堂教学活动当成一个沉重的任务和一项机械性的工作。这种机械的重复势必会钝化我的知识结构，产生思维定式，同时也滋长了我的经验主义。于是，慢慢地，我缺失了主动求发展的意识。课后的自我反思也越来越表面化、形式化。长此以往，我必定只能做一个"教书匠"。

（三）研究能力缺乏

"3～10 年"教师承担着繁重的教学任务。时间的天平一旦倾斜在"教学"这一边，留给"科研"的时间就所剩无几。除了时间问题之外，科学研究所需要的专业理论知识也对此阶段的教师造成压力，使他们产生困惑。走出大学的校门已经多年，在时间的打磨中，实践经验越来越丰富，而理论知识却朝相反趋势发展。因此，此时的科研过程会使"3～10 年"教师步履维艰。

---

① 摘自 Y 老师的教育日记《不做单纯的教书匠》，收录时略有改动。

我想重拾科研，可是思来想去，在课堂之余，我能留出多少时间给科研？在课堂之外，我需要备课，参加各种培训，留给科研的时间实在是少之又少。教书与科研之间的矛盾不是我一人能够协调的。没有充足的时间做保证，科研恐怕很难做好。本来科研是我的一种渴望，但在教书之外的科研，却像一座大山，负荷在头顶，让我颇有重压之感。如何才能在教书与科研之间找到一种平衡呢？这让我有些迷茫。

二、"3～10 年"教师学术研修策略 >>>>>>>

（一）多层次课例研究：打破理论与实践的"樊篱"

"从事研究"已经成为当下教师的一项"必修课"。然而，并不是所有的教育研究都适合"3～10 年"教师。"3～10"年教师有了一定的教学经验，他们力图找到问题的解决办法，改进自己的教学工作，但这一教师群体往往缺少教育研究素养，对教育研究方法也知之不多。因此他们研究的主要途径是从实际到实际，他们在研究中可以提出富有启发的"做什么"和"怎么做"，但对于"为什么这样做是有效的"却不能加以解释。

为此，学校将贴近教师教育教学实践和知识结构的课例研究作为这一教师群体的主要研修方式，并提出多层次课例研究的路径，以"课例分析"为起点，提倡"课例比较"，鼓励"课例研究"。当"教学即研究"成为一种习惯和常态时，我们的教学才真正有可能发生变化，也才能真正体现在研究的状态下教学，在教学的过程中研究。②

1. 课例分析

课例分析首先要进行学情分析，认真研究学生的实际需要、能力水平和认知倾向。教学设计时应考虑到学生的实际需要，分析教学内容，选择教学策略，创设教学情境，设计有效的教学程序。课例分析主要通过教学观摩、评议提升、形成新案等步骤来帮助学科教师群体转变课堂

---

① 根据笔者与 W 老师的访谈整理而成。
② 刘徽：《课例研究：扎根课堂的变革》，载《人民教育》，2011(8)。

教学行为，走出经验型教学的低水平状态。从教学设计到教案撰写，从教学观摩及评议到课后交流及提升，课例分析能有效地促进教师教学反思能力的形成，它是各阶段教师校本研修的基本要求。

2. 课例比较

课例比较是课例分析的延伸和拓展。最初的课例比较是基于同一教学内容、不同教学情境下的教学过程、教学效果的比较分析。但随着课例分析的不断积累，课例比较开始从同课异构走向同课异校。因此，这一阶段的课例比较涉及不同教学环境的研究。同时，为了研究不同学科的课堂教学氛围、课堂教学方式和习惯与课堂教学效果的相关性，此阶段还开展了同班异课的比较研究。课例比较的内容更为丰富，研究所涉及的课题相对课例分析更为复杂，它成为"3～10年"教师学术研修的主要载体。

3. 课例研究

课例研究是基于课例分析和课例比较的理性思考和理论深化。它是在课例分析、课例比较基础上进行的理论提升。通过课例研究，新的教学模式得以形成，并运用于实践，切实提高课堂教学的有效性；通过课例研究，教师个人得以从理论的高度审视自己的教学实际，促进个人教学特色的形成，从而提炼自己的教学观点乃至形成自己的教学理论。

首先，课例有助于使教师将理论与实践相结合，对课堂教学过程中出现的种种现象进行分析，最终从中引出具有学术价值的议题加以研讨，从而避免了空泛的理论指导。其次，来自具体情境的具体教学问题与特定的设计处理方式，易使教师将其迁移到个人教学的处理中，从而提高教师的教学能力。最后，课例与课例研究有助于使教师反思自己的备课、上课过程，关注学生的心理与行为。另外也有助于教师具体地感知到教育教学理论，体察到教学内容处理能力的要求。

为了更好地品莲味[①]

在讲授《莲恋莲》这篇散文时，我主要通过语言的形式解读语言内容，进而体悟作者的情感。《莲恋莲》是一篇抒情散文，重点在于语言的品味与感悟。只有引导学生驻足于字里行间进行语言的品味，从精细、精微

① 摘自S老师的教育日记《〈莲恋莲〉课例研究》，收录时略有改动。

之处读出意味、意蕴，才能真切感悟散文的情感内容，才能引领学生读懂文本，进而达到悟意审美的目的。因此，我主要采用让学生反复品读、感悟的方式进行教学。我把这样的设计意图讲给听课老师听，他们给我提出了意见：《莲恋莲》这篇文章的文字诗意跳跃，梳理文脉应该是必不可少的。受到这样的提点，我以梳理文脉、提挈关键为切入口，这样有助于学生先能亲近文本。这样似乎仍有不妥，以语言品赏为中心，往往会让课堂太虚，需要手段突破。我想到的是以课内促进课外的迁移，"给示例、促感悟、巧点拨"，由文见人感悟等手段试图让学生贴近作者的内心。有了这些构想，就有了课堂上"诗文之中品莲味""总揽全篇理文脉""涵咏体味赏语言""立足文化悟乡愁"四个层层推进的环节，也让教学呈现出了起承转合的清晰结构。

经过不断的打磨，我自认为比较成功的一堂课终于诞生了。然而，在听了 J 老师的一堂课"听听那冷雨"之后，我又发现了新的不足。在整个教学过程中，我一直在牵着学生去欣赏，却没有为学生留出时间和空间。而教师应"导而弗牵"，应促进学生自主生成、精彩生成。那么如何在散文教学中留给学生自己欣赏、品味的空间呢？这是一个值得探究的课题。带着这样的困惑与思考，在接下来的课堂教学中，我不断尝试各种教学方法，试图寻到较为有效的路径。

S 老师基于学生、文本的角度对《莲恋莲》的教学进行了精心的设计，又在听课同伴的建议之下进行了不断的改进，最终形成了自认为比较满意的一个课例。然而，在听了 J 老师的"听听那冷雨"一课之后，S 老师意识到了自己课堂上的不足之处，继而形成了一个研究命题，带着研究的意识不断尝试，不断改进，追求更为有效的课堂。课例研究正是在这样的一个过程中和不断的分析、比较之上进行研究的。

（二）同伴合作：从"我"到"我们"

开展"3～10 年"教师校本研修实践前，学校对他们进行调查，发现他们中的大多数希望在今后职业发展中能够多阅读一些教育教学理论著作。80％以上的教师迫切希望提高自身的业务水平，超过半数的教师有提高教育科研能力的意愿。由此可见，"3～10 年"教师有着共同的目标，这是建立伙伴关系的重要前提。

基于此，学校在面向"3～10 年"教师开展校本研修活动之前，由教师自愿组成发展共同体开展同伴合作。3～5 人为一个小组，组员可以是同一年级、同一学科的教师，也可以是不同年级、不同学科的教师，组内教师在兴趣、性格和专长上存在着相同或互补之处。发展共同体创设了一种全新的发展环境，教师在其中可以共同阅读教育理论著作，探讨感兴趣的教学方法，合作进行课例研究，共享教学心得体会等。在这个时候，每一位教师就由单个的"我"转变为同伴的"我们"。

寻找身边的伙伴①

说起合作，我马上想到我们宁波中学的"教师共同体"。"共同体"成员的涵盖面广，有相同教龄的同事，也有"高级后"教师，也不乏一些名师。形式多样而灵活，有因课题也有因教学而组成的，但有一点是一致的，就是每一个"共同体"都有着一个共同努力的目标，核心是提升每一个成员的教学能力与科研能力。在"共同体"中，我们一起超越失败经历，一起分享成功心得。还记得有一次特殊的教研活动，午后在一个同事的家中，我们 4 人外加学科导师、特级教师沈老师，就在茶座式的谈天中，指点教学，激扬文字。沈老师更是集 30 多年教学之感悟，发表了一番见解，其中的若干经典之语以后经常为我们所引用。多年之后回首那个午后，似乎总有一点《论语》"侍坐"萦绕心头的感觉。在无拘无束的氛围中，大家畅所欲言，真情真性，而且灵感迭发，高论频出，更兼沈老师随时指点迷津，那真是一个美妙的、令人心驰神往的下午。随心谈出真境界，由着那个午后奠定的氛围与方向，我们"中青班"的 4 人又围绕课例、课题展开研讨，不断推进着这种合作，在优质课等各种教学比赛中，互为智囊，同做支撑。之后，我们这个团队的成员中，有人评上了教坛新秀、学科骨干、名师，这并非仅仅是个人的成功，站在"集体的肩膀"上让我们看得更高，走得更远。"共同体"为我们提供了合作的平台，奠定了成功的舞台。

1. 合作教研中的同伴合作

合作教研活动是"3～10 年"教师开展发展共同体活动的一种实际运

---

① 摘自 C 老师的教育日记《难忘午后》，收录时略有改动。

行方式。合作教研要求发展共同体中的教师，以教学研究为手段，通过多途径、多样化的合作，实现团队教学和研究力量的增强。合作教研的具体策略有以下几种。

集体备课——发展共同体围绕一个教学内容进行反复研讨，设计教学。

集体执教——发展共同体对同一教学内容开展教学实践，探索教学程序。

集体观察——发展共同体对教学过程进行多视角观察，收集课堂信息。

集体反思——发展共同体对整个教学过程和结果进行研讨和思考，探讨课堂改进。

实践表明，发展共同体中的教师通过合作教研，对一堂课进行反复的琢磨，通过集体的设计、执教、观察、反思，使原本只建立在个体经验上的教学变成了集体智慧的成果。在这个过程中，教师个体的教学智慧、研究能力都会随之得到提升。

2. 专题研讨中的同伴合作

专题研讨的重点是为教师提供"教什么"和"如何教"的模式，是为了解决教学实践问题。在专题研讨中，针对大家在教学中的困惑，筛选出带有普遍意义的问题，每月确定一个专题，开展一次研讨活动，让发展共同体的教师集思广益，深入地进行教学研究，探索出有效的教学模式和科学的教学策略。专题可以是课程统整、信息技术与学科整合、教师的教学策略的提高、学生学习策略的培养、学困生的教学对策等。

3. 课例研究中的同伴合作

课例研究，从研究主题的确定到研究步骤的设计，都离不开同伴合作。在课例研究过程中，个体力量明显薄弱，由合作的同伴一起组成课例研修小组，就教学中存在的问题与同事进行深层次研讨，实现教研资源共享，分享体会和经验，从而保证课例研究的深入和真实。

(三)学科导师：与名师面对面

"3～10 年"教师发展性学术研修计划，是学校三阶段、整体化校本研修格局的一个重要组成部分，既是"0～3 年"教师养成性学术研修的延伸，也为"高级后"教师学术引领研修的实施奠定基础。

根据这一教师群体的发展特点，为引导教师养成自觉关注课堂的意识，逐步提升课堂设计和实施能力，形成个体教学风格，采用导师制研修方式，让省特级教师和市名师担任学员的学科导师。

名师在身边①

为促进我们中青年教师的成长，学校为我们研修班成员配备了导师。这十几位导师无一不是闻名省内外的德高望重、德艺双馨的名师。他们的姓名，我们很早就从许多刊物杂志，以及老教师的口口相传中得知，今日终于能够跟这些名师相处一室，近距离地向他们请教、交流，真是感到万分荣幸。再想到，在今后的日子里能够不时聆听到他们的谆谆教导和殷切教诲，以及在他们的引领、提携下，逐渐提升自我的教学业务素养与能力，更是让我非常期待。

1. 指导制定发展规划

在导师的协助下，研修教师制定五年学术发展规划。在规划中，教师对自身情况进行全面分析，定位擅长领域和发展方向，形成具体的阶段发展目标和内容。导师的协助不仅有助于教师准确剖析自我，保证规划的科学性，而且也有助于导师有针对性地对教师进行指导。

2. 指导开展学术阅读

阅读能够决定教师的发展状态。"3～10 年"教师已在多年的教学实践中获得了一定的实践经验，在导师的指引下开展学术阅读，可以对自身实践进行提炼和思考。在跟随学科导师研修的过程中，学科导师开出学术书单，并布置阅读任务，要求"3～10 年"教师进行阅读。阅读之后，在导师的组织下开展读书分享，就上次布置的任务主题进行交流。在交流的过程中，教师往往会迸出思想火花，这些火花往往就能成为他们发展的一个切入口。

3. 指导开展课堂研修

大量调查研究的结果表明，在种种教师学习的形式中，专家引领下的教学实践对教师发展的促进效果最为明显。由于导师基本上都来自教学一线的名师，他们对教学有着深刻的理解，能对研修教师的课堂提出有针对性的建议，而这些建议对研修教师的发展意义则是显而易见的。通过"自我

---

① 摘自 G 老师的教育日记《名师在身边》，收录时略有改动。

磨课—导师点评—反思提升""导师示范—学员再现"等过程，在学员与导师之间形成积极互动，最大限度地发挥导师制的作用，促进学员的成长。

4. 指导开展课例研究

由于"3~10 年"教师所开展的课例研究往往涉及学科专业领域，因此就需要相应学科领域的专家进行指导。在课例研究过程中，导师需要做到：一是对研究进行指导，如引导教师提出和形成课例研究的主题，指导团队成员提出解决思路和具体途径；二是教学协助，以研修主题为中心为教师的教学实践提供咨询和协助，进行教学方法和策略上的调整；三是责任分享，能对教师的教学和研修行动进行质疑，并分享在这一过程中收获的思考与观点。

第五节

"0～3 年"教师养成性学术研修实践

由于大学阶段一次性所完成的教师专业入门教育与真实的教学情境差距巨大，因此即使是再完美的教育课程也不能代表真实的教育情境。在教育理想与现实课堂生活的冲突中，他们感到困惑和无助。尽管学生的课桌和教师的讲台之间，只有很短的一段距离，但可能有一段最长的心理距离。[1] 由此可见，"0～3 年"教师的角色主要是学习者，他们在专业发展方面的需求主要是学会教育教学；适应学校的学术工作，融入学校的学术文化；把职前教育所掌握的知识转化为可操作的"实践性语言"。

一、"0～3 年"教师群体的特点 >>>>>>>

"0～3 年"作为教师职业生涯的起始时期，对教师未来的专业发展具有深远的影响。这一阶段的教师实现由学生向正式教师的角色转换，也是所学理论与具体的教育现实的"磨合期"。这一阶段的教师有其独特的群体特点。

（一）处于职业适应阶段

"0～3 年"教师在现实工作中经常出现的问题主要集中在两个方面：一是新教师作为管理者，对教学和学生管理不适应；二是新教师作为被管理者，对学校学术文化和学校学术管理不适应。归根结底，上述问题的出现是源于新教师对自身角色转换的不适应以及对学校环境的不适应。

---

① 王枬等：《教师发展：从自在走向自为》，46 页，桂林，广西师范大学出版社，2007。

因此，新教师普遍感到力不从心，适应压力很大，担心能否在这个新的环境里生存下来。这些成为他们最为关心的问题，为此他们迫切需要来自外部环境尤其是学校的支持与帮助。在此阶段，"0～3年"教师主要是在教学中求生存，探求应对策略，不断地调整个人的专业目标，逐步地适应教师角色。适应阶段的时间根据教师个体差异而有所不同，有的教师在1年内就能够适应，而有些教师则需要2～3年，甚至更长的时间。一般而言，在此阶段，许多新教师会遇到种种困难和挫折。

(二)职业期望与现实的差距较大

由学生向教师的角色转变，使新教师在之前尤其在师范教育阶段所形成的理想、信念、观念以及专业知识和能力等都受到了前所未有的挑战，甚至在某些方面是对自己已有概念的颠覆。在教育教学实践中，新教师经常会深刻地体悟到实践与师范教育阶段所学的理论相差甚远，甚至超出自己的想象。因为无论受到了多么系统的职前师范教育，真实的教学情境与在师范学校接受的"模拟情境"是存在差别的。所以，师范教育中培养的教师角色观念往往同教室中的实际情况不相一致。[①] 这就使得新教师的职业期望与现实之间出现较大差距。

二、"0～3年"教师学术研修策略 >>>>>>>

"0～3年"教师作为刚进入教育教学岗位的新教师，其成长和发展关系着整个学校学术文化的传承，也决定着学术高中教育教学质量的长远发展。自1996年开始，学校已开始有系统地思考和探索新教师的入职培训路径，在此基础上，制订并实施了《宁波中学"0～3年"教师学术养成研修行动计划》，该研修行动计划是学校学术校本研修的重要组成部分。通过"0～3年"教师养成性学术研修，新教师可以树立正确的教师职业观和学术观，掌握基本教学技能，尽快尽好地适应学校教育教学工作。

(一)师徒结对：代际传承

学校组织"0～3年"教师与师德好、年资较高、教育教学能力突出的

---

① Veenman, S., "Perceived Problems of Beginning Teachers," *Review of Education Research*, 1984(54), pp. 143-178.

优秀教师结成师徒，这些教师通过观摩老教师的课堂，老教师通过对新教师的课堂教学进行手把手的指导，以老带新，帮助新教师站稳讲台。师徒结对可以大致划分为以下三个阶段。

1. 第一阶段：适应性带教

徒弟为见习期的教师。此阶段的目标主要是让徒弟在师父的"传、帮、带"下完成角色的转换，基本能适应教学工作和班主任工作，从而获得专业发展的信心。因此，本阶段的带教内容主要集中于"如何备课、如何说课"等教学基本功的训练以及如何进行心理调适和处理各种人际关系等方面的指导。

2. 第二阶段：养成性带教

此阶段主要针对具有两年到三年教龄的教师。此阶段的目标主要是全面提升新教师在教学或班主任工作上的综合能力，包括教育教学能力以及班级管理能力，使他们能够胜任教育教学工作，并在工作中逐步体验到成就感，从而树立更远大的专业发展目标。因此，这一阶段的带教内容主要集中在专业能力的提升以及专业理想与信念的形成上。

3. 第三阶段：个性化带教

徒弟一般是新教师中的表现优异者。此阶段的目标是使徒弟形成个人独特的教学风格，并在此基础上形成具有一定创新性的教育教学理论。因此，此阶段的带教内容主要集中在教学反思能力与创新能力的培养方面。

在以上三个阶段中，每一阶段师父的指导方式和徒弟的学习方式都有所侧重：第一阶段重在"师父指导—徒弟模仿"；第二阶段是"师父提示—徒弟思考"；第三阶段主要是"师父点评—徒弟创造"。

我眼中的师徒结对[①]

2012年，我大学毕业后迈入学校工作岗位。在进入学校之初，学校就有为我这样的新教师配备指导教师的传统，并通过签定结对协议这一仪式形成既定的师徒关系。就这样，我有幸与陈老师结为师徒。

在刚进学校的前几个月，应该说是我和师父之间互动和交流较为频

---

① 摘自 T 老师的教育日记《有感于师徒结对》，收录时有删节。

繁的阶段。因为刚进学校，我什么都不懂，事无巨细（不仅包括课堂教学的问题，还有一些学校规章、人事等方面的问题）一一向师父请教。陈老师也极为耐心地对这些问题进行了解答。

当然，这其中的课堂教学指导是我和师父交流的最主要方式。一般而言，我们保持着一个星期两三次的课堂教学指导活动。而这些活动很好地帮助我从角色的尴尬中摆脱出来，使我能以较好的状态投入教学活动。……以下是我摘录的陈老师在师徒交流中和我说的话，谨以此表示对陈老师的敬意和感激。

——作为教师，我们要正确理解和把握课程标准，不能以丧失学科教学本义为代价去一味追新，这会使教学误入歧途。

——一节课的框架结构固然重要，但细节之处也需要潜心琢磨，精雕细刻。我们还需要思考如何突出重点、突破难点将是保证教学效果的。

——在知识信息时代，青年教师要不断学习来充实自己，扩大自己的知识面。在超越教材之外向学生传播知识时，务必要保证知识的科学性与正确性。

——我们不仅要授人以鱼，还要授人以渔，更要授人以愉。在教给学生知识和方法的同时，不可忽视对他们心理和情感上的教育，使他们在学习中体验到愉悦。

——留心观察那些在课堂中生成的复杂、不确定、新奇的教学事件，尝试进行深入思考和分析。把这些思考和分析写出来，并注重积累，这对我们的成长有极大好处。

（二）阶段培训：从站稳讲台到站好讲台

新教师的成长有其自身的规律，根据对这一群体教师的访谈，发现第一年是新教师初步适应的阶段。在此期间，他们从适应工作环境到适应教学工作。到第二年，他们开始对自己所从事的教学工作有了一定的认识。在第三年里，他们基本上能够相对熟练地应用教学方法，对所教学科也有了一定的认识。为此，"0~3年"教师养成性培训采取阶段培训的方式，具体分为如下两个阶段。

①入职第1年为适应阶段，要求新教师站稳讲台。具体要求为：对教学含量有底；重点难点有数；掌握教育教学的常规要求和教学技能；

胜任德育工作。

②入职第 2～3 年为胜任阶段，要求站好讲台。具体要求为：能独立承担班主任工作；具备驾驭课堂教学的基本能力；在逐步成熟的基础上发展各种能力；能积极参与各类教育教学竞赛。

(三)教学观摩：获得具体的教学经验

对于"0～3 年"教师而言，他们迫切地需要解决"如何教"的问题，而教学观摩无疑是最直接、最有效的途径。通过教学观摩，新教师不仅惊叹、折服于优秀教师从容不迫的教学风度、深厚严密的教学语言、非常精彩的教学设计，更能从细微处发现教学的妙处，观察到执教教师独到的教学设计，并体会到它的优点。这样的观摩课使新教师获得具体的教学经验，并将其运用到自己的课堂中，这是一种更为直接地促进新教师成长的有效途径。

到位的课堂语言，撑起一堂好课①

昨天王老师又组织我们在学校里听了两堂精彩纷呈的公开课。通过这两堂课的观摩，我们每个人都受益匪浅。以 C 老师为例，他的课堂语言很平实，但是他的课很能吸引人，学生不容易走神，学生的思维都是紧随老师的。因为他以最有精神的面貌、激情的语言给学生上课，他的语言有足够的感染力。综观整堂课，他的语速时快时慢、语调起伏，讲到重点时语调适当提高，使学生意识到这里应该认真听；他在肢体语言上把握得很到位，手势动作不会刻意为之，让人觉得自然。

(四)竞赛活动：个人展示的舞台

竞赛活动能够有效地调动新教师的工作积极性和创造性，符合这一教师群体争强好胜的心理特点，是促进新教师快速成长的一个行之有效的做法。因此，学校开展以教师基本功为核心内容的系列竞赛活动，为"0～3 年"教师提供相互交流、相互学习、相互提高的机会。这一类的竞赛活动主要包括教学设计、板书演示、PPT 制作、说课、试题编制等。

---

① 摘自 S 老师的教育日记《到位的课堂语言，撑起一堂好课》，收录时略有改动。

除此之外，学校将每年 11 月的一周定为"0～3 年"教师的公开课展示周，要求前两个阶段的新教师参加。

竞赛印象，一朵午荷①

有一年的秋天，依稀还记得当时的满园桂香，可惜那时的我却没有欣赏的心情，因为我正在去参加学校新教师板书演示的路上。我一路忐忑，满腹心事。身为语文教师的我，板书并不是我的强项，因为我的粉笔字稍嫌幼拙。但这次比赛要求所有的新教师参加，我只能硬着头皮、忍着脚麻站到了黑板前。我选择的板书篇目是《一朵午荷》，荷的"花开花谢"，人的"盛衰流转"，作者用"咏物抒怀"一线串起。我知道笔迹不是我的优势，我就尽量减少文字的书写，只点缀关键字，然后用线条勾画出一朵盛开的"荷花"形，希望以形会意，标新立异。比赛的结果是，我获得了二等奖，耳畔却一直回荡着评委的评价："板书设计颇花心思，但作为语文老师，今后需要苦练粉笔字。"那时的我心中泛起五味，也暗下决心，我的良师之路从"练字"开始！

(五)反思日志：自我超越

反思日志是教师将自己课堂实践的某些方面，连同自己的体会和感受诉诸笔端，从而实现自我监控的最直接、最简易的方式。写反思日志可以使教师较为系统地回顾和分析自己的教育教学观念和行为，发现其中存在的问题，可以提出对相关问题的研究方案，并为更新观念、改进教育教学实践指明努力的方向。②

写反思日志有助于"0～3 年"教师从发展初期就培养起教学研究的意识，善于对自己的课堂专业生活进行思考，意识到一些关键问题特别是一些不成功的事件，然后提出一些新的解决办法，再进行新的尝试。在这样一篇篇反思日志背后，是这一教师群体对自身专业结构的改进。而这种专业结构的形成、改变或强化则又会对他们下一阶段的发展产生显著影响。

---

① 摘自 G 老师的教育日记《竞赛印象，一朵午荷》。
② 傅建明：《教师专业发展——途径与方法》，145 页，上海，华东师范大学出版社，2007。

《高山仰止》教学反思①

本堂课是《高山仰止》的第二教学课时的呈现。在教学设计中，我以"孔子对学生的关爱"为探析重点，让学生从孔子与子路、颜回、伯牛、子游的日常交谈片段看师生关系，并体会孔子严师、友兄的立体形象。因为本文有关子路的篇章所占比例大，人物形象亦十分丰满，所以探讨孔子与子路的关系成为本堂课的重点。然而在平行班的教学过程中我发现，由于教学时间的限制，将孔子与颜回、伯牛、子游的相关篇章调整到第三课时比较合适。本堂课集中从子路的性格分析来了解孔子的品行。……课后，我听取了指导老师和有关专家的反馈，认真回忆课堂流程，存在如下许多不足。

一是在文言文的教学过程中，特别是在《论语》的教学上，需要充分调动学生的朗读积极性，让他们在朗读中感悟人物形象和精神面貌，通过初读、后评、再品能更好地走入文本，体悟语境。

二是教学需要有由易到难逐步推进的过程。但是，本堂课均以"学与思"的问题设置平行推进，只是在最后有感情朗读时略有升华，但整堂课缺乏比较明显的教学高潮。新教师在站稳讲台的基础上，应该拓展思路，有创新的精神，在某些教学环节的设置过程中加入自己的思考，增加亮点。

三是教学语言比较流畅，但仍然存在个别措辞不当、语言杂糅等现象。提问也应该更具指向性和明确性。

---

① 摘自 S 老师的《高山仰止》教学反思。

班主任、管理人员的学术研修实践

学术高中建设中学术性教师队伍是重要的推动力量，但学术高中建设也离不开学术性班主任和管理人员。因此，宁波中学在开展"三阶段、整体化"这"一体"师资队伍建设的同时，也关注班主任和管理人员这"两翼"教师的学术研修。

一、班主任的学术管理研修 >>>>>>>

在以班级授课制为主要形式的学校教育中，班主任的地位和作用是不可替代的。尤其在高中阶段教育，班主任对学生创新成长和发展起着引领性作用，其素质直接关系着学生的创新素养和创新能力培养。目前，学校班主任队伍以有3～10年班主任经历的青年教师为主，这一时期也是班主任成长过程中的关键时期。班主任的学术管理研修旨在创新学校班主任校本研修模式，加强班主任工作实践研修，为有志于班主任工作的青年教师搭建一个成长平台，使他们在校本研修过程中，培养班主任的专业精神，改进班主任的教育行为，优化班主任的工作方式，提高班主任的工作实效。班主任教育专题研修以"阅读—交流—思考—探索—实践—研究—借鉴"为主要路径开展各类研修活动，具体研修内容包括以下几个方面。

（一）学术阅读：名家研读及交流

以学校配置的班主任工作专著为主要文本资料，认真研读中外教育名家的教育论著及学习著名模范班主任的工作经验。要求教师每学年至少研读一部有关班主任工作的著作，并做好批注、记录，撰写读书札记，积累感悟和收获，并在研修过程中通过读书会等方式进行交流，围绕"研读教育名家，打造幸福教育人生"的主题交流研读收获。

用阅读提升自己，滋养学生①

有人说：学生是班主任的影子。确实，班主任的潜移默化会使学生在处事、举止等方面或多或少带上班主任的烙印，这对与学生接触最多的班主任自然提出了更高的要求。在三年的教育实践中，我觉得班主任忙里偷闲多读好书、用好书育学生是个不错的选择。教育的本质是心灵的改善，而心灵的改善则需要潜移默化，细水长流。记得苏霍姆林斯基曾说："没有那种占据学生全部理智和心灵的真正的阅读，……学生就没有学习的愿望，他们的精神世界就会变得狭窄和贫乏。"可见，要让学生养成自我教育的习惯，到思想和词的源泉那里去旅行是一个重要途径。阅读不仅能开阔教师的视野、提升教师的修养，还为教育工作提供了源源不断的精神给养。

我习惯用好文章来帮我做说客。比如，有一天，我在自修课上发现有学生在玩游戏，心里真有几分生气。心想，到中学还这样。但转而一想，当众戳穿会两败俱伤，于是我悄悄走到他的身边，什么也没说，那学生也心领神会地把游戏机放进去了。半天后，我找了他，没有指责，而是推荐他看了一篇《思维与智慧》2006 年第 9 期的《拒绝诱惑与坚守信念》。文章讲述的是一名落榜学生随伯父出海而遭遇风暴，因忍不住渴而喝海水，遭到伯父斥骂的故事。我特意画出了这名落榜学生大难不死后的感悟："人生犹如海上行舟，不知什么时候就会遭遇恶浪和风暴的袭击。面对痛苦与厄运的折磨，我们必须坚定自己的人生信念，在最险恶的情况下，也要学会识别和拒绝那些外表美丽、实际致命的诱惑。只有这样，我们才能从绝境里获得自救。"

看完后，我与他讨论了读后感，也推心置腹地和他一起分析了沉迷游戏的危害，我相信他会有所获的。抵制诱惑最有用的力量来自内心。

我喜欢用好文章来做我的老师。比如，每次考试后总有学生萎靡不振，垂头丧气，我便经常给他们看些能帮助他们重树信心的文章和语段。

---

① 摘自 Y 老师的《用阅读提升自己，滋养学生》。

如《麦克阿瑟的满分》，它说的是美国西点军校的规定：每名毕业生在毕业前夕都要从一个高 4 米、直径为 2 米的内壁光滑无比的金属圆桶中走出来。几乎每名毕业生都没有办法超越生理上的极限，不能如愿地走出这个圆桶，成绩都是零分，还会无一例外地受到一种处罚——被人从上面抛泥土盖顶，埋至半腰深。但麦克阿瑟的出现终结了零分记录，他没有像别人一样等着泥土抛洒的惩罚，而是左右闪动身体，并迅速地把那些泥土踏在脚下，他终于成功脱困获得满分。可见，人生中难免会遇到类似的困境，唯有智慧而积极地因地制宜，化危机为转机，才能获得人生考试的满分。

经常接触好文章，让我们师生共同收获许多。如《刀爱》让我们懂得"伤短爱长"的道理；《走出枯井》让我们懂得如何面对困境；《最苦与最乐》让我们辩证地认识苦和乐。《让自己的心先过去》让我们懂得人的积极心态的力量；《坚守你的高贵》让我们从建筑设计师莱伊恩的"弄虚作假"中看到了自信的重要性；《狼图腾》中的飞狼故事让我们懂得团结协作的力量……我也经常和学生共同品味经典的语段，激发我们对人生和世界的思考。如《全球通史》指出，"当时急剧的环境变化迫使所有的动物必须能不断地适应新的环境。能否适应的关键不是取决于蛮力，也不取决于耐寒的能力，而是取决于智力的不断增长，取决于能否运用其智力使自己较好地适应环境的需要。""人类的历史证明，一个社会集团，其文化的进步往往取决于它是否有机会吸取邻近社会集团的经验。一个社会集团所获得的种种发现可以传给其他社会集团；彼此之间的交流愈多样化，相互学习的机会也就愈多。"

（二）交流：班级管理模式创新论坛

在学校内部，组织在班级管理中有心得、班主任工作经验丰富的教师一起就教育管理模式创新这一主题定期举行"创新班级管理模式，提高班级管理实效"专题论坛，让教师结合班级管理实际进行交流、探索，形成班级管理模式的改革思路。

2018 年班主任工作论坛顺利开展

2018 年 5 月 24 日，宁波中学 2018 年"创新班级管理模式，提高班级管理实效"专题论坛于远程会议室顺利开展。在此次研讨会上，高一年级组、高二年级组、高三年级组和新疆部的 10 位班主任作为团队代表，就班主任日常工作中遇到的问题及解决方法与在座教师交换意见并进行了深入的探讨。

研讨会结束后，54 位教师在网上进行了不记名的投票，选出一、二、三等奖。班主任是德育工作的先行者与实践者，希望通过"创新班级管理模式，提高班级管理实效"等一系列活动，能够促进对德育工作更加深入的思考、凝聚优秀教师的团队力量，为迎接学术宁中更美好的未来而努力。

获奖名单如下。

一等奖："弃权，也是一种教育""新接班级学风不佳，怎么办"。

二等奖："起始年级如何编排座位""活动——班级文化建设的重要载体""学生行为习惯不好，怎么办"。

三等奖："家长总是袒护学生""学生行为习惯不佳""心有温度，行有智慧——德育管理实践与思考""'民族团结'班级文化建设"等。

(三)思考：班级管理案例的收集与反思

教师在研修过程中要有意识、有体系地收集真实发生在班级管理过程的一些教育案例，并对这些案例进行较为深入的反思。学校通过《教育求索》、班主任专题论坛等形式组织教师交流这些案例及反思，从而使教师善于抓住教育契机，做一位有准备的班主任，通过对比多反思自己工作的不足，做一位有智慧的班主任。

采用赏识教育转化后进生[①]

大多数班集体，都有几个不听话、好捣乱、学习成绩不佳的学生，即所谓"后进生"。许多班主任教育他们时，总是绷着脸、目光严厉，振振有词地逐一指出其身上存在的种种缺点，然后一一要求其改正，并威胁如果没有改正，将报告家长、送校长教育等。有的教师在教育过程中更是夹杂着一些有伤学生自尊的话语。这些班主任想用自己的威严来吓

---

① 摘自 Z 老师的《采用赏识教育转化后进生》。

退学生，使他们变得温存驯良。但事实证明，结果往往适得其反，许多学生依然"不悔改"。转化后进生可以采用赏识教育，主要可以从以下几方面进行。

赏识后进生的开始——寻找闪光点。找到了闪光点，可以以此入手，为后进生重树自信，使他们不至于"破罐子破摔"。因此，在接到这个班级时，我并不急于把后进生抓来教育一番，而是细心观察他们，寻找他们的优点、缺点，为转化他们寻找突破口。

赏识后进生的重要手段——谈心。采用赏识教育与后进生谈心，可以从其闪光点入手，以此为谈话激励的中心，引导其重拾自尊、自信，从而端正其纪律、学习态度。

开学初，拿到我们班成绩的时候，我发现我们预科年级成绩排名的最后一位是在我们班。当看到这名学生时，我就开始慢慢观察。我发现每一次教师讲话时，他都会用他炯炯有神的眼睛看着教师，路上碰到也会非常有礼貌地打招呼。他对每一次作业都不会放弃，学习态度非常好。在我们第一次大型的班队活动"开斋节"中，他跳的舞特别棒，而且他一点也不怯场，很好地调动了班级的气氛。让我印象很深的是，在我们一次班级活动"女生节"中，他被评为我们班的最佳绅士，很多女生都说了这段时间以来他为班级所出的力。因此在期中的总结大会上，我对他进行了表扬，尤其是在平时的谈话过程中，我总是会对他提出一点表扬。最后在学期评优中他也被评为工作积极分子。在教师的表扬和肯定中，我发现了他明显的变化，成绩开始慢慢地往上升。

赏识后进生的目的——为后进生重塑形象。要让后进生顺利地以新形象展现在同学的面前，班主任必须在班中对他的每一个优点、每一个进步进行公开表扬并要求同学们关心、支持他，给他以改正的机会。当然，学生是善变的，还必须反复找其谈心，开导、鼓励他，使他的转化保持持久性。

(四)探索：班级文化建设

开展特色班级文化创建活动，组织教师积极开展班级文化建设的实践探索，提升班级文化建设水平，形成班级特色，充分发挥班级文化的育人功能。选择班级文化建设特色鲜明的班级，召开班级文化建设的现场观摩研讨会，总结经验，推出典型。同时组织开展班级文化建设的专题征文活动。

积极建构班级文化①

班级文化不是一朝一夕形成的，它应该是来源于学生，又作用于学生的一种"班级性格"。"班级性格"的养成是一个动态的过程，只有学生群体主动参与创造班级文化，才能形成共同的价值取向，获得创造的自由与发展的空间。我常常组织学生开展班级形象设计活动，将抽象的集体概念转化为可以触摸的形象，如班训的制定、大合唱的创作、班旗的设计等，给班级以自己的标识，凝聚班级成员的智慧与共识；在活动中引导学生创建班级的特色，构建班级的价值观和班级性格，明确班级的追求。

美化教室环境，是创建班级文化的基础。张贴班训，让全班学生有明确的目标；增设读书一角，抒写阅读笔记，营造读书氛围；还发动学生用自己种的植物来点缀教室。整洁、美观、优雅的室内环境，犹如细雨润物，培养了学生正确的审美观，增添了生活和学习的情趣。

班级文化建设的核心之一就是树立正面的班风。正确的舆论和良好的班风，是种无形的教育力量，潜移默化地影响着班级成员。我积极地利用了墙报、黑板报和宣传栏等基地，通过主题的规划、行规典范的表彰等营造出正能量的氛围，对学生的行为进行正面引导。

班级文化建设的核心之二就是增强学生的主人翁精神。我要求每名学生在桌子左上角或右上角贴上自己的名字贴，这样既方便了任课教师的辨认，也时刻提醒学生自己是班级的一员。这种个性化的名片微设计不仅成为班里的一道独特风景线，也使每一名学生把自己和班级整体紧密地联系起来，树立"班级兴衰，我的责任"的主人翁意识。一个班级的管理需要人文关怀，我以生日为契机，倡议为班级的每一名学生过集体生日。当学生感受到他是被关注时，就激发了他的自我存在感，就会让他的成长来得更加主动。

班级文化建设的核心之三是形成积极向上的学风。一个鸡蛋，从外打破是食物，而从内打破则是生命。人生亦是，从外打破是压力，从内

———————

① 摘自 Z 老师的《积极建构班级文化》。

打破是成长。我通过荣誉奖状的展示、优秀学生的经验推广、励志视频的播放等激发学生的斗志，引导他们"立长志"。

教育的过程是自身心灵净化的过程，班主任的工作极具挑战性。在我看来，每一名学生就好比是一粒种子，有着与众不同的基因。发现每一个生命个体的独特之处，应该成为所有教育的出发点。

(五)实践：心理健康教育

选购中小学生心理健康教育专著，供教师研读学习，提高理论水平。组织教师参加心理健康教育专题培训。让教师针对本班学生的心理健康实际，开展一项以心理健康教育为主题的班会活动，活动前制定主题活动方案，活动中注意积累活动资料，活动结束后反思活动实效，做好活动记录。学校组织评选优秀活动，做好交流展示工作。

分享·合作·凝聚——心理班会课课例节选①

教学目的：让学生加深感情，了解合作和团结的重要性；学会合作，在合作中加深对自己和班级同学的了解；锻炼学生在团体活动中的沟通能力。

教学形式：讲授、游戏活动、故事、心理体验、讨论交流。

教学过程：

一、暖身活动

逐步导入主题，在欢乐的气氛中让学生初步感受团结合作。

导语：用你的右手的一个手指来拍你左手的掌心，然后再用两个手指来拍你左手的掌心，再用三个……最后用五个手指一起拍。当喊一、二、三、四、五、六、七、八的时候，大家用一个手指来拍；喊二、二、三、四、五、六、七、八的时候，大家用两个手指来拍，依次类推。

谈谈体会：我们发现随着我喊着一、二、三、四，大家的声音越来越响亮，为什么会这样呢？（是因为五根手指一起配合会拍出响亮的声音，也是因为大家一起合作才能将39个人的掌声响亮地集合在一起。）我们这节班会活动课的主题就和合作有关。

---

① 摘自 C 老师的《分享·合作·凝聚》。

二、活动体验："同舟共济"

活动准备：报纸若干张。

导语：假如现在我们站着的地面就是一片汪洋大海，而这张报纸则代表着汪洋大海中的一艘船。现在需要每组的所有成员同时站在船上。小组成员们，你们需要想方设法地使全体成员同时登上船，其中需要大家明确的是我们船上的成员任何一只脚都不可以留在船的外面，否则就会掉进水中。在行动之前，每个小组可以充分讨论，拿出最佳方案。我们可以比一比哪组最先完成任务。当你们组的所有人都站在小船的上面时，请大声喊出你们的口号"齐心协力，勇往直前"，来告诉大家你们成功了。你们有信心告诉大家你们成功了吗？下面大家还能挑战一个难度更高的吗？有信心吗？请各小组的同学将报纸对折，把大船变成小舟。这次我们比一比，看看哪组最先完成任务。

讨论：想想你们组刚刚是用怎样的方法做到的？大家成功地完成这个任务后有什么样的感受？

总结：随着活动难度的增加，大家的努力程度也会不断地增加。在活动过程中，大家忽略了性别、年龄等因素，全组一心，创造性地发挥了全组的智慧，克服了共同面临的困难，充分体会到了团结、合作的力量。一个团队的胜利，是要靠每个人在团队中贡献自己的力量并互相配合、取长补短。我们班级也是一个团队，希望大家在以后的学习生活中能够记住我们这次活动的体验，善于配合、相互支持，感受集体的力量和乐趣。在集体生活中，也会更加地了解自己，"见贤思齐""取长补短"，培养自己与人相处的能力，拥有良好的人际关系。这也是我们幸福感的来源。

三、故事、小品讨论分享

讨论交流身边的故事、小品，逐步学会创建团结、合作、互助的氛围。

头脑风暴：刚才的活动引起了我们很多的思考和探索。那在生活中，我们有没有亲身经历过一件发扬团结协作精神的事情呢？当时你们是怎么做的，有什么成功的经验可以和我们分享？或者合作失败的一些经历，让你有什么样的反思？小组展开讨论，我们会邀请几个小组发言。

①互助互爱：故事"天堂和地狱"

讨论："团结的力量来源于哪里?"

②责任感：小品表演

讨论：看了小品，你们有什么样的感受？会提什么建议？

(六)研究：小课题研修

为了增强教师的科研意识，引导教师自觉应用科研方法研究和解决工作中遇到的实际问题，骨干研修班开设小课题研修培训。教师可从自身的工作实际出发，选择一个比较突出的实践问题作为研修方向，进行实践探索，通过行动研究寻求解决问题的思路策略。小课题研修原则上确保每人研究一个课题，也可根据教师的科研能力和专长进行适当搭配，组成若干个小课题组进行合作研究。

(七)借鉴：学术考察

组织教师去邻近的教育发达地区开展学术考察，聆听专家讲座、参观知名学校，学习优秀班主任的教育和管理经验。

二、管理人员的教育管理研修 >>>>>>>>

学校管理是完成学校各项工作任务的重要保障。学术高中对学校管理提出了更高的要求，行政部门的服务职能、学校年级的管理和协调职能被不断强化。为此，学校将管理人员纳入学术校本研修范围，以满足不同岗位教师的发展需求。

(一)集中培训

学校在每学期组织一次集中培训活动，邀请专家做现代教育管理的专题讲座与实践辅导。内容主要包括：学术高中发展规划制定、学术高中制度建设、学术高中组织结构模式变革、学术高中教学管理探新、学术高中学校文化营造、学术高中组织管理艺术、学术高中管理中的德育渗透、学术高中与社区融合等。

宁波中学现代教育管理专题研修活动在北京举行

为进一步推进"一体两翼"学术校本研修模式的构建和实施，根据管理干部的"两路径"(常规性路径和创新性路径)研修这两项研修规划，宁波中学首期现代教育管理专题研修班赴北京在中国青年政治学院开展暑期研修活动。

在为期5天的研修活动中，由北京师范大学楚江亭教授、北京教育学院张红副教授、北京市第十四中学王健宗校长和全国优秀班主任王文英、陈宇、全斌、冯品钰、丁榕和高金英等多位在教育管理、教育教学和班主任工作等领域有着独特见解的专家为教师们带来了一场场精彩纷呈的报告和讲座，对教育管理的相关问题进行了深入的诠释。

此次活动作为学校面向班主任和管理人员开展的专题研修活动，得到了教师们的一致好评。正如有的教师在丁榕老师的讲座之后所说："丁榕老师真正值得我们敬仰，她所讲的东西已进入我们心中，这已经不能用精彩两个字来形容，而是一种心灵的洗礼。我在以后的工作中要向丁老师学习，做一棵蓬勃向上的榕树……"可见，此次现代教育管理专题研修活动不仅较好地激发了学校管理人员追求专业成长的发展意识，同时也从发展目标、品德修养、育人技巧、管理智慧等方面为其展示了一个精彩的成长舞台，从而更为深入地构建"教师全程发展一体两翼学术校本研修模式"，促进学校教师的个性、全程、和谐发展。

(二)跟岗考察

学校分阶段组织相关管理人员去具有现代教育管理特色的学校和单位进行考察，让他们跟随相应岗位的人员进行学习。跟岗考察的内容主要包括：学术高中信息化校园建设、学术高中资产管理、学术高中总务管理、学术高中项目管理、学术高中效能管理、学术高中校园危机干预等。

宁波中学名校管理跟岗考察研修行动计划

在浙江省深化课程改革的新背景下，为落实"创学术高中、育创新人才"的办学理念，使学校管理人员进一步了解当前教育管理的国内外动态，理解学校管理与学术高中建设的重要意义，掌握现代学校管理的基本规律，提高教育管理能力，宁波中学依托华东师范大学开展管理人员教育管理研修活动。

研修活动邀请国内著名大学和中学的教育管理专家授课、指导，由集中研修、项目实施和名校考察三部分组成。暑期完成了集中研修活动，开学后已开始项目实施活动。现制订《宁波中学名校管理跟岗考察研修行动计划》。

　　一、考察成员

　　考察成员主要由各处室负责人、年级组组长和教研组组长等组成，共28人。

　　二、考察内容

　　考察内容主要包括：当前优秀高中管理状况、教育管理的组织与实施、学校管理中的评价与改进等。

　　三、考察行程

　　名校考察活动预计为5天，考察4所上海、深圳的国内著名高中。聘请名校名师指点。表6-2为具体行程。

表6-2　具体行程

时间	行程
周二	晚上，从宁波至上海
周三	上午，考察上海交通大学附属中学 下午，考察复旦大学附属中学 晚上，从上海至深圳
周四	考察深圳中学
周五	考察深圳市罗湖外语学校
周六	下午，从深圳至宁波

第七章
导向学术的学生成长

　　在扎实丰厚的学术高中课程体系基础上，学校着力拓展学生的发展空间，为学生搭建了发展个性和施展才能的广阔舞台，鼓励学生在导师的指导下进行基于个人兴趣的自主探究的研究性学习，鼓励学生开展多方面、多层次的社会实践活动，鼓励学生组织和参与社团活动，引导学生形成积极进取、奋发向上的精神风貌。此外，和多所国际知名中学开展的教育合作拓宽了学生的国际视野，促进了学生的跨文化交流。

第一节

传承校史孕育"有根"的学术

宁波中学以学术高中为办学目标，以培养学术人才为育人宗旨。但前文亦有分析，学术蕴含着科学精神、真知灼见与探究能力，它并不是没有价值立场的客观存在。可以称为学术人才的人必定是对国家、对社会、对民族有着大爱、大责任的人。这样一种对学术的理解，源自宁波中学的校史。可以说，宁波中学的校史给予了我们对学术的理解，这是学校的"根"，树高千尺因为有深根。宁波中学深刻地认识到这一点，因而将对校史的温情与敬意有意识地传承于一代代的宁中学子，为他们的学术人生增加历史的厚度。

一、校史中的学校 >>>>>>>>

《说文解字》曰："史，记事者也。从又持中。中，正也。凡史之属皆从史。"这几句表达的是，"史，宫中负责记录重大事件的官员。字形采用'又'做边旁，像一手持'中'。中，表示记录的客观公正。所有与史相关的字，都采用'史'做边旁。""历史"一词出现较晚，在《三国志》裴松之注中，首次提到历史二字。[①]《南齐书》中也提到这个名词，是历代史书之意。[②]《现代汉语词典（第 7 版）》对"历史"的定义为：自然界和人类社会的发展过程，也指某种事物的发展过程和个人的经历；过去的事实；过去事实的记载。日本学者翻译英文"history"为"历史"后传入中国。希腊

---

① 《三国志·吴书·吴主传》注引《吴书》："虽有余闲，博览书传历史，藉采奇异，不效诸生寻章摘句而已。"

② 《南齐书》："皆两臣衅结于明时，二主议加于盛世，积代用之为美，历史不以云非。"

语"historia"意为"调查、探究，研究人类过去的活动"。故而历史也是一种学问，是一项探究、调研过去历史事件的学科。

校史是学校的发展过程，其中蕴含了学校师生的个人经历；校史包含学校过去的事实和发生过的故事；校史是对学校过去历史的记载、记录和回忆；校史不是静止不动的历史，而是一直动态发展的，对学校过去历史事件的调查、探究、询问、研究，恰恰也是建构起对当时历史社会背景下学校师生的理解。文化学视域下的中学校史，不仅是物态化的史料的累积，更是人的活动与精神的凝结。①

1898年，宁波知府程云俶在宁波府创办了第一所民办性质的新式中等教育学堂，取名为"储才学堂"。它在办学之始主张"经国以自强为本，自强以储才为先"，"陶成英俊子弟，以开风气"。就如1890年7月27日《申报》所记："拟在江北岸购地建造格致书院，讲求有用之学，此说若真，则月湖鄞岭之间，又当人才辈出矣。"校舍设在月湖西面的崇教寺。1904年，储才学堂更名为宁波府中学堂；1923年，改名为浙江省立第四中学。1937年，"卢沟桥事变"后，为了保存教育力量和确保师生安全，宁波中学辗转四次，行程千余里，进行了宁波历史上迁移地方最远、经历最曲折、时间最长的学校大迁移。1949年，学校更名为宁波市第一中学，简称"一中"。1988年，复名宁波中学。1995年，宁波中学被评为浙江省首批一级重点中学。2002年，学校搬迁至宁波市高教园区，建立了现在的浙江省宁波中学。

在120余年的发展过程中，宁波中学经历了多次更改校名、变迁校址的过程，然而"储才自强"一直是宁波中学的使命和担当。图7-1为浙江省立宁波中学迁校于磐安期间的艰辛办学情景。这其中，有以屠呦呦校友和12位院士为代表的学术人才，有以沙文汉、倪天增为代表的社会栋梁，有在各行各业为国家的发展、为民族的进步做出贡献的各位校友，更有今后迈出校门走向更广阔的天地去实现理想与抱负的青年学子。

---

① 张谷：《文化学视域下的中学校史建设研究》，硕士学位论文，湖南科技大学，2017。

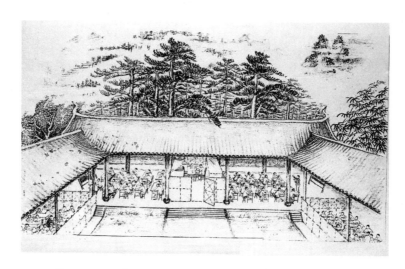

图 7-1 浙江省立宁波中学迁校于磐安期间的艰辛办学情景

抗日战争期间，省立宁波中学师生跋涉千里，颠沛流离。在如此简陋的条件下，师生们奋发学习，勇扛宁中大旗不倒。

二、校史的教育功能 >>>>>>>

学校的每一位成员要了解自己的学校，就要理解其历史，总结、提炼、丰富学校历史文化的精华，古为今用，方能建构其身份认同感，增加自豪感和自信心。校史是学校在长期的办学过程中积淀下来的宝贵精神财富，它不仅记录着学校的兴衰更迭，也记录着师生员工的理想与行动。我们重拾校史及校史教育话题，并不是单纯地提醒学校编纂校史，而是引导学校在回顾自身的办学历程中能够以史为鉴，通过梳理、发掘、反思、总结，为学校的发展和学生的成长筑基。[①] 校史所具备的基本功能为：存史功能、育人功能、宣传功能、教育功能。

其一，校史具有存史功能。"古是今日状貌之源。"校史涵盖了学校的发展历程、重大的历史事件、各种规章制度、优秀校友的故事。对校史的研究和建设，可以促进师生对社会结构的认知，因为历史变迁是社会结构的变迁，是各结构因素之间关系的变迁；使用史料，我们不可能了

① 《校史：学校的精神密码》，载《中国德育》，2016(22)。

解任何一个社会。探究、挖掘作为历史事件的记录和叙述的校史，保存作为历史遗物等史料的校史，不断丰富、弘扬学校的历史，有利于加强校史的研究和建设，有利于以古观今，继往开来。

其二，校史具有育人功能。校史是一种学校精神的体现，对学校的改革和整体发展起着至关重要的作用。"最成功的学校领导会告诉你，形成正确的文化以及关注教师、学生及其家长所共同认同的意义，是人们普遍认为创造成功学校的两条基本规律。"[①]在对这些故事整合的过程中，发挥榜样教育的作用，让学生从不同的角度看待历史事件，帮助学生形成热爱学校的情感，形成辩证批判的历史观，有助于批判性思维的培养。宁波中学从校史中所提炼的"三自"精神是对学校每一位成员的行为态度的规范和统率。

其三，校史具有宣传功能。校史是学校独特的标志，每所学校都有自己原创性、独特性的历史和文化；校史是学校品牌化建设的重要宣传资源。学校的校训、校歌、校史馆等都是学校宣传的重要资源，有助于产生良好的社会影响和辐射作用。

其四，校史具有教育功能。所谓校史教育，就是学校根据其教育哲学，有意识地挖掘自身的办学历史，并将其加工转化为教育资源，通过不同的途径对受教育者的身心施加影响的过程。[②]

三、将校史写进课程 >>>>>>>

宁波中学重视校史的重要价值，重视对校史资源的研究与挖掘，重视校史的继承和时代精神的融入，力图在校史文化的研究和建设中，孕育师生的使命和担当意识。这对于改变学校的管理方式、规范师生的行为准则、建立师生共同的正确的价值取向具有积极的意义，对于促进师生融合于学校的精神文化、促进学校良性健康的发展起到决定性的作用。

(一)校史馆里的教育

就宁波中学而言，校史馆是重要的教育场所，是熟悉学校历史、传

---

① Sergiovanni，T. J.，"Organization or Communities? Changing the Metaphor Changes the Theory"，*Eeducational Administration Quarterly*，1994(2)，p. 214.

② 项红专：《校史教育：意涵、不足与深化》，载《中国德育》，2016(22)。

承学校使命的无言之教。对于每年入校的新生而言，首堂必修课便是参观校史馆。

2016 年高一年级新生参观校史馆的安排

一、时间安排

表 7-1　时间安排

日期	时间	参观班级	讲解员
9 月 26 日	12：20—12：50	401 和 402 班	1 组
	12：40—13：10	403 和 404 班	
9 月 27 日	12：20—12：50	405 和 406 班	2 组
	12：40—13：10	407 和 408 班	
9 月 28 日	12：20—12：50	409 和 411 班	3 组
	12：40—13：10	307 和 310 班	

二、校史讲解员的分组情况

1 组：506 班田原、504 班黄晶、503 班曹越。

2 组：506 班袁婷薇、502 班赵现、509 班邱丹艳。

3 组：414 班魏晓磊、413 班迪拉然、413 班王玲。

三、参观班级的注意事项

1. 高一年级各班班长、团支部书记负责组织工作。

2. 准时到校史馆，参观过程中不能大声喧闹，不能四处奔跑，不经同意不允许触摸校史馆中的物品。

历史需要讲述，参观需要引领。为使校史馆的参观活动更有指向性和教育性，宁波中学开展了"十佳校史讲解员评选活动"，通过评选活动使学生了解校史、讲述校史、传承校史。此项活动在学生中广受欢迎，因为人具有社会性，都希望可以将自己渺小的生命纳入某个更壮大的生命，希望能够跟更广大的历史联结起来。而讲述校史便是一个难得的联结方式。

先辈鹿鸣尚在耳　后生新言薪火传
——记宁波中学第九届十佳校史讲解员评选活动

5 月 12 日，学校第九届十佳校史讲解员评选活动在校史室拉开帷幕。每班各派出1~2名选手参加此次活动，每个人选择自己感兴趣的内容，在课余时间收集资料进行准备，最后在同学们的面前讲解。

5月12、13日，选手依次在校史室进行场地熟悉，并积极完成活动前的准备。在准备过程中，各位选手对校史文物的观察细致入微，有的用相机将其拍下来，回去背诵；有的用笔抄下来，一遍遍仔细地看。5月12日中午，由第八届十佳校史讲解员505班柏子璇同学给选手做示范，各位选手听完后都表示受益匪浅。

5月17、18日，活动正式开始，由图书馆罗馆长、媒体部林峥部长和上届十佳校史讲解员组成的评委团，对选手的准备成果进行了认真评判。

在活动过程中，有的选手冷静沉着，用流畅的语言诠释着宁波中学大家庭的温情与欢笑；有的选手妙语连珠，结合亲身经历，幽默通俗地介绍宁波中学所取得的累累硕果；有的选手义正词严，慷慨激昂地讲述宁波中学一段段峥嵘岁月。

最终通过评委团的评选，评出10位优秀校史讲解员，他们是308班苏布德、310班徐婉昀、401班何涛、404班廖文新、405班赵嘉明、406班郭可成、407班史巍、408班朱家昇、414班李雪晴、414班张熙。

本次评选活动，通过学习宁波中学校史并且讲述校史，使高一年级学生深深地爱上这伟大的储才学堂，激励着学生为宁中增添桃李，续写辉煌！

（媒体部 丁佳宁）

（二）校庆里的教育

校庆，即学校成立的周年纪念，主要包括在校庆期间举办的各种纪念性、仪式性和教育性的活动等。作为阶段性地对外公告形象、对内凝聚精神的校庆，是学校文化传承的重要载体，是学校文化记忆的重要形式，更是学校发展的里程碑。通过各项活动，学校梳理和反思过去一段时间内的办学历史和成果，传递学校的价值观和追求，引进信息和资源。

面对过去，宁波中学近些年在10年一次的校庆中都会集结全校人才力量，搜寻散佚，梳理脉络，还原历史，编成《百十春秋》《百廿春秋》等校史。修志明史，不仅是历史情怀，更为了让历史走近，让记忆廓清，让宁波中学精神融入每一位宁中人的生命，让每一位宁中人传承宁波中学的光荣和梦想。

立足当下，宁波中学校庆是学校教育中的一个环节，不是名利场，不是炫耀地，而是校友归家共商学校发展大业的归乡之举。在2018年学校120年校庆那天，自自然然落座于校庆现场前两排位置的是各行各业人才，尤其是从事学术研究工作的校友。在校庆上，校长只做了短短200字的致辞，把更多的时间留给校友们去观察学校、了解学校、谈论学校。

宁波中学120年校庆·校长致辞

百廿载薪火相传，与时俱进；双甲子滋兰树蕙，桃李芬芳。

120年前，奉化江畔，"冀陶成英俊子弟，以开风气"，轻轻一语，揭开了宁波中学的序曲华章。经国以自强为本，自强以储才为先，这是初创时期之宁波中学；菁英继起，德艺兼优，学海遨游，这是发展时期之宁波中学；品学共融，个性发展，建一流学术高中，这是当下之宁波中学。

双甲子风雨砥砺，冀来年彩彻区明。冀宁中之校园是学术之场所；冀宁中之教师是学术之名师；冀宁中之学生是学术之菁英。

面向未来，校庆是学校向社会汇报工作、汇报学校发展规划的重要时机，也是学校新的发展起点。同样是2018年120年校庆，校长在校庆宣传片讲话稿中真诚地求教于校友，向关心学校发展的校友们征求意见，也向校友们表达了与时俱进办好学校的承诺。

2018年校庆宣传片讲话稿

宁波中学120年的办学历史上，有两句话是我们每一位宁中人不能忘也不应该忘的。第一句是"冀陶成英俊子弟，以开风气"，讲的是宁波中学的办学初衷，告诉我们的是我们从哪里来的；第二句是"经国以自强为本，自强以储才为先"，讲的是宁波中学的办学方向，告诉我们的是我们要到哪里去。但这两句话，无论是哪一句，都是在讲，宁波中学要培养学术人才，为人的成长、社会的进步和国家的发展发挥作用。

只有不忘初衷，牢记使命，才能砥砺前行，方得始终。也正是在这样的背景下，我们提出了建设一流学术高中的办学理念，并在宁波中学120年校庆这样一个特殊的日子，和每一位校友和关心宁波中学发展的各界人士探讨和分享。

在学校的中长期发展规划中，我们这样描述宁波中学作为一所120年名校的未来："冀宁中之校园是学术之场所；冀宁中之教师是学术之名师；冀宁中之学生是学术之菁英。"这不仅是对宁波中学120年办学历史的传承，也是对宁波中学120年学校文化的与时俱进。我相信，通过一代又一代宁中人的努力，在不远的将来，宁波中学一定会以这样一种面貌呈现在大家面前。宁波中学以城为名，宁波中学也一定会为这座城市和整个国家的发展敬献自己的力量。

（三）以校史为课程

1. 科学考究确定校史

在有关校史如何认定的问题上，汪洪亮提出，校史的溯源首先动机要纯，实事求是。[①] 刘海峰、李均等认为校史的溯源应当坚持人员、校址、学校性质、办学层次和主观认识五项标准；并提出确定校史应当坚持尊重历史、实事求是，坚持标准与具体问题具体分析相统一，强调整体继承性，考察关键因素和留有余地五项原则。[②③] 教育部的相关通知规定，"本着实事求是、尊重历史、尊重科学的态度对校史加以确定，不能仅凭主观愿望牵强附会进行变更"。宁波中学在校史的认定问题上秉承科学严谨的态度，坚持实事求是、尊重历史，重视校史的传承和宣传，在科学考究确定校史的基础上，拍摄了《百年树人》(2008年)和《行走在历史和未来之际》(2011年)，设立"1898—2008百年树人"宁波中学百十年校史陈列馆。

2. 在行走中亲近校史

自2016年起，宁波中学每年都组织学生重走内迁路，如图7-2所

---

① 汪洪亮：《略论大学校史研究与编纂》，载《四川师范大学学报（社会科学版）》，2005(5)。

② 刘海峰：《中国高等学校的校史追溯问题》，载《教育研究》，1994(5)。

③ 李均：《对校史追溯问题的再探讨》，载《教育评论》，2002(2)。

示。学生在重走内迁路的过程中亲身体会抗战期间宁波中学师生的坚持不懈，在和老校友交谈聊天的过程中了解当年的历史，建构起学校的历史观，建立对宁波中学的身份认同感，传承宁中人"自律、自立、自强"的精神。图7-3为赵仲苏校长的学生羊省三老先生讲述宁中内迁大皿村时的情况。

图 7-2　宁波中学学子重走内迁路合影

图 7-3　赵仲苏校长的学生羊省三老先生讲述宁中内迁大皿村时的情况

在 2018 年暑假，学生来到了玠溪村，在村书记的带领下，拜访了已93 岁高龄的郑剑纬老校友。郑剑纬老校友矍铄有神，为学生讲述了过去宁波中学建校的艰难岁月。他还跟学生聊起当年十分严谨的赵仲苏校长，虽然现在的学生和老校友在宁波中学读书的时间相隔 70 多年，可此刻，大家都是宁中人。

宁中人深知，今天的我们并不仅仅是历史的继承者，我们还是历史的创造者。对既往校史的传承是我们的责任，在继承中创造未来的历史也是我们的责任。所以，宁波中学自觉地传承历史，自觉寻根筑基，不仅仅是不忘初心，更是希望无愧于将来。真实的历史是活在人们的心中的，真正深入人心的是那些口耳相传、喜闻乐见的人物逸事，以及那些独树一帜的思想、与众不同的学养、超凡脱俗的追求……希望今天的宁中学子都能成为明天的校史中的一个因子。

"三自"模式培养科研能力

在传承学校的历史传统、贯彻校训精神的同时，宁波中学锐意进取，创立了由教师引领，由学生自主选题、自由组合、自请指导教师的"三自"模式，培养学生的科研精神，让学生在实践中学习科研方法，享受科研成果，从而使学生对课堂知识掌握得更灵活、更深入、更牢固，真正达到学以致用的目的。

一、"三自"模式的内涵 >>>>>>>

"三自"，即"自律、自立、自强"的简称，为我国教育革新先驱者、著名教育家经亨颐先生于 1923—1925 年担任浙江省立第四中学校长时倡导的校训。经先生主张实施"人格教育"目标，培养正直、坚强、学识兼备的人才。他认为从培养学生的健全人格出发，应强调德、智、体、美的均衡发展。在训练方法上，主张"自动、自由、自治、自律"，即要使学生有自发之活动、自由之服从、自治之能力、自律之行为。为尊重学生的人格，养成他们的自治能力和自律习惯，经先生认为最好的办法是成立学生自治机构，由学生自己管理自己；学校负劝导扶护之责，教师须在一旁起指导和陶冶的作用。这样使学生在与人相处时做到诚信待人、严己恕人，对待学习、生活做到勤奋、勤学、勤俭，说话做事做到慎思、慎言、慎行，对待国家、事业要有赤诚之心，即让学生通过自律，尽早自立、自强，报效祖国。其后历任校长如沈其达、赵仲苏、钱念文等发扬学校的办学传统，不断注入新的内涵，使"三自"校风沐浴了一代代新人。面对新时代对教育工作的新要求，学校继承"三自"的精华，赋予其新的内涵。学校以"自律、自立、自强"的优秀教育传统为基点，通过以学生"自我约束""自主管理""自主学习"为抓手的"自律"教育改革德育、教学内容、教学组织方式、课堂教学与教育管理，全面推进素质教育，让学生达到严于律己、善于合作、态度积极、充满自信、从容步入成人世界的"自立"境界，实现积极创新、勇于实践、追求卓越、不断奋斗、自强不息的人生旅程，争做中国特色社会主义事业的建设者和接班人。

"三自"模式着重培养学生的自主探究能力、内在学习动机，培养学生的学习成就感和效能感，培养学生的可迁移能力、个性化学习能力和问题意识。

①自主探究能力。自主探究作为一种学习方式，是指教师或其他成人不把现成结论告诉学生，而是学生自己在教师的指导下自主发现问题、探究问题、获得结论的过程。教师应有意识地在课堂中创设自主探究的活动，让学生通过自主探究的过程，善于独立思考，乐于探究发现，主动认识有意义的新知识和新方法，从而发展求新意识和能力，能够重组知识创造性地解决问题。

②内在学习动机。内在学习动机主要表现为两个方面：一是有旺盛的求知欲，对知识和学习有着发自内心的强烈渴求；二是有强烈的好奇心，对事物的运动机理有深究的动机。

③学习成就感和效能感。学习成就感和效能感是一种在学习过程中所获得的积极的情绪体验，是学生通过学习行为实现自我价值，得到来自自己和他人的认可。教师应有意识地引导学生在学习中获得学习成就感和效能感，并持续地加强这种感受，从而使其产生继续追求满足的需要和进一步学习的兴趣和动机。

④可迁移能力。可迁移能力，是指学生将已有的知识经验、认知结构、动作技能和习得态度应用到新的学习过程中去的能力。教师应注重发展学生的可迁移能力，使学生的内在知识结构和认知规律上的相同要素间产生积极影响与同化，并对新的学习产生促进作用。

⑤个性化学习能力。教师应了解并尊重学生个体的学习特点和方法，有目的地提供多种选择和机会让学生培养获取及处理信息的能力，培养自主学习的意识。由于学生的性格、学习动机、认知水平、智力水平、学习兴趣、情感因素、社会经验等方面存在很大的差异，因此学生有不同的学习方法和学习策略。教师还应介绍各种学习策略，包括在何时、

何地、何种情况下如何使用这些策略，并通过一些综合性的练习及活动使学生熟悉并熟练应用，进而形成符合自己特点的学习策略。

⑥问题意识。教师要注重引导学生，发挥学生学习的主动性和积极性，培养学生的问题意识。

（一）以"自我约束"为抓手，唤醒学生的主体意识

学生的道德需要源于学生的道德实践。学校要在实践活动中能动地形成学生的道德品质，并促进学校和社会的道德要求自觉地转化为学生内在的道德品质。为了加强对学生学习习惯和行为习惯的培养和规范，学校教务处和政教处根据《中学生日常行为规范》和《中学生守则》，分别制定了《宁波中学学生学习规范达标要求》和《宁波中学学生文明行为规范达标要求》，简称"两个规范"。但"两个规范"的实施成效不大，其重要原因是没有发挥学生的主体作用，学生主动参与养成教育不够，规范内容没有得到学生的认同。所以希望他们在离开学校这一环境后还遵守规范是不可能实现的。但是学生总归要离开校园，成为社会大家庭中的成员，这促使我们不得不思考如何摆正学生的主体意识在教育过程中的位置。在实验中，首先，我们确定课题实验班，组织学生讨论修改"两个规范"，让学生在讨论修改中学习"两个规范"，树立正确的是非观、行为观，提高对"两个规范"的认识。其次，在第一阶段的基础上进行行为训练。根据学生的实际，将"两个规范"化整为零，在每学期强化几条进行行为训练，在实践中提高学生的认识、培养学生的情感和良好的习惯，并内化为自觉、自律意识。组织如主题班会、团会、参观访问等活动，对"两个规范"进行心理体验和运用，要求学生完成具体的任务，如学习计划制订、值日、公益劳动、文体活动、主动帮助他人等；按照"两个规范"的具体要求进行日常学习和生活实践，如课前练习、复习、上课准备、遵守作息制度、礼貌待人等。反复强化，养成一贯性、稳定性的行为习惯。最后，学生通过自我教育、自我约束实现由"他律"向"自律"的转变，达到道德自律的境界。我们试行了"四人小组"值周管理形式，即由学生以四人为单位，自由组合，自选组长，自由分工，管理班级的日常事务，

如到校、卫生、自修课情况等；每天做记录，并由一人撰写班级随笔一篇，任意抒发自己"当家作主"后的感想或指出班中的不足。一周后进行小结，并请学生朗读有代表性的随笔作品。然后由全班同学以"满意""一般""不满意"三种情况对值周小组进行投票评定，并将票数记入值周记录本，鼓励组与组之间的竞争。实行这种管理方法的效果很显著，学校三项竞赛的检查扣分几乎为零，学生"满意"的投票率都在70%以上。

（二）以"自主管理"为抓手，激发学生主体意识的展现

"以学生发展为本"要求学校教育、学校管理适应学生的需求，成为解决学生学习中的问题的过程，而不是要求学生适应学校教育、学校管理。这就要求我们在制定学校教育管理目标时，不是从学校出发，而是从学生发展的现实需要出发，从解决融合社会需要和学生兴趣的问题入手，切实把学生的发展需要作为学校教育管理的基本准则。

1. 学生值周班制度

由值周班的学生负责一周来学校的各项工作。学生值勤是学生参与学校各方面管理的社会实践活动，这项实践活动的实质是实现学生的自主管理。它促进了校风建设，也锻炼了学生的自主管理能力。学生在检查他人的同时，也会对自身进行检查，在学生的潜意识里已经起了作用。对于这种实践，每名学生都会参与到，人人都在自我管理和自我教育中得到提高。学生的不良行为悄悄地减少，良好行为渐渐地养成，遵守校规校纪由不自觉变为自觉，学生的自律能力也得到提高，从而出现了校容整、校貌美、校风正的好气象。

2. 学生校长助理制度

学生校长助理有较大的权限，不仅可以列席校务会，而且可以参与学校重大事务的决策。定期召开学生座谈会，交流存在的问题，及时了解学生对任课教师教学的评价，进行教育监督，对"校长信箱"的信件进行阅读和解决问题，对校园突发事件及时进行处理。学生校长助理更重要的任务是发挥学生参与管理的积极性，平时要不断了解学生对学校管理的意见和建议，听取学生的看法和要求，对其中切实可行的形成"议案"，并及时反馈给有关部门，督促有关部门落实。学校让学生校长助理去完成学生对教师的评教活动，通过学生校长助理召开学生座谈会，交流存在的问题，然后由学生校长助理向教师提出学生的看法和要求。这

种做法对教师的触动很深，不仅在以后的教育教学中改进教育教学的方法，提高教育教学的效率，而且会使师生关系更为民主和融洽；使师生相互信任、相互尊重。

3. 学生干部轮岗制

通过几年的学生干部轮岗制的实验和实践，我们摸索出了机会均等式的值日班长制、班长组阁制、班级管理"四人小组"形式和班主任助理制等，而且还在全校形成了一套完整的班级管理模式。使学生在班级集体活动中，能主动活泼地自主发展，使自主能力得到锻炼和提高。在座谈会上，有些学生说："以前黑板往往没人擦，打水没人打，而现在擦黑板、打水都是抢着做，因为我们人人是主人。"教师们也认识到：原来由班主任一手操办的班级活动实际上是班主任意志的再现，在某种程度上限制和扼杀了学生的主体意识和创新意识。有些教师说："刚开始实行班级学生干部轮岗制，心里不踏实，总怕出事，而在实践中才真正感到学生蕴蓄着巨大的创造性潜力。我们低估了他们自我管理、自我教育的自觉性。"

(三)以"自主学习"为抓手，使学生从"学会"到"会学"

1. 学生学习现状的调查

为了能全面了解学生学习的现状，我们采用问卷调查法和观察法对学生的学习情况进行调查。主要就学生在学习过程中的兴趣与好奇、问题意识、选择能力、合作意识、自信心、自我评价能力等诸方面做了较为详细的调查和观察。调查结果表明：内容有趣和吸引人是学生喜欢一门学科的主要原因。教师必须充分挖掘这门学科内在的趣味。教师的教法是否生动活泼和师生情感是否融洽对提高学生的学习主动性具有非常重要的意义。绝大部分学生希望在课堂教学中能在教师的启发引导下由自己讨论交流，再由教师总结。从中可以看出学生对教学改革的呼声是多么强烈，教师对学生提出的问题持不欢迎态度或不了了之者已经是少数了。绝大多数教师都能对学生的质疑热情鼓励、认真应对。这是教育观念转变的一个可喜成绩。但是仍有部分教师很少甚至从未给学生提出问题和发表意见的机会。从以上分析我们不难得出如下的结论：影响学生能力提高的主要原因之一是学生的主动性没有得到充分发挥，课堂上学生的主体地位没有得到充分的尊重，学习的积极性没有得到充分调动。

学生非常渴望改善师生关系，渴望成为学习的积极参与者。

2. 培养学生主动学习能力的策略

根据目前的教学现状和现代教学理论，我们构建了培养学生主动学习能力的"积极引导、主动学习、自主发展"的教学策略。"积极引导"策略可以归纳为"创设情境、鼓励质疑、引导探索"三个环节。教师可以通过创设情境，激发学生的认知内驱力；通过鼓励质疑，引导学生自主学习；通过引导探索，激发学生的成就动机。"主动学习"策略是通过营造民主和谐的教学环境，激发学生学习的兴趣。教师可以通过创设问题情境，激发学生提出问题的欲望和动力，鼓励学生进行大胆猜测和假想，引导学生自主发现、自我矫正。教师可以通过科学的评价和反馈鼓励学生提出质疑和问题，对学生的见解采取延迟判断的策略，在出现思维的闪光点时尽可能给以鼓励。"自主发展"策略是要提高学生的主动学习能力。自主发展的主要标志为学生主动学习程度的进一步提高、学生综合学习能力的进一步提高和学生个性特长的进一步张扬。我们通过强化学生的非智力因素、激发动力系统使学生在学习过程中产生和保持积极、主动的心理状态。教师可以通过挖掘学科自身的认知价值和特有的魅力，激发学生认知的内驱力，使学生的认知与情感合二为一，从学习中获得学习动力，达到主动参与、自主学习、积极探索，提高认知水平和学习效率。学校通过为学生提供个性特长发展的时间和空间，发现学生的潜能，鼓励学生不断地自主探索，使他们的才华得到发挥，积极引导他们正确认识和评价自我，注重对个性特长的尊重，使学生的个性得到充分的发展。

3. 运用现代教育技术提高学生主动学习的能力

运用现代教育技术让学生学会运用认知工具求知，学会发现问题，学会探究知识，学会建构知识；注重让学生学习认知方法、应用信息科技，引导学生通过发现、探究和意义建构的途径获取知识，培养学生主动学习的能力。具体分三个阶段实施：第一阶段是提倡教师制作网络课程，将课程放在网络教室，让学生根据自己的实际情况，自主选择学习内容，坚决反对教师的满堂灌。教师在制作网络课程的过程中，逐渐体会到传统教学模式的一些弊端，有了改革传统教学模式的欲望。各学科教师在参考模式的基础上纷纷设计出自己新的教学模式。第二阶段是让教师实验自己设计的教学模式。例如，英语、语文阅读理解的实验模式为："发现问题—自主探求—协作会话—反馈评价"；语文作文训练模式为："创设情境—自主学习—协作会话—输入评价—修改完成"等。教师努力以现代教育理论为指导，以多媒体网络为认知工具，充分发挥自身的主导作用和学生的主体作用，运用新模式组织教学，激发学生自主学习的兴趣，调动学生自主学习的情趣，让学生在自主性、创造性的学习环境中实现综合素质的提高。第三阶段是让教师在实验的基础上，促进学科内、学科之间互相交流，结合参考模式，优化本学科的教学模式，在学科内、学科之间继续实验并推广，总结实验经验。

4. 学生在研究性学习中获得主动学习的体验

学生知识的获得、能力的提高、行为习惯的养成，归根到底是学生学习的结果。所以学校教育需要关注的重要问题是让我们的学生形成怎样的学习方式，帮助学生改变原有的单纯接受式的学习方式，形成一种对知识主动探求并重视实际问题解决的主动积极的学习方式。开展研究性学习的实验，具体做法包括如下几方面。

自选课题：让学生体验发现问题的乐趣，做自己喜欢做的事情。在确立研究课题的过程中，尽管我们也提供一些参考课题，让学生拓展思路，但我们始终强调让学生按自己的兴趣、爱好、特长和家庭背景自由选择要研究的课题，不要求学生一定要从我们提供的参考课题中选择。

自找导师：体验师生关系的平等性。在开展研究性学习指导教师的选择上，我们确立了"根据课题的需要来确定指导教师"的原则。其目的为：其一，充分开发利用各种教育资源，包括校内资源、社区资源和学生家庭中的教育资源，探索发展校内外指导教师队伍，构建学校指导学生研究性学习的人才资源库。其二，通过学生自找导师的过程，重建平等、民主、和谐的师生关系。

自由组合：发展与人交往的能力和团队合作精神。由兴趣相同的学生组合来研究共同感兴趣的问题，每位学生发挥自己的优势和特长，互相取长补短，共同提高，学会合作和分享，交流研究的信息、创意及成果。在学生的课题研究总结中，他们都提到了与人交往的能力和团队合作精神的重要性。

自我总结：注重自我反思，让学生在体验中成长。每期研究性学习一开始，我们都向每位参加研究性学习的学生分发《宁波中学研究性学习学生课题研究形成性评价手册》，其中包括课题研究意向表、课题认定表、学生开题报告表、课题研究方案表、课题研究活动进程表、课题活动周记录表与自我评价表、课题研究结题报告表、课题研究学生自我评价表、课题论文答辩评审表和社会、家庭反馈评价表等。对学生、指导教师参与课题研究进行全方位的记录评价，使总结性评价贯穿于整个活动过程。通过每个阶段的总结性评价，我们的确发现学生的成长轨迹，欣喜地看到学生在创新意识和创新能力、问题意识、合作意识、团队精神以及关注现实、关注人类发展的意识和责任感等方面的提高。

三、"三自"模式的学生获得 >>>>>>>

（一）创办学生刊物，"探索"学术人生

经过多年的累积，宁波中学的学子们取得了多样的学术研究成果，在这个过程中更是养成了学术研究的意识与能力。就学术研究而言，发表成果也是研究的程序之一，发表的意识让学生的研究有了内在驱动力，也提高了学生的研究投入。因此，学校于2013年创办了《探索》，由学生主导编辑过程，发表他们的研究成果。栏目设置的内容有：研究性学习、科技小论文、实验与观测、科幻创作员、科学引航员、科海快递社。从栏目中可以看到该刊物基本上能覆盖学生学术探索的诸多过程与多种结果的表达方式。创刊以来，《探索》备受全校师生的喜爱。开导智识之门，追逐真理所在，闪烁智慧光芒，勇创时代先声！正如其创刊号所言。

《探索》是一本主打独立精神和原创意识的创新型刊物，旨在向学生普及科学基础知识，激发学生的科技创新意识，培养学生的科技探究精神，提高学生的科学人文素养。通过刊物的编辑、发行与回馈，我们将选拔能力突出、具有创新精神的宁中学子参加更高平台的竞赛及活动；同时也为学生提供一个把研究成果向全校乃至于全社会发布、展示的舞台，让学生学会发现生活中近在咫尺却总被忽视的科学知识，学会用奇思妙想点缀习以为常的日常生活，从而让创新的能力融入学生的学习生活，让探索的精神浸润到每一位宁中学子的心里。

路漫漫其修远兮，吾将上下而求索。如同任何一个新生事物，《探索》还是稚嫩的。当前，基础教育领域正在进行课程改革，培养学生的创新精神和实践能力，是课程改革的重要目标。作为联结学生、教师、学

校与科技的纽带，希望我们的《探索》能够秉持新课程改革的精神主旨，坚持对科技的严谨求实，保持对品质的完美追求，将《探索》打造成优质的综合性科技类刊物。用学生喜闻乐见和易于接受的方式，启迪学生的创新思维，让科学技术更幽默、更生动、更贴近学生；同时也将科学知识、科学思想、科学方法和科学精神植入每一名学生的心中，为学校科技创新教育提供有益的补充。

(二)研究成果斐然，助力学术之路

在浓郁的学术氛围中，宁中学子沿着前辈们的足迹坚定地以学术为志向。研究的诸多成果，使他们初尝研究的趣味，迈上了学术之路。有的成了"小科学家"，有的成了"小发明家"。比如，高一7班的唐正宽、刘齐越同学专门在家里开辟了化学试验室，利用课余时间进行他们热衷的各类化学小实验；高三8班的任之初同学独立完成了《自行车自动变速系统创新设计》的草图设计、理论可行性论证和专利申请书撰写，且已获得国家实用新型发明专利。任之初同学的研究可作为一个窗口，窥见宁中学子的学术之路。

(三)感悟研究之不易与乐趣

1. 比解决问题更难的是提出问题

我在选题上花了不少时间，原本计划研究市中心的建筑风格，但是很快发现这个课题的工作量实在太大，而且需要一定的专业知识才可以做到，于是不得不放弃这个想法。后来我选择了有关设计方面的问题，因为每个礼拜我都要坐公交车上学、回家，在生活里也发现了公交站点的许多弊端。最后我便决定将公交站点设计和设置的合理性作为自己的课题。(学生1)

这次研究性学习脱离了以前的规规矩矩，不一定要遵从老师的定律，没有固定的对错，完全按照自己的爱好、兴趣去进行研究。没有人告诉我们答案，一步一步都是很陌生的，完全要靠自己。在开始的时候，我们什么都不知道，只有很朦胧的概念，但是真的要做的时候却不知所措了。面对太多的资料，面对太多的问题，我们无从下手。我们终于知道了无论是什么事情都不可以像以前一样走一步算一步了。在看了许许多多的评论之后我们才终于规划了一个简单的步骤，可我们不知道有太长的路要走。（学生4）

2. 好的研究工具需要反复研制

在编写第一份问卷的过程中，我们感到很难做到度的把握。因为这份调查面对的是在车站心急如焚等待公交车的乘客，所以一方面要简明扼要，另一方面又要满足我们课题研究的需要。第一份问卷带了些许实验品的色彩，在中期我们就发现这份问卷并没有把一些存在的问题全部包含在内，也没有指明明确的研究思路。经过了第一份问卷调查，我们又发现了市公交许多以前并未注意到的问题。无奈之下，我们只好编写了第二份问卷，两份问卷双管齐下才得出了现在的结论。当然，这也为我们提供了不少经验。（学生1）

最令我印象深刻的无疑是我们三位女生围着一张课桌小声而专注地讨论。集思广益，我们不断提出新的想法，代替不太满意的文句。在三人的思索和改进中，一张问卷的底稿不知被涂改了多少次，重抄了多少份，直到大家将每一个细节都敲打得极为细致。在此过程中，每当有人提出好的建议时，其他人便连连点头或击掌称赞；当有意见相左的时候，我们也总是乐于表达自己的想法，倾听对方，谋求一种更为合理有效的解决策略，绝没有发生过不愉快的争执和别扭。因为大家都知道，三人便是一个团体，我们共同为了一样的目标而尽心尽力。（学生3）

3. 发个问卷也有学问

发放问卷的过程给我们上了很好的一课。事实上发放问卷需要很多的技巧。感觉整个研究性学习中最困难的一环应该是问卷的发放，因为事实上愿意接受我们调查的乘客并不多，发放问卷的过程更成了对我们社交能力的考验。我们在发放问卷的过程中被拒绝了多次，而我们手头上50份问卷的数量不多，如果勉为其难，出现大量废票将影响我们的课题研究。于是我们尝试了多种调查的方式，包括帮忙看车、代记等，终于将50份问卷发放完毕。（学生1）

分发问卷更是一个大难题。在本校分发学生卷，大家还是很配合的，一天就发完了。可是当我们到达 19 中学想去分发问卷的时候，首先是被门卫拦住了，怎么说也不让我们进去。后来总算是找到一位认识的老师，在她的帮助下，我们进入 19 中学。发问卷时也碰到了许多麻烦，大家都很忙，每个班级都在上课，总不能进到教室里发问卷。于是我们只好在走廊上等，他们下课了，我们就发几张，这样的效率很低。我们用一天还发不完问卷，第二天再来才发完了。看来想想很容易的事情做起来的时候经常会很难，这次发问卷的经历让我学到了不少东西。（学生 2）

4. 宝剑锋从磨砺出

亲身经历和旁观总是不一样的。当他人看到摆在面前的这样一份结题报告时，其实我们更多的心得和感受并不为他们了解，因为这是隐匿在文字背后和经历之中的。所以，无论我们的研究成功与否，这份经历都将是我心底一道绚烂的风景。（学生 3）

研究的时间跨度很长，这应该是一个对意志力的考验。特别是在问卷的统计分析中，我们发现一切都没有想象中的简单，原先的设计让后面的研究费了太大的精力。当然可以说整个过程都是一种享受。大家在同心协力的时候感觉到一种莫大的动力。有这样一个特别的机会让我们尝试，相信彼此都不会忘却这段时光。（学生 4）

第三节

多样活动历练实践能力

一、社团活动展现学术底色 >>>>>>>

社团是学生自主开展活动、拓展综合素质的有效载体，在推进校园文化建设和引导学生形成积极进取、奋发向上的精神风貌等方面发挥了积极的促进作用。为规范学生社团的发展，宁波中学制定《宁波中学学生会社团部章程》，对学校社团的机构组成、活动形式、活动要求等做了详细的规定。图 7-4 为宁波中学社团部的组织机构。

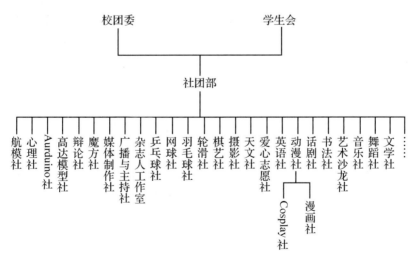

图 7-4　宁波中学社团部的组织机构

宁波中学在将课堂外的社团活动常态化、课程化，内嵌到思想政治学科的课程建设中来，实现社团发展与学科建设的对立统一上做出了努力。以"模拟联合国"社团活动与高中思想政治学科教学相融合的教育行动研究为例，宁波中学基于核心素养，梳理"模联"社团活动与高中思想政治学科融合的内容，在此基础上形成融合课程内容体系；将"模联"社团活动引入高中思想政治教学，构建以"体验型课堂""论辩型课堂"和"实践型课堂"为主要特征的高中思想政治教学创新模式，实现课程内容的活动化，以落实学科核心素养；以高中思想政治学科为专业支撑，研究和实践"模联"社团活动开展的新方式、新策略，实现活动内容的课程化，为社团发展提供支持和实践的场所，提升社团活动的质量，增强社团的可持续发展能力。基于核心素养的"模联"社团活动与高中思想政治学科教学的融合研究，旨在在高中思想政治学科核心素养的关照下，把课堂教学与"模联"社团活动有机融合，一方面促进"模联"社团活动的常态化、课程化，另一方面构建高中思想政治学科教学活动化的创新模式。

对于起源于美国的模联社团活动，宁波中学进行了本土化的探索。而在这个"化"的过程中，又不能千篇一律，必须形成自己的特色。自由和创新是学校社团的特色，但是个性和标新立异不等于走极端化，要坚持"三贴近"——贴近中国的国情，贴近高中生的身心特点和学习习惯，贴近本校的办学理念，这样我们就得到了更好的发展机会。当然，我们讲独树一帜不等于封闭自守，我们需要不断地借鉴、吸收、融合各地成功的经验，为我所用。结合学校的办学理念"崇尚个性，追求卓越"，我们提出社团活动的特色就是专注于学术，专注于创新，求同存异，兼收并蓄。学术是我们的根本，创新是社团发展的不懈动力。

（一）社团建设的情况

在社团的建设和探索过程中，我们已经取得了一定进展。

1. 形成了相对稳定的指导教师群体和呈阶梯式分布的骨干成员

我们已形成了相对稳定的指导教师群体和呈阶梯式分布的骨干成员，这样就使社团发展具有联动性和可持续性。我们的骨干成员自编了一套学术测试题。常规题部分考查学生的知识面；综合题部分考查学生的观点是否新颖，逻辑是否清晰。所以要建设一个社团，就要先培育团队的核心，不能放任自流。

2. 以学生社团为依托，积极开展"模联"活动

学校对社团建设是比较重视的，有专门的社团活动课，隔周进行。我们也是积极利用了这个相对固定的时间。一方面，我们开设了"微课堂"。所谓"微课堂"就是由社长及骨干向社团成员讲授联合国的相关知识和各种会议上常用的术语、规则与技巧，力求做到学术严谨，案例丰富典型。另一方面，我们也穿插着进行实战演练，以当前的时政热点为议题，自编自导开展模拟活动，加强模拟训练。无论是演练还是微课堂，我们都会布置作业，如背景资料的收集、立场文件的写作。社团课上也会安排时间对作业和模拟训练的表现给予反馈，基本上是生生之间的相互评价。

3. 有效的约束和激励机制是社团健康有序运行的保证

每次社团课结束，我们都会给参会人员打分，把他们的会议表现、学术水平、作业情况等量化，以此为我们向外选派选手的依据。这个量化制度的意义重大，一是形成了约束和激励机制。此前在交流过程中有兄弟学校的教师说："我们学校不太重视社团活动，可有可无的，存在感不强。"这是一个影响社团发展的客观因素，但是学校没有约束机制，学生也就不重视了。二是有了这一量化制度就简化了选派选手的程序。即使参加再紧迫的会议，我们也不会措手不及，临时随便抽调人手。这样就保证了我们的参会质量和水平，算是对自己负责，对他人负责。所以，这个量化考核制度虽然烦琐，但避免了社团课在组织过程中的随意性和无序状态。我们仍需要不断地坚持和完善。

4. 社团应以学生为主体，以教师为主导

2013 年，借助课程改革平台，学校把社团活动和选修课相结合，以国际关系、国际政治学等的相关知识为铺垫，结合国内外的时事热点进行分析和点评，开发了"大国关系与中国外交战略"校本课程。从此学校以选修课为载体，系统开展相关培训。

"学以致用"，学习最终是为了应用知识，服务自己的生活。学生依托"模联"大会这个平台，不断提升自身的综合素质。我们积极举办地区级大会，从会务手册的设计、社团微信平台的管理、问卷调查、数据统计、联系媒体进行系列报道等，基本上都是学生自己组织的。有时候真的感觉学生的潜力是无限的，只要给他们一个支点，他们就能翘起一个世界。

(二)社团建设需要考虑的问题

1. 处理好还原和创新的关系

在重大历史政治会议的模拟中，我们的代表要还原当时发生了什么，当时正在发生什么，并从多元的角度去分析；我们的代表要尽可能地去还原代表的言行，但是这又不等同于简单的复制，还需要合理的创新。而这个创新则必须合理，不能背离了角色的风格，脱离了历史背景，脱离了其背后的国家和国际组织的利益与立场。所以这是有难度的，我们既要重视当时的历史，又要突破过往的历史。对于高中生来说，突破是个难点。如何去合理地突破，现在是我们师生探讨得比较多的问题。

2. 解决好资料查找的难易问题

其实在会场上，每位代表掌握的资料是有差异的。造成这种差异固有其主观因素，也有客观因素。比如，国际社会中有的国家有较多的话语权，有相对多的资料。而由于有些国家是个小国或者经济落后等，代表们竭尽全力能找到的资料少之又少；就算找到了，因为是使用他们本国语言写的，翻译起来很不方便，不能很好地加以利用。又如，我们有位代表在一次参会中被分配到"关于外太空资源利用和开发的和平模式探索"的会场，他将代表联合国和平利用外层空间委员会的成员国之一的越南发言。我们知道越南进行外太空开发没几年，关于这方面的报道比较少。在查阅文献的过程中，部分文件就是用越南语写的。尽管他精心准备，但是提出新颖的有建设性的意见还是有一定难度的。所以，怎样用简捷的方法解决资料查找的难易问题也是学生当前遇到的比较棘手的问题。

3. 处理好学科学习与社团活动的关系

模联这个社团有自身的特殊性，它追求严谨的学术，追求理论和实践的创新，这就决定了我们的学生开展社团活动必须花费一定的精力和时间。高中的学习是紧张的，竞争是激烈的，尽管模联是个锻炼学生才干、提高学生综合素质的平台，但学科学习与社团活动的这个矛盾使社团的发展遇到了瓶颈。如果一个社团连它的成员都不能保持相对的稳定性，那么这对社团的发展是有影响的，长远的发展、持续性的发展更是无从谈起。因此，如何更好地处理好学科学习与社团活动的关系，在两者之间找到一个更好的平衡点是我们的当务之急。

二、社会实践增强社会理解 >>>>>>>

长期以来，社会实践活动一直被作为培养全面发展的跨世纪合格人才的重要途径，是广大青年长才干、做贡献的重要阵地。随着新课程改革的深入推进，社会实践、社区服务纳入综合实践课，成为学生的必修课程。宁波中学所组织的社会实践活动注重培养学生对时事热点的关注，增强学生对社会的理解，培养学生的参与感。

（一）必修活动

1. 回报父母长辈做一件实事

在宁波中学的"三心"德育中，"孝心"是首位的，"百善孝为先"。因此，学校决定将每年暑期放假的第一天作为宁中学子的"感恩日"。要求每位学生为父母长辈做一些力所能及的事，使学生感受爱的给予，懂得爱的奉献。

2. 参加一次社区志愿服务活动

①担任社区主任助理，协助社区开展各项工作。

②到街道、社区等单位开展志愿美化（保洁、护绿、垃圾分类）活动；开展策划和刊出海报、板报以及张贴、发放宣传物等宣传活动。

③到社区、老人公寓、老人院、孤儿院等单位开展志愿照顾处境不利群体活动。

④为社区或处境不利群体表演文艺节目，与社区老人、孤儿等处境不利群体联欢，开展"爱心之旅"活动。

⑤到社区开展读书辅导活动。

⑥到农民工子弟学校开展爱心支教活动。

⑦到图书馆、幼儿园等单位开展志愿服务活动，体验生活，学习知识。

⑧到公司、工厂等单位参加打工实践，体验生活，锻炼一技之长，提高社会适应能力。

⑨开展相关的社区服务活动。表7-2为2018年暑期宁波中学学生社团进社区活动内容。

表 7-2　2018 年暑期宁波中学学生社团进社区活动内容

日期	活动地点	社区活动内容
8 月 6 日	芝兰新城	青年领袖社、书法社、抽屉手作社：拼豆体验
7 月 19 日	海曙区安丰社区	动漫社、美国漫画社、音乐社、舞蹈社、话剧社：展示作品、表演
8 月 10 日	黄鹂新村居民之家	魔方社、杂志人工作室：魔方教学
8 月 20 日	宁波科学探索中心	高达模型社：第四届联合杯高达模型比赛
7 月 17—18 日	康宁医院	爱心志愿社：帮助病患
8 月 3 日	盐仓社区	爱心志愿社：社区服务
8 月 11 日	中兴社区	爱心志愿社：养老院服务
8 月 17 日	清风社区	有灵植物社：植物类科普
7 月 17 日	翠中社区	宁波中学模拟联合国协会：模联精神宣讲

3. 开展"寻宁中足迹　讲宁中故事"之 120 周年校庆主题实践活动

①绘制作品，展现宁波中学的变迁。

②讲述与宁波中学历史和宁波中学校友有关的故事。

③朗读作品，展现宁波中学学子的精神风貌。

(二)选修活动

①"助力美丽宁波建设"实践服务活动。

②"文明行为规范教育"实践服务活动。

③"职业体验教育"实践活动。

④"研学旅行教育"实践活动。

⑤"红色基因传承"实践活动。

学生在社会实践活动中留下了自己的青春印记："我们的小小志愿服务，只是春运协奏曲中微不足道的一个音符。而且因为个人能力有限和经验的缺乏，很多时候我们对一些情况无能为力。但我们相信，这点点薪火，将在我们的努力下传递下去，温暖越来越多的人。感恩此次机会，春运有我，宁波中学学生会与你同行。"

三、职业生涯规划为学生导航 >>>>>>>

为了帮助学生树立正确的价值信念和学术理想，促进学生的身心健康和谐发展，充分挖掘学生的潜质，培养学生独立思考、自主发展的意识和能力，宁波中学通过多种途径推进学生职业生涯规划与指导工作。学校注重通过生涯规划选修课程、学科渗透、专题讲座等方式实现对学生的发展指导。

在高一年级职业技能类选修课程中，设置"高中生职业生涯规划与指导"课程，指导学生增强自我认识、了解专业与职业、选择课程、科学填报志愿、合理规划未来职业等。课程内容覆盖学生的理想指导、心理指导、学业指导、生涯指导、生活指导。具体分为三个部分：第一部分从学生的成长历程、家庭、性别角色等角度探讨个人与职业生涯发展的关系；第二部分从学生的个性类型、职业倾向、能力类型、成就动机等角度探讨适合自己的职业群；第三部分从了解高中教育发展与学习内涵、大学专业、社会职业等知识的角度探讨职业规划的道路。

学术高中的学生对于各个专业、学科以及职业的探索愿望是无穷的。学校借助学生家长和社会的力量，邀请各行业领域的专家学者为高一、高二年级的学生开设第二课堂，为学生打开一扇浅尝行业百态的窗。比如，梅潭学堂定期邀请各行各业的专家给予学生全视野、全学科的知识普及。第五期梅潭学堂邀请中国银行宁波支行人力资源部原总经理宣立慧女士，做了有关高中生职业规划的讲座。第六期梅潭学堂邀请宁波口腔医院正畸科姜延军主治医师为高一年级的学生做了一场有关口腔临床医学的讲座。在梅潭学堂中，学生学习到课堂中学不到的知识，认识各种职业，并且从中学会如何做好人生规划与职业定位。

四、心理危机干预机制为学生护航 >>>>>>>

学校从2008年开始关注校园心理危机干预工作，尝试建立符合中学的心理危机干预机制。鉴于危机干预理论研究者的研究成果，通过对兄弟学校的经验借鉴和自己的探索，学校将心理危机干预机制分成四个相对独立又有机结合的子机制，分别是心理危机的预防机制、预警机制、应激干预机制和维护机制，并逐步实施。

（一）预防机制

在心理危机预防机制的建构上，学校主要开展两个方面的工作。一方面，在全校范围内积极开展心理危机预防的宣传教育，纠正心理危机就是思想问题的错误认知，了解心理危机的特点和危害，提高辨识力，学习预防和应对心理危机的方法等。为此，学校多次利用暑期带领班主任和学科教师到华东师范大学等高校学习。另一方面，在行政层面上建立学校心理危机干预领导小组。由分管心育的副校长担任组长，成员包括政教处等各部门负责人、专职心理教师、医务人员、体育教育组组长及各年级组组长。学校各部门之间既分工又合作，全面参与校园心理危机干预工作。同时制定校园心理危机干预预案，在全校教工大会上进行宣传和学习。

（二）预警机制

学校是一所全日制寄宿制普通高中和浙江省首批一级重点中学。在高中新课程改革后，学校成为浙江省首批一级特色示范学校。根据学校心理健康教育的三级网络模式，我们制定了校园心理危机干预三级预警机制，即在学校心理危机干预领导小组的统一指挥下，形成班级、心理辅导中心、学校三级网络，以寝室长、班级心理委员为一级预警员、班主任为二级预警员、心理健康工作者为三级预警员，建立心理危机监测信息交流机制。三级网络分别承担不同的功能和职责：班级网络负责预防与发现，心理辅导中心负责诊断与评估，学校网络负责应对与干预。

学校还通过新生心理健康普查、咨询中危机个案辨别、政教处违规违纪学生转介等途径补充三级危机预警机制。同时，努力建立心理危机预警指标和心理危机评估指标，使危机预警工作更具可操作性。图7-5为宁波中学心理危机预警机制。

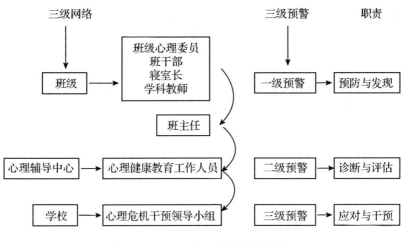

图 7-5　宁波中学心理危机预警机制

(三)应激干预机制

学校根据自身的特点，建立了一套危机应激干预的迅速处理模式，具体如下。

1. 校园公共危机事件的应激干预模式

①当校园公共危机事件发生时，校内危机干预领导小组迅速各就各位，组长第一时间部署各部门开展危机应激干预。

②如有人身伤害，紧急医护救援行动最先执行，必要时请求支援派人处理。

③政教处及各年级组迅速了解危机事件发生的经过，排除安全隐患，保证学生的安全不继续受到威胁，将危机实施者绳之以法或按校规处分。

④心理辅导中心实施心理援助，稳定危机当事人的情绪，对心理危机个体进行心理援助，必要时请求上级专业人员的援助。

⑤保卫处加强校内外的安全维护。

⑥设立对外发言人，将危机事件及处理方式迅速上报上级部门，并统一对家长、其他相关部门及新闻媒体公布或发言。

⑦校内进行总结，对危机事件的发生、处理、后果及未来改进之道予以讨论和改进。

2. 个人创伤性危机事件的应激干预模式

个人创伤性心理危机处理过程包括：①稳定情绪，确保安全。②评估心理创伤。需要评估的因素涉及危机暴露程度、对危险的知觉、个人的脆弱性(如先前的危机经历和心理健康问题)、危机反应以及应对行为等。③对危机当事人及其他重要关系他人提供心理危机干预,如果危机个案的心理创伤程度超出学校的干预能力与范畴,寻求校外专业人员的支援。④反馈。

(四)维护机制

多数心理危机带来的后果是长期的、反复的,很难保证经过一两次危机干预就使当事人完全恢复。因此,建立心理危机维护机制显得格外重要。学校所做的工作主要有以下几方面。

①建立评估、治疗、监护与转介系统。对心理危机干预效果进行评估,若干预效果不佳,在稳定危机当事人的情绪后,对危机学生进行转介,进入心理治疗程序。如果学生在校继续学习,学校要做好心理监护工作,防止学生再次发生危机。

②建立新生心理普查的班级健康档案,将筛查出来的有心理危机倾向的学生反馈给班主任。对班主任进行准确的解释和合适的建议,对这些学生进行必要的关注。

③建立心理危机学生(包括严重心理问题学生)的信息档案,记录危机管理跟踪日志,并进行班主任随访。内容包括学生经历危机、干预与治疗、休学、复学、在校情况等信息。

④建立家校联合系统。从学生发出危机预警或发生心理危机到最后干预结束,学校将全程告之家长,取得家长的参与和合作,使学生更快地恢复心理健康。

⑤建立良好的社会资源联系,尤其是与上级心理专业机构的联系,并对危机干预人员进行专业的培训。

表 7-3 为宁波中学心理危机干预机制。

表 7-3 宁波中学心理危机干预机制

机制	目标	对象	途径	措施	主要成员
预防机制	以预防为目标,提高学生的心理应激水平	全体学生	发展性心育、师生宣传教育与学习	成立危机干预领导小组、制定危机干预预案	校长、心理教师、班主任、任课教师

机制	目标	对象	途径	措施	主要成员
预警机制	尽可能早地进行心理危机预警，及时监控与疏导	有心理危机倾向的个人或群体	三级预警、新生心理普查、咨询中危机个案辨别、违规违纪学生转介等	建立三级预警机制、制定心理危机预警指标和心理危机评估指标	心理危机干预领导小组、心理教师、班主任、心理委员
应激干预机制	及时进行心理危机干预，最大限度地减轻心理创伤	发生心理危机当事人及关系他人	危机管理、心理援助	建立校园公共危机事件及个人创伤性危机事件的应激干预模式	心理危机干预领导小组、校内专业人员、校外专业人员
维护机制	对危机当事人及关系他人提供补救性、长期性的心理维护	发生心理危机当事人及关系他人	危机干预效果评估、信息档案建立及危机管理跟踪日志记录、家长合作、社会资源参与	建立危机干预效果评估指标、建立学校—家庭—社会联合系统	校内专业人员、校外专业人员、家长

(五)未来的展望

基于学校数年心理危机干预的实践，学校未来开展心理危机干预工作，除了积极建构本校的心理危机干预机制外，还要努力建立校园心理危机干预的三大系统，使得危机干预工作更立体、全面、有效。

1. 校内系统

校内系统就是建立符合本校实际的心理危机干预机制，做好学生成长性心理危机与一般性心理危机的干预工作。需要注意的是，校内系统的心理危机干预机制是一种学校层面的实施，绝非心理教师一个人的事。另外，校内危机干预人员的专业培训要引起极大的重视。

2. 校校系统

校校系统即中学之间的合作与共享系统。针对学校中出现的较严重的心理危机事件和当事人，学校之间可以进行专业心理干预人员和资源的共享，同时分享成功的危机干预经验。

3. 校外联合系统

校外联合系统即学校与上级教育行政部门、上级心理危机干预机构、医院、警察局、消防队、社区、高校、新闻媒体等的合作系统。主要针对严重心理危机事件和当事人，利用这些社会资源帮助学校度过严重的校园危机。

第八章
学术高中发展的惑与思

　　学术高中的相关建设任务和事实在其名称被提出之前就已经存在了，但直到《国家中长期教育改革和发展规划纲要（2010—2020 年）》的颁布，才为教育实践中建设学术高中提供了政策支持。然而，学术高中毕竟是一个新生事物，也是学校探索创新的产物，在具体办学中必然会遭遇诸多挑战。我们尝试着将这些挑战进行抽象化的概括，基于我们的实践提出应答之道，以供同行讨论和检验。

一、学术高中发展的政策缺位与补位 >>>>>>>

　　学术高中是我国教育实践领域的自主探索，虽然它在国外已经作为一种比较成熟的学校类型或育人模式而存在，但在我国尚处于实践探索阶段。在教育理论研究中它也不属于备受瞩目的热点和重点主题。可以说，中国的学术高中建设正处于起步阶段，属于实践先行的发展模式，因而在政策上存在着缺位。

　　我们知道，政策是国家政权机关、政党组织和其他社会政治组织为了实现自己所代表的阶级、阶层的利益与意志，以权威形式标准化地规定，在一定的历史时期内应该达到的奋斗目标、遵循的行动原则、完成的明确任务、实行的工作方式、采取的一般步骤和具体措施。特定政策议题的出台，意味着该议题的实践有了合法性与合理性，更重要的是有了行动依据。在强调依法治教、建设现代学校制度的今天，任何一项教育事业的发展都离不开政策的支持与引导，学术高中的发展也是如此。在我国强调整齐划一的教育体制机制、教育评价的政策导向下，学术高中在当前政策体系中只是作为普通高中多样化、特色化发展的一个内容，只是作为一种政策导向而存在的。因此，在学术高中实际的办学中，就会出现一些问题，如师资配备、教育装备、课程设计等只能按照一般的普通高中的政策规定来执行，不能贴合学术高中的实际需要，制约了学术高中的发展。

　　因此，要解决政策缺位问题，需要依靠政策设计本身。对于政策设计者而言，主要包括中央国家级教育政策和地方教育政策，两类政策的设计者都需要在普通高中多样化发展的导向之下，解放思想、打开思路、敢于创新，协同专家和学校的力量，设立专项研究，探索学术高中的相关政策设计。对于政策受益者而言，主要是正在进行和计划进行学术高中定位与建设的学校，要对自身进行全面分析以确定学术发展定位的适切性，对学校在学术高中发展道路上遇到的政策支持、政策限制、政策需求进行梳理，积极进行政策上的合理、合法的突破并总结经验。那么，自上而下和自下而上的两种路径相向而行，相互借鉴和指导，才有可能构建出适合中国学术高中发展的政策体系。

二、学术高中发展的历史惯性与转型 >>>>>>>>

事实是，目前探索学术高中发展定位和建设的多为具有学术意识的示范性高中和重点高中。可以说，学术高中在事实上是脱胎于具有较为优质的生源和师资、较高的成绩和升学率的"重点"高中。这些"重点"高中在具有先进教育理念的校长的领导下，开始向学术高中的方向转型。然而，学校教育是具有巨大的惯性的，不仅是思想上的惯性，如培养目标、教育理念、教学理念；也有行为上的惯性，即使学校全体教职工认同了学术高中发展的定位，但其在行为上的转变也是需要时间的累积。行为上的转变并不容易，极有可能发生因方法不当而导致的转型失败，重回重点高中的发展模式。

因此，就学术高中的发展而言，既要把它看作一个实践创新的探索，更应视其为一个理论创新的研究。就前者而言，学校要承担起主要责任，警惕思想和行为上的"重点"惯性，如以高师资、好生源、优渥资源配合面向高考的应试教育；忽略学生的个人特质和终身发展；以进好大学而非适合的专业为目标；为了节省时间不做实验；不读与考试无关的书等。真正的学术高中重视学生的升学，但升学只是学校教育教学的结果之一，是学生进行学术探索的必然结果，其目的在于培养真正的有志于学术、有社会担当的创新型人才。重点高中作为学术高中的起点是有利的，但也要预防不良惯性，加强转型。就后者而言，教育研究人员应承担其主要责任，对学术高中的性质、任务、功能进行系统研究，调研中国学术高中发展的必要性与可行性，研究国际学术高中发展的一般路径，建立起学术高中的研究体系，为学术高中的实践进行学术引导，为学术高中的政策设计提供决策服务。

三、学术高中发展的生源桎梏与破解 >>>>>>>>

2019 年全国教育事业发展统计公报显示，2019 年，全国普通高中1.40 万所，比上年增加 227 所，增长 1.65%；招生 839.49 万人，比上年增加 46.79 万人，增长 5.90%；在校生 2414.31 万人，比上年增加38.93 万人，增长 1.64%；毕业生 789.25 万人，比上年增加 10.01 万人，增长 1.28%。《高中阶段教育普及攻坚计划 (2017—2020 年)》提出，到 2020 年全国普及高中阶段教育，毛入学率达到 90% 以上。这些数据意味着普通高中教育也在逐步迈向普及，越来越多比例的适龄青少年进入了普通高中，学生的资质、个性、需求呈现为多样化和类型化。就普通高中而言，它必定要面对一些有学术志趣和潜力的学生的现实需要。但是，学术志趣又是可以培养的，学术潜力也是可以挖掘的。就普通高中而言，其所承担的角色并非单一地去"发现"具有学术潜力的学生，还要"培养"具有学术潜力的学生。这也恰恰是学术高中应运而生的现实背景。

学术高中是为了满足学生发展和国家社会发展需求而出现的，但是又实实在在地受到生源的制约。《教育部办公厅关于做好 2019 年普通中小学招生入学工作的通知》(简称《通知》)中指出，"规范普通高中招生管理，所有学校(含民办高中)要严格按照规定的招生范围、招生计划、招生时间、招生方式进行统一招生，严禁违规争抢生源、'掐尖'招生、跨区域招生、超计划招生和提前招生。""完善优质普通高中招生指标分配到初中学校政策，确保名额分配比例不低于 50%，并进一步提高农村学校和薄弱学校升入优质高中比例。"就学术高中而言，实际的问题是难以招到具有学术潜力的学生。即使《通知》中也指出"规范普通高中自主招生"，即普通高中具有自主招生的权利，但这种权利是在遵循统一招生、计划招生的前提之下进行的。而且，各所高中各自招生也在客观上造成学校资源和具有学术潜力的生源的浪费，他们被分散到各所学校，难以产生集聚效应。

学术高中的生源桎梏的解决可以参考一些成功做法。概括而言，可从以下三条路径入手：一是通过学术性向的测评来鉴别出具有学术志趣和学术潜力的学生。二是提高普通高中招生计划的分层、分类和精准性。避免一刀切的招生方式，在政策顶层设计上体现和满足各种特色高中的生源需求。如从 2004 年起，新加坡教育部在部分学校实行直接招生制度，改变传统上中学和初级学院主要依据全国统考成绩招生的办法，允许学校招生时根据学生的特长和天赋，自设标准招收一定比例的学生。三是实施招生制度化，将招生标准、招生程序、招生过程、招生公示向公众开放，避免不公平。

四、学术高中发展的师资限制与破除 >>>>>>>

没有学术型教师，学术高中是难以发展起来的。可以说，学术型教师是学术高中发展的底气。但现实情况是，当前学术高中发展面临的一大问题就是缺乏学术型教师。首先，这跟我国部分教师素质不高有很大的关系。但这种基数上的问题会随着我国尊师重教政策的推进得到逐步解决，且越来越多高素质人才进入普通高中教育领域，已经在著名大城市内形成气候。其次，长期以来的升学取向使得部分教师忙于提高分数、研究考试，对所任教学科的学科前沿、教育教学、教育理念却鲜少涉足，成为一个个只会指导考试的教书匠，与学术渐行渐远。再次，繁忙的教学、与教育教学并无关系的事务性工作、职称评聘等占据着部分教师大量的时间和精力，使得他们对于学术型成长有心无力。最后，我国部分教师长期以来在统一课程、指定教材的教育环境中成长，缺乏对既有教育内容的研究意识，即缺乏批判性、拓展性、主题化、客体化组织教学内容的意识和能力。

成为学术型教师，教师个人的能力固然重要，但更重要的是进行体制机制的改革，为学术型教师的成长提供氛围与土壤。从政策层面来说，大力提高全社会尊师重教的风气，提高教师的社会、经济地位，使教师成为人人羡慕和向往的职业，这是基础中的基础。在此基础上，大胆进行政策创新，去除影响教师专业成长的政策性限制，如降低无关教育教学事务对教师工作的干扰；破除教师职称评比的过度竞争和名额分配制度；优化编制管理；让一些有学术潜质的教师有时间反省，有空间遐想，有资金去学习。这样从制度上保证教师能够沉心于教育教学及其研究。从学校层面来说，要创设有助于学术型教师成长的学校文化，鼓励教师的学术型成长，借助助理教师、外聘教师等多种形式减轻具有学术潜质的教师的工作任务，使各种类型的教师协力合作，扬长避短。从教师教育层面来说，一方面，不要再给教师提供他们已经熟知的教育教学技巧和方法，而是帮助他们了解他人和自己的教学风格，梳理自己的成长，发现不足和优势，做到自觉地成长与发展。另外，继续教育应该在教育的形式和内容上凸显学术性，减少知识传授，走向专题研讨和项目完成。另一方面，优化职前教师教育，从培养学科教师转向培养学术型教师。

　　课程是学术高中在教育探索过程中面临的最直接、最具体的问题，也是甄别一所普通高中的学术性的重要标准。学术高中的课程建设，是在现实条件的种种约束之下，面向学术型发展目标制定具有可行性的实践方案。课程的重要性，在我国学术高中先行者们的言论和实践中可以窥见。但是，认识上的明白并不等同于行为上的实现，这之间还有很大的跨度。

　　综观当前我国学术高中课程可以发现，就横向而言，课程的整体性、相关性、交叉性不足。很多学校利用新课程赋予的新的空间，在选修课、综合实践活动(特别是其中的研究性学习板块)、校本课程、社团活动等时间段内，力求开发出适应不同学生需求的课程。但是，一个明显的问题是，在部分学校，这些不同类别的课程缺少整体的规划，不同课程的开发是从不同角度入手的。特别是选修课、校本课程、综合实践活动等学校自主性较强的新课程，大多是从教师能力和资源条件出发进行开发的，而较少从学生的发展需求出发进行整体设计。这种课程开发体制的直接结果就是不同类型课程之间缺乏必要的联系，甚至会出现课程内容交叉重复的状况。就纵向而言，课程欠缺深度和学术性。学术型人才的培养，特别是领导力、创新力的培养，需要学校能够提供具有挑战性的研究与实践经验，让学生得到历练。相比之下，在选修课、综合实践活动、社团活动等现行的学术型学生发展的个性化空间内，学习经验的挑战性和深度较为缺乏。对于那些只关注升学的学生而言，这些课程得不到应有的重视。在不重视学生全面发展的学校，这些课程甚至被压缩和删减，处于边缘化、可有可无、点缀性的地位。此外，这些课程空间原初指向的不是学术型学生的发展，将其发展为资优学生潜能成长的空间存在着先天的不足。①

　　学术高中若要名副其实，就需要在课程建设上下功夫。首先是旗帜鲜明地培养学术型人才，以学校的历史、现状和未来为基础，设计本校学术型人才的素质要求，以此为课程目标，引导课程设计。其次是形成

---

　　① 郑太年、赵健：《国际视野中的资优教育》，58 页，上海，华东师范大学出版社，2013。

整体性、系统的、一以贯之的课程体系，特别是加强不同类型课程之间的联系。例如，美国纽约市的汤森德·哈里斯高中提出，要为学生提供一套严格的课程体系，在着重强调古典文化与人文学科的同时，也重视数学、科学与当代技术，为学生提供具有整合性和挑战性的课程。学术高中注重课程的设置，最大限度地满足学生的个性需求，逐渐形成"多样性、多层次、多选择"的立体多维的课程体系。例如，英国的公学课程既保留了中世纪绅士教育的相关课程，如体能训练、礼仪风度等，又重视自然科学课程，即高级课程与辅助课程，并实行单科结业考试制度。[1]最后是课程教学在内容和方法上的学术性变革与调整。问题解决、项目、实验、研究、对话、讨论等形式的教学应逐渐成为主要形式，学生在教师的引导下进行自主、独立、合作式的学习。

六、学术高中发展的资源限制与创新 >>>>>>>

学术高中在我国是新生事物，其发展还处于摸索阶段，尚无成功的模式可以借鉴。这虽然给学术高中的发展增加了困难，但也逼迫着学校摸着石头过河，寻找道路。因为是新生事物，与传统的、人们熟悉的学校不同，既有的政策、环境、舆论、物质、人力等都不是很匹配于学术高中的发展，因而学术高中的发展面临着巨大的资源限制。关于课程、师资、政策等方面的限制，前文已经提到，这里不再赘述。我们希望尝试谈论一些看不见但又影响极大的资源限制。

首先是价值观的限制。我们知道学术需要累积、需要时间、需要试错，需要一段时间内的持续投入，这是学术的一般特征。然而，我们也知道，普通高中天然地具有升学的任务，这个任务深入普通高中的骨髓和血液，影响和决定学校的一切工作。这种任务带来的最直接的结果是时间上的紧迫性，需要在短短的三年乃至两年、一年的时间内就完成特定学科的学习并取得较好的结果，一定程度上说是一种短平快的学习模式。所以，学术与高中二者之间，在价值观上是有错位的。

其次是管理的限制。学术需要主体具有一定的意志自由，需要时间

---

[1] 杨璐、严加红：《中英学术性高中建设与发展的比较研究》，载《中小学校长》，2015(6)。

上的自由来按照学术的逻辑开展研究。但普通高中的教师与学生的心中都有高考这根指挥棒存在，意志自由非常难。而高中管理上极其严格，遵循着行政的逻辑。从根本上说，行政逻辑和学术逻辑是有一定冲突的。

最后是思路的限制。新生事物就需要新思路去对待，用老路走不到新地。延续重点高中、示范性高中的办学思路，办学术高中之人必然会感到处处掣肘、时时碰壁。因为重点高中、示范性高中更多的是一种外部的政策话语，前者是从众多普通高中里选出一些高中来重点发展，其途径是依靠投入更多的资源和政策倾斜；后者是教育行政部门期望某些高中在办学思想、办学方式、教育教学、教育管理等方面能够发挥示范引领作用。而学术高中更多的是从育人目标和育人方式这两个教育内部用语去谈论的。内外有别，内涵和外延不可混用，因而迫切需要转变思路。

虽然资源是有限的，但人类利用资源、创造新资源的潜力却是无限的。学术高中若要得到发展，就不能在既有的资源框架内与其他类型的普通高中去抢夺资源，而是要根据自己的特殊定位去重新定义资源、创新资源、开发资源。根据以上所分析的学术高中发展的资源限制，我们应着重在看不见之处做文章。首先是确定学校的学术发展之路，并对学术做适合普通高中阶段学生的解读，努力在学术与高中的价值观之间保持平衡，取两者之长，创新融合。其次是认识到学术及学术高中的特殊之处，适度打破科层的、过程的管理方式，进行有依据的管理创新，助力普通高中的学术发展道路。最后是打开思路，拆掉脑中的"教育围墙""学校围墙"和"教室围墙"。比如，大力建设图书馆和实验室，让学生在图书馆和实验室里学习；与大学、科研机构、企业合作，开发学术应用课程；主动依托政府联合培养项目，共同开发课程。

后　记

　　收拢一桌的书稿，恍惚间似乎又回到了刚为这本书敲上第一句话的时候，我将其称为思考的"原点"。对于思考的"原点"，我既为之痛恨，又为之欣然。痛恨的是，待苦思无绪时实有"前不见古人，后不见来者"的孤独感和无助感；欣然的是，思有所得时却又有一番"偶尔心明，自然灵感"的愉悦感和成就感。

　　作为一名校长，我深知应该通过长期的教育和办学实践，逐渐地明晰自身的教育思想，这无论是对自身的专业成长，还是对所在学校的长远发展，都有着非凡的意义。在近 10 年的校长生涯中，我通过理论学习、教育思考和实践自省，越来越清晰地认识到，教育即充实，是对生命意义的充实，"可欲之谓善，有诸己之谓信，充实之谓美，充实而有光辉之谓大"。这种充实体现在可能性和深刻性上，是为我们的学生实现各种各样的人生可能性提供机会，也是为我们的学生认识社会、科学和艺术，甚至是人生的深刻性提供应有的视野和思维。

　　正是在这一教育思想的指引下，到宁波中学后，我从学校的办学初衷和发展现状出发，提出了全面建设学术高中、为学生的学术人生奠基的办学目标和育人目标，并从整体规划、课程建设、课堂变革、学校管理等方面出发，引领学校进行脚踏实地的实践和系统深入的研究，以期将"教育即充实"这一教育思想落到实处，落到真处，落到深远处，落到整体处。待到 2017 年，我有幸参加宁波市教育局组织的"甬派教育管理名家培养工程"，其重要内容之一便是将自己关于教育管理的所思所得采集成册，以求付梓，正合了本书的初衷。需要特别提到的是，本书是浙江省基础教育教研课题"学术高中课程体系建设的实践与研究"（课题立项编号 G2019077)的研究成果之一。

有此机缘，此后便是上下求索，一路攀缘。虽然对创建学术高中已有一些个人的思考和研究，也发表了一些文章，但基本上还是停留在工作经验层面，实谈不上系统和深入。因此，在这两年多的时间里，一方面着手从理论研究中找寻关于学术高中的前世今生、内涵外延，另一方面梳理所在学校 120 多年的发展历史、办学价值，以期从教育理论、办学实践和个人观念之间找到契合点，最终尽可能地描绘出关于学术高中的应然之义。

在此过程中，要感谢我的导师陈如平教授，是他的专业引领，让我发现研究明理和蕴藏其间的清朗；要感谢宁波市教育局提供的成长平台，让我看到远方的山岚和感受到掠过山巅的风；要感谢宁波市教育学院组织的一次次研修活动，让我有幸遇到良益师友和他们心中的丘壑；也要感谢我的团队和我自己，是我们在一起经历行路其时的艰难，让我有机会体验到教育研究中蕴藏的其大无外和其小无内。

我实在很喜欢房龙在《人类简史》的描述和演绎，所以选了其序言中的一段话，稍加改写，以做此书后记的结尾：每一所学校的历史和文化都是宏伟的经验之塔，它是在过去岁月的无边原野上构筑起来的。想要达到这座宏伟建筑的穹顶，一窥它所赐予的全景，并寻到未来的发展之路，绝非易事。

愿和各位同人一起，共同找寻这把能开启未来学校之门的钥匙！是以为记。